隐藏的博弈

Hidden Games
The Surprising Power of Game Theory to Explain Irrational Human Behavior

[美]摩西·霍夫曼　　[以]埃雷兹·约耶里　著　　任烨　译
（Moshe Hoffman）　　（Erez Yoeli）

中信出版集团 | 北京

图书在版编目（CIP）数据

隐藏的博弈 /（美）摩西·霍夫曼，（以）埃雷兹·
约耶里著；任烨译. -- 北京：中信出版社，2023.8（2023.9重印）
书名原文：Hidden Games
ISBN 978-7-5217-5573-2

Ⅰ.①隐… Ⅱ.①摩…②埃…③任… Ⅲ.①博弈论
－应用－经济－通俗读物 Ⅳ.① F224.32-49

中国国家版本馆 CIP 数据核字（2023）第 074627 号

Hidden Games
Copyright © 2022 by Moshe Hoffman and Erez Yoeli
Simplified Chinese translation copyright © 2023 by CITIC Press Corporation
ALL RIGHTS RESERVED
本书仅限中国大陆地区发行

隐藏的博弈

著者： ［美］摩西·霍夫曼 ［以］埃雷兹·约耶里
译者： 任烨
出版发行：中信出版集团股份有限公司
（北京市朝阳区东三环北路 27 号嘉铭中心 邮编 100020）
承印者： 北京诚信伟业印刷有限公司

开本：787mm×1092mm 1/16 　印张：23.75 　字数：252 千字
版次：2023 年 8 月第 1 版 　印次：2023 年 9 月第 2 次印刷
京权图字：01-2022-7103 　书号：ISBN 978-7-5217-5573-2
定价：88.00 元

版权所有·侵权必究
如有印刷、装订问题，本公司负责调换。
服务热线：400-600-8099
投稿邮箱：author@citicpub.com

本书所获赞誉

这是一本让你拿起来就无法再放下的书。你也知道接下来会发生什么了，你会看好几个小时，然后忘了上床睡觉（这是真事）。这本书充满了离奇的事实和颠覆性的见解，利用有史以来最强大的理论之一博弈论解释了人类一些最令人费解的行为。

——史蒂夫·斯图尔特－威廉斯，《了解宇宙的猿》
（*The Ape that Understood the Universe*）作者

在这本引人入胜的书里，霍夫曼和约耶里展示了如何运用经济学工具来解释现实世界中各种各样的现象。作者一次又一次地证明，人类很多看似与意识支配下的理性行为不一致的行为是可以理解的，前提是我们要知道两者背后发挥作用的因素其实是一样的。可以说，这本书展现了抽象思维的魔力。

——凯文·M. 墨菲，麦克阿瑟天才奖获得者，
芝加哥大学布斯商学院经济学教授

这是一本好书。霍夫曼和约耶里证明了利己主义如何导致普遍存在但令人费解的行为，用一种简单易懂的方式解释了微妙而重要的观点。

——罗伯·博伊德，《另一种动物》
（*A Different Kind of Animal*）作者

目 录

第 1 章
引言 / 001

第 2 章
学习 / 013

第 3 章
3 组实用的概念辨析 / 031

第 4 章
性别比例：博弈论的金标准 / 045

第 5 章
鹰鸽博弈与权利 / 061

第 6 章
高成本信号与美学 / 085

第 7 章
隐藏的信号与谦虚 / 115

第 8 章
证据博弈与粉饰 / 127

第 9 章
动机性推理 / 167

第 10 章
重复囚徒的困境与利他性 / 189

第 11 章
规范执行 / 201

第 12 章
类别规范 / 237

第 13 章
高层级信念 / 263

第 14 章

子博弈完美均衡与正义 / 303

第 15 章

初级奖赏的隐藏作用 / 329

致谢 / 341

注释 / 343

第1章
引 言

很多人可能很难想象原本被拿着球拍或球、戴着头盔、穿着比基尼的运动员和模特占据的《体育画报》封面，有一天会出现鲍比·费舍尔带着笑容的大方脸。1972年的这期封面如今在易贝这样的拍卖网站上还是很受欢迎的，当时它是为庆祝费舍尔史无前例的20连胜，不是棒球、篮球或足球项目，而是国际象棋。费舍尔在比赛中的表现以及他对苏联对手的控制，让他一跃进入公众视野，可以说"前无古人，后无来者"。这个项目的很多顶尖选手都称他为"有史以来最伟大的"棋手，而这样的评价通常被用在迈克尔·乔丹、勒布朗·詹姆斯、西蒙·拜尔斯、凯蒂·莱德基和汤姆·布雷迪这样的人的身上。

在布鲁克林一个拮据的单亲家庭长大的费舍尔是如何变得如此伟大的？答案和乔丹、詹姆斯、拜尔斯、莱德基和布雷迪这些人给出的回答没什么差别：一点儿运气加上大量的练习，还有近乎痴迷的热情。弗兰克·布拉迪是一位长期研究费舍尔的传记作家，他说费舍尔9岁的时候不是在下棋就是在研究棋局，他兴致勃勃地趴在棋盘或棋谱旁，直到天黑都不愿停下来去打开房间里的灯。为了哄他去洗澡，他妈妈会把一扇橱柜门放在浴缸上，然后把他的棋盘放在上面。（之后要让他离开浴缸也很不容易。）他当然也不喜欢学校，所以一完成义务教育，他就退学了。

实际上，近乎痴迷的热情是很多伟人成功的关键要素。

小提琴大师伊扎克·帕尔曼在3岁时从广播里听到古典音乐，之后他第一次要求学习小提琴，但当地的音乐学校拒绝了他，因为他太小了，托不住小提琴。于是，这个体弱多病的男孩开始用一把玩具小提琴自学，然而不久他就患上了脊髓灰质炎，至今仍与拐杖和轮椅为伴。10岁时，他举办了广受好评的独奏会，19岁他第二次登上《埃德·沙利文秀》，与滚石乐队同台表演。[1]

数学家斯里尼瓦瑟·拉马努金在他33年的短暂人生中非常多产，以至现在有一本同行评审期刊专门用于发表由他提出或证明过的理论衍生出的或与之有关的成果。与费舍尔和帕尔曼一样，拉马努金在很小的时候就找到了自己的热情所在，从住在他妈妈家里的大学生房客那里汲取各种知识，从头到尾阅读数学课本。对他帮助尤其大的，是一本包含5 000条定理的书，即便是对最热衷参加高中奥林匹克大赛的人来说，这本书读起来也是极其枯燥乏味的。成年后，研究工作占据了他全部的生活，导致他疏于关心自己的妻子，甚至忽视自己的健康，最终死于痢疾并发症。现在有医生认为，要是拉马努金愿意暂时放下工作接受治疗，他原本是可以被治愈的。

或者还有玛丽·居里，她仍然是迄今为止科学界唯一获得两次诺贝尔奖的人。在巴黎求学期间，她埋头读书，常常忘记吃饭。她的这份专注一直保留到离开人世的那一天，她总是有意避开各种奖励和荣誉，因为这些东西会占用她进行科学研究的时间。她甚至没去领第二次诺贝尔奖的奖金，据她说"完全是因为懒"。（最终在一战期间，她领取了奖金，然后全部捐出去，为打赢战争做出了贡献。）

对毕加索来说，让他痴迷的不是国际象棋、小提琴、数学和科学，而是艺术，他一生都极其高产。据估计，他创作了超过5.5万件艺术作品[2]，而且一直在变换自己的风格，要是换作其他成功的艺术家，很可能已经开始吃老本了。

作为普通人，我们会惊叹于这种近乎痴迷的热情。要是我们能着迷到投中和勒布朗·詹姆斯一样多的罚球，钻研和费舍尔一样多的残局，或者翻看和拉马努金一样多的定理，我们可能会更加成功！每个新年，我们在制定目标的时候，总是希望自己能凭空拥有某种难以捉摸的热情，把我们乏味无聊的工作变成心甘情愿做的事情。然而不可避免的是，到了2月初，这样的热情并没有被点燃，漫无目的地花在网飞和照片墙上的时间破坏了我们的计划。为什么我们不能像费舍尔和帕尔曼那样？拉马努金怎么会对一本包含5 000条定理的课本着迷呢?！让我来总结一下吧。为什么他们，还有爱因斯坦和毕加索会像受到丘比特垂青的幸运儿一般拥有神奇的热情之火呢？

此外，为什么他们会对篮球、国际象棋、数学、物理等产生特殊的热情？为什么很同情加泰罗尼亚反抗军和反法西斯主义者的毕加索没有把自己超人的精力投入战争，而是投身艺术？为什么爱因斯坦没有沉迷于国际象棋？为什么一看国际象棋书就一动不动地坐几个小时，智商也完全没问题的费舍尔，一看到家庭作业马上就会不耐烦呢？（让他妈妈非常焦虑的是，他的作业总是完成不了。）

简言之，缔造伟大而又难以捉摸的热情是如何发挥作用的？

现在有专门的领域研究判断、决策和积极心理学，书店里也有励志书籍的专区，所以你会认为，有人能针对这些比较基本的问题给出现成的答案。如果我们不清楚是什么让我们充满热情并让我们的人生拥有意义，那么我们怎么能理解自己做的决定，或者知道什么能让自己开心呢？实际上，有些东西我们是知道的。比如，我们知道，热情总是伴随着意义感、使命感和满足感，它会因称赞而增强，也会因有人为此向我们支付薪水而减弱。但原因是什么？为什么热情会有这样的变化？热情完全无法解释吗？

不是的。

...

同样令人费解的是美学。

不能否认的是，一些美学方面的问题已经有了现成的或者被充分理解的解释。我们知道有钱有势的人为什么愿意花钱请人给自己画像，为什么教堂长期以来都愿意为那些宣扬神话和历史故事的艺术作品花钱，特别是在过去大多数教区居民都没有文化的时候，这样做尤其有用。我们还知道艺术有时会利用人们早就喜欢看的一些东西，比如对称的脸，生育力强的女性，或者赏心悦目的湖畔景色，然后夸张地表现出来。在音乐领域，有的乐曲听起来像水声，非常舒缓。而有的乐曲保持固定的节奏，这样士兵就可以齐步行进，小镇的居民就可以踏乐而舞了。再比如我们的食物，大家都知道营养越丰富的食物越好吃，于是就有了培根。而在食源性疾病持续存在的地方，人们逐渐爱上了吃辣，因为吃辣有助于抑制细菌的生长。

但有很多事情仍然是解释不清的。文艺复兴时期像莎士比亚这样的诗人，以及当代的 MF Doom（美国嘻哈歌手）、钱斯勒·乔纳森·本内特（美国说唱歌手）和埃米纳姆（美国说唱歌手）笔下复杂的押韵格式是怎么回事？来自波尔多左岸著名的高单宁葡萄酒又是怎么回事？这些东西并不是天生就更令人愉快，也不是在简单地夸大已经给我们带来快乐的东西。因为事实是，对没什么阅历的人来说，莎士比亚太难懂了，高单宁葡萄酒也太苦涩了（而 3 美元的葡萄酒就非常好喝）。我们并不是要诋毁这些伟大的艺术和文化作品。它们之所以伟大，并不是因为它们天生能让人变得愉快。那么，是什么成就了它们？

同样无法解释的，还有各种流派的艺术家在自己的作品中埋下的无处不在的彩蛋，评论家和爱好者要经过几十年甚至几个世纪的潜心钻研才能发现它们，而我们其余的人则要通过"克利夫笔记"才能了解那些隐藏的含义，有些特别执着的人甚至会在评论家冗长乏味的文章中寻找答案。

为了找到彩蛋，辨别出最好的葡萄酒，读懂莎士比亚，我们可以求助于艺术史学家和评论家。但是，要想知道一开始我们会为这些东西而感到兴奋的原因，我们还需要本书里提到的一些工具。

· · ·

利他性是另一个我们要苦苦思索的问题。令人困惑的不仅仅是人们起初为什么会表现出利他性，还有利他性的各种怪异形式。

首先，显而易见的是，我们虽然非常乐善好施，但不会受影响力的驱使，给予的方式也不是最有效的。我们愿意为了需要关怀的宠物给 GoFundMe 众筹平台捐款，但不愿意把钱给只需不到 5 000 美元就能挽救一条人命的那些影响力大、运营效率高、致力于解决人类最迫切问题的慈善机构。[3] 面对一笔配比基金，我们几乎不为所动，哪怕我们的钱可以发挥两倍的作用。如果有人问我们愿意为防止迁徙候鸟被风力发电机绞杀的安全网捐多少钱，不管安全网能挽救 2 000 只鸟，还是 20 万只鸟，我们的答案都不会有什么变化。[4] 我们志愿加入仁人家园，虽然这还不如把我们买机票的钱花在雇用本地那些技术更娴熟也更需要工作的劳工身上。我们会在离开房间时关灯，却会忘了关空调，这造成的损失远超关灯带来的收益。

类似的行动不仅起不到什么效果，甚至连它是什么我们都不知道。我们大多数人对自己捐的钱被用在哪里最多只有一个模糊的认识，几乎没有人会像选餐厅或度假地点那样谨慎地去选择慈善机构。我们在节约能源和回收利用方面的表现同样糟糕。比如，你知道回收金属的效益大概是回收纸张或塑料的 9 倍吗？你知道回收纸张或塑料的效益又比回收玻璃多得多吗？不相信我们吗？那就去网上搜索一下吧。不过请注意，这可能是你第一次愿意花时间去网上搜索这件事。

我们不仅无知，而且是**战略性**无知。虽然我们绝对不会故意把性传播疾病传染给性伴侣，却从不去做检测，即使我们知道自己是高危人群，而且附近的诊所就可以免费检测。

我们不仅在躲避信息，也在躲避请求的过程。如果有人请求，我们可能会捐钱给计划生育协会，但当看到非营利组织的志愿者在人行道上筹集捐款时，我们却会拿出手机，装作很忙的样子。还有，虽然我们总是乐于帮助朋友，但如果并不确定这个朋友是否需要帮助，我们就可能不会打电话。

这样的情况还有很多。我们大多数人会毫不犹豫地花4美元买一杯咖啡，却不会把这些钱捐给穷人。但我们绝不会想着从穷人那里拿4美元去买一杯咖啡。在结果一样的情况下，作为与不作为之间为什么会有这样的差别？为什么利他性会产生这样的效果？

...

这些都是我们在本书里要解决的问题。美国有线电视新闻网用了哪些误导人的伎俩？动机性推理为什么会产生影响？那内化的种族主义呢？为什么谦虚是一种美德？我们的是非观又从何而来？为什么哈特菲尔德和麦考伊两大家族不能言归于好？

简言之，我们要解决的问题是：人类的偏好和意识形态为什么会是这个样子的？又为什么会产生影响？

人们往往会用直接原因来回答这样的问题，比如我们喜欢高单宁葡萄酒，是因为它们的回味更好更持久。我们喜欢手工艺术品，是因为在有限的时间里完成相互独立的任务是一件令人满足的事情，我们很快就能看到最终的结果。或者我们对研究产生了热情，是因为我们喜欢自由地对一个特定的主题进行长时间细致的探索，然后真正成为行家里手。我们出于同理心而给予，但这样做没什么效果，因为同理心本身就没什么用。

尽管这样的回答大多都很有意思，对我们有所帮助，也符合逻辑，但它们并不是真正的答案，至少不是我们在本书里要寻找的答案。高单宁葡萄酒确实让人更加回味无穷，但怎样才算是回味无穷呢？我们为什么会关心它们是不是回味无穷？有些人确实只有在很快看到自己劳动成果的时候才会产生热情，而有些人只会为时间更长、更深入的研究感到兴奋，但我们还是想知道为什么这两种人会背道而驰，还有一个人究竟为什么会产生热情。同理心确实没什么用，但这是为什么呢？每个回答都带来了至少和刚开始时一样多的问题！

事实上，在某种意义上，我们将尝试着给出终极答案。在这个过程中，我们将用到的关键工具当然就是博弈论。

博弈论是一套帮助我们搞清楚人、企业和国家等在相互作用的情况下，也就是在所有要素的行为都很重要的情况下，会如何表现的数学工具。这套工具已经成功地用于帮助企业在拍卖中布局和出价（在拍卖过程中，每个参与者的出价都取决于其他人给出的价格）。博弈论也是美国联邦政府反垄断机制的基石。在美国联邦贸易委员会和美国司法部，大批经济学家成天在利用一种叫作"古诺竞争"的博弈论模型，评估拟议的并购方案（这种模型能帮助他们预测价格的变化趋势，考虑到市场上的所有企业都会对合并后的企业做出反应，反之亦然）。而在几个街区之外的美国国务院，博弈论已经影响了一代又一代外交官的思想。例如，托马斯·谢林所做的博弈论分析加强了美国互相毁灭和核边缘的冷战策略（考虑到美国制造的核武器数量将取决于苏联拥有的核武器数量，反之亦然）。

你可能在想，这和本书开篇提到的那些行为完全没有关系。人们在对国际象棋产生兴趣，发起新的艺术运动或者做慈善的时候，根本不会想到优化的问题。他们做这些事情是基于直觉或感觉……只是在他们完全没有意识到的时候，一切就这样发生了。这听起来一点儿也不像在会议室和战情室决策时所做的那些冷酷无情的计算。

此外，你可能还会认为博弈论长久以来都依靠一个核心假设，不过我觉得这个假设是有问题的：假定人的表现是最优的。我们是理性的，并且掌握所有相关的信息，然后像计算机一样通过复杂的计算来使利益最大化。这种假设或许对在会议室里制定无线电频谱拍卖战略的人来说是合适的，但是对过着平凡生活的我们呢？已经有两人因有力地推翻了这个假设而获得了诺贝尔经济学奖（丹尼尔·卡尼曼在2002年，理查德·塞勒在2017年）。[5]甚至我们的一些动机性问题，如甘愿为某项事业而死，而当有实际作用的慈善机构就在眼前时我们却给没什么作用的慈善机构捐款，似乎都是支持丹尼尔和理查德的有力证据。

这两个论据可以互相抵消。没错，当人们依赖自己的意识去做优化的时候，结果往往会很糟糕。但是，当没有有意去优化时，人们就是在学习和进化中做这件事，就像我们会讲到的喜好和看法一样，情况看起来更好一些了。

　　谈到进化，我们对它的逻辑可能已经很熟悉了。人们的喜好会进化，是为了促使我们以对自己有利的方式行事。我们变得喜欢吃高脂肪、含盐和含糖的食物，是因为这会促使我们在物资紧缺的环境中寻找脂肪、盐和卡路里含量高的食物。我们逐渐被对称的脸、轮廓分明的下巴和宽大的臀部吸引，是因为这会促使我们去寻觅更健康、更成功、生育能力更强的伴侣。[6]

　　但说唱迷并不是由围坐在火堆旁互对押韵词的穴居人祖先进化而来的，而现代艺术迷的祖先则会在闲暇时画抽象的洞穴壁画。我们大多数的喜好和看法并不是与生俱来的，而是通过后天学习形成的。因此，在下一章，我们对学习的看法和对生物进化的认识是一样的，我们会证明学习（也就是文化进化）也能起到同样的作用（而且要快得多）。我们会看到文化实践如何最终变得与我们的环境和需求高度契合，比如，冰屋如何经过几代人的改进和优化，从而让因纽特人能够在冰冷的冻原上保暖，还有传统的加工玉米的方法如何从这种缺乏营养的主食中获得额外的营养价值——而且是在没有人有意识地考虑热动力学或化学方面的问题的情况下。我们还会看到人们享用的香料如何反映出他们的文化中对抗食源性疾病的需求，以及有关食物的迷信说法和禁忌是如何降低怀孕期间患危险疾病的风险的。

　　在学习这一章之后，我们会做一些辨析（初级奖赏与次级奖赏、终极解释与近端解释、主位与客位），这会帮助我们理解在进化和学习过程的帮助下，暗中影响着我们的看法和偏好的博弈论。

　　之后，我们会涉及一些博弈论的内容，但不会完全集中在人类身上。事实上，我们有一章将专门讨论动物的性别比例——某一特定物种中雄性与雌性的比例，这是一个生物领域有名的应用博弈论的案例。这一章将介绍博弈论中的一些关键概念，并且展示博弈论的强大功能。它也将帮助我们了解当进化在进行优化的时候，博弈是如何被理解和运用的。

　　然后，我们就要正式出发了。从那之后，每个章节都会包含几种看似不合理的人类行为和一两种隐藏的博弈，后者会帮助我们揭开这些看似非理性的行为背后的根本原因。

　　这就是我们的计划。我们开始吧！

第2章
学 习

在这一章，我们将展示学习过程使人表现最优的强大作用。我们会看到，学习的作用并不仅仅局限于我们知道什么正在被优化。学习的作用也不局限于我们的行为，我们的看法和偏好往往也会被其塑造。

为什么要谈论这些呢？因为这为我们使用博弈论奠定了基础，即使人们缺乏理性，即使我们试图去解释人们令人费解的偏好和看法。

强化学习

优兔[1]上仍然流传着20世纪50年代B. F. 斯金纳的一段录像，画面中他打着黑色领带，穿着白色衬衫，袖子一直拉到手腕处，他站在一些绿色和白色的实验设备前面。斯金纳一边训练一只鸽子逆时针旋转，一边用电视观众喜欢的中大西洋口音对着麦克风娓娓道来。斯金纳的策略很简单，每当鸽子转向左边，斯金纳就打开一个食槽，奖励鸽子几粒谷物，但如果鸽子站着不动或者转向右边，斯金纳就不会打开食槽。

摄像机的镜头推向鸽子，一开始鸽子只是来回摆动。最终很偶然地，鸽子漫不经心地朝左边挪步。食槽咔嗒一声打开，鸽子很快吃到了谷物。食槽关上之后，鸽子开始四下寻找。它又摆动了一会儿，然后有点儿漫无目的地走来走去。

"现在我正等着它向逆时针的方向转。"斯金纳说，"之后我会强化这个动作。"很快，鸽子就朝左边挪去，咔嗒一声，斯金纳打开了食槽。

鸽子现在已经掌握了要领。食槽一关上，它就满怀期待地向左边挪步。

"你瞧，瞬间就有效果了。"斯金纳有些自豪地说。鸽子停了下来，斯金纳又补充道："我在等一个比这更明显的动作，结果肯定不止这样。"鸽子又挪动了一下，食槽咔嗒打开。鸽子急忙回去吃它的战利品。

食槽关闭，鸽子立刻转向左边，然后几乎没有停顿地转了整整一圈。

斯金纳斩钉截铁地宣布："成功了，转了一整圈。"整个训练过程耗时不到一分钟。

斯金纳的视频鲜明地展示了强化学习这一塑造动物和人类行为的关键过程。强化学习的核心本质很简单：当一种行为（比如逆时针转）会带来奖励（比如一点儿食物）时，它就会得到强化，并且更有可能重复出现。

强化学习无处不在。养宠物的人都会采用强化学习。狗狗学会了坐下和不动，是因为当按照我们的要求去做时，它们会得到奖励。当我们用水瓶朝着猫喷水的时候，它们就学会不再抓沙发了。如果你没有养宠物，不妨在优兔上搜索"如何训练一只猪"或者"教猪坐下"这样的视频，你也能看到强化学习的效果。话说回来，其实你已经亲眼见识过强化学习了，因为你和你周围的所有人都在通过强化来学习。孩子们为了获得小熊软糖学会了上厕所，为了获得金色的星星学会了加减法。小孩和大人都会通过听众由衷的笑声或者紧张的沉默来判断自己的笑话有没有意思。再比如，一套服装是该继续穿还是送去二手店，取决于它是否得到别人的称赞。

强化学习是很强大的。孩子们不管是学习简单的算术，还是长除法、代数、几何和微积分预备课程，都离不开强化学习。优兔上的猪已经通过强化学习，学会了完成障碍赛跑、进球，或者在需要出去上厕所的时候按铃。斯金纳因教他的鸽子打乒乓球而出名；到了20世纪90年代中期，一个日本的研究小组教会他们的鸽子准确区分毕加索和莫奈的作品，从而超越了斯金纳。

尽管强化学习可以让动物们出现在优兔上，但这显然不是它存在的目的。强化学习使得动物们学会了在不断变化的环境中对生存至关重要的功能行为。通过强化学习，动物们知道了去哪里寻找食物、庇护所和配偶，如何躲避天敌，以及怎样区分哪些食物是有毒的，哪些是有营养的。[2]

社会学习

亚萨瓦群岛是太平洋上一个美丽而偏远的火山群岛。虽然严格来说亚萨瓦群岛是斐济的一部分，但在 20 世纪的大部分时间里都处于自治状态，那里的国王不允许在岛上发展旅游业。当人类学家乔·亨里奇和他的博士生詹姆斯·布勒施在 21 世纪第一个十年中期造访亚萨瓦群岛时，他们有了下面的发现：[3]

在经济上，亚萨瓦人主要依靠园艺、捕鱼和沿海采集。捕鱼是最重要的蛋白质来源，而对那些有足够技能的人来说，用鱼叉捕鱼是最高产的捕鱼方法。人们也会用钓线和渔网捕鱼。山药和木薯是提供热量的主食，不过山药在正式场合一直是不可或缺的，也更受人们喜爱。男人们暗暗较劲，都想种出最大的山药。这里的政治单位由相互关联的氏族（被称为"Yavusa"）组成，由长老议事会和一位世袭的酋长来统治。社会生活是由亲属关系和义务关系构成的复杂网络。在研究期间，这些村庄里没有汽车、电视、市场和公共设施。

在亚萨瓦群岛，亨里奇和布勒施开始研究亚萨瓦人是如何学会捕鱼、种植山药和木薯，以及使用草药这些生存技能的。他们对当地人进行了调查，问了以下问题：如果你有关于鱼或者捕鱼的问题会去找谁咨询？你会向谁请教有关种植山药的问题？你会向谁询问将哪种植物作为药物的问题？他们还问了这些问题：谁最擅长用钓线捕鱼？谁最会种植山药？谁最了解药用植物？他们记下受访者提到的人名，然后搜集这些人的资料。他们多少岁？性别是什么？他们住在同一个村里吗？是一家人吗？他们得到的结果很简单。到目前为止，亚萨瓦人通常会向最擅长捕鱼、种植山药和使用草药的人请教。

亚萨瓦人就亨里奇和布勒施的问题给出的答案，说明了两点。第一，我们不仅会通过强化学习从自己的经验中学习，还会通过模仿（有时也会通过明确的指导）来向他人学习。如果你想学捕鱼、耕种或者使用草药，你不需要冒着挨饿和生病的危险，你可以向他人求教或者模仿那些看起来知道自己在做什么的人。如果你想知道自己该不该穿某套衣服，除了穿上它，让别人来夸自己，然后根据称赞的力度来调整你的衣橱，你还可以看看周围的人都穿什么。

第二，我们并不是随意地向他人学习。我们的学习过程在很多方面都偏重于让自己向那些懂行的人学习。我们会更多地模仿那些成功的、有声望的、年长的（如果我们学习的东西限于特定年龄，我们会选择同年龄段的）、理智的人等等。在亚萨瓦人的例子中，他们向那些最擅长捕鱼、耕种和用植物治病的人请教。而在衣橱的例子中，我们会尤其关注像米歇尔·奥巴马和乔治·克鲁尼这样的时尚偶像。

在一项实验中，当一个成年人之前表现得很好（把鞋穿在脚上），相较于他表现不佳（稀里糊涂地把鞋穿在手上）的时候，14个月大的婴儿更有可能模仿他用非传统的方法(用额头按下开关)去开灯。[4]在另一项研究中，学龄前儿童通过模仿来学习新单词，不过他们更倾向于模仿大人而不是模仿其他的孩子；然而学龄前儿童在学习新单词时并不只是考虑年龄，他们也会优先考虑可靠性问题。他们更有可能去模仿那些已经知道并能正确使用新单词的人。无论对方是孩子还是成年人，而不是模仿那些错误使用新单词的人，他们只在面对僵局时才会考虑年龄：如果一个孩子可靠，而一个成年人不可靠，他们会模仿孩子，但如果两个都不可靠，他们就会模仿那个成年人。[5]

孩子们还认识到，成年人了解的东西（比如哪些食物有营养）和小孩了解的东西（比如哪些玩具好玩）[6]是不一样的，在某些情况下，不去模仿别人（包括成年人）反而更合理。在之前那个教幼儿用前额开灯的实验中，研究人员加入了一项测试，他们把成年人的双手绑起来，使其行动不便，但是没有绑幼儿的手。孩子们不会费力去模仿那些双手被绑着的成年人，他们似乎知道成年人之所以用额头开灯，只是因为他们行动不便，所以当自己没有被绑住的时候，他们是没必要用额头去开灯的。[7]

本书的分析基于的前提之一是，无论是通过强化从自己的经验中学习，还是通过模仿和指导向他人学习，都会引导我们去做对自己有益的事情，至少在大多数时候是这样的。在这个前提下，学习既高级又精妙的事实让我们变得更加自信。[8]

接下来的两个例子就体现了这一点，同时也说明了另一个问题：我们常常完全不知道自己为什么要做某件事，也不清楚学习所发挥的作用。

⋯

冰屋是一项人类聪明才智的非凡成就。即便北极寒风肆虐，在就地取材（压实的雪，偶尔还有海豹皮；北极没有木材，没有砖，没有石头，也没有黏土）建造而成的冰屋里，一盏小小的油灯就能让屋内升温60华氏度①。

这绝非易事。事实上，单纯用雪建造一个不会倒塌的建筑物就已经够难的了，许多在童年时尝试过建造冰屋的读者一定深有体会。为了防止冰屋倒塌，并且使其足以抵御北极的强风，因纽特人将雪块组装成一个非常坚固的拱形结构，这种结构被称为"倒悬链线"（悬链线指的是一根绳或一条项链被人用两根手指拿起来时的形状）。倒悬链线自古代被发现以来，就一直被用于建造纪念碑、建筑物和桥梁。

几个关键因素使得冰屋具有很好的保温效果。有些违反常理的是，建造冰屋所用的压实的雪是一种极好的隔热材料，这多亏了被困在其中的数百万个气泡。冰的隔热效果不太好，所以用量很少，主要用来建造负责采光的窗户。冰屋的地面是阶梯式的：因纽特人住在最上面那层，在中间的平台上做饭和进行其他活动，从低于周围积雪面的最底层平台进入。这确保了灯、灶火和因纽特人自身散发的热量会通过入口向上升，然后留存在冰屋内部。入口与盛行风

---

① 60华氏度≈15.6摄氏度。——编者注

成 90 度，而且通常会被修建成一个直角，从而进一步帮助冰屋抵御寒风。所有这些以及其他更多的细节，都经过了几代人的不断完善。

令人震惊的是，因纽特人把这些问题都解决了，但关键是在这个过程中，他们并没有计算倒悬链线的承重能力、压实的雪的隔热值以及不同入口会产生的压力差。靠一个人通过反复试验最终还能活着完成这样的设计是不可能的。想必应该是有一年，一个因纽特人家庭挖出了一种入口。结果这个冰屋比他们家的上一个冰屋暖和，也比邻居的冰屋暖和。第二年，这家人便以同样的方式建造了他们的冰屋（强化学习），有几个邻居也挖了类似的入口（模仿与指导）。就这样，直到所有人都以这种方式建造冰屋入口。墙壁、窗户和通风口都是以同样的过程被不断完善的。经过几代人的努力，因纽特人学会了建造完美冰屋的方法，他们不需要知道自己正在学习，也不需要知道为什么要把冰屋建造成这样。[9]

让我们离开冰冷的北极，前往气候温暖的中南美洲。在那里，把玉米在碱性溶液里浸泡一下再吃的习俗可以追溯到玛雅和印加时代。传统上，人们通常会往煮玉米的水里扔一些烧过的贝壳或一点儿木灰，然后加以浸泡。玉米粒经过这样的处理，会变成淡黄色，口感柔软黏糯。它们可以被直接加到菜肴里，或者很轻松地被磨成粉。

这种用碱性溶液处理玉米的方法被称为碱化湿磨法，尽管这种做法乍一看有点儿奇怪，但它对释放玉米中的维生素 B_3（也叫烟酸）有着至关重要的作用，否则它很难被人体吸收；如果没有碱化湿磨法，以玉米作为主食的人最终会患上营养缺乏症，如糙皮病，从而导致痴呆、腹泻和皮炎。当然，碱化湿磨法已经有几百年的历史了——比发现维生素的时间要早得多。所以我们再一次看到，一种文化在没有现代科学帮助的情况下采取了一种有益的做法。有一天，一位厨师可能不小心把一些木灰弄到了锅里。吃了玉米的人一定感觉更舒服，气色也更好了。或者有可能他们只是发现玉米变得很好磨，后来又注意到这对他们的健康也有影响。或许他们根本就没有注意到对健康的影响，但生病的次数变少了，这意味着他们通常会更加成功，因此也就更有可能被他人模仿或请教。无论如何，强化学习、模仿和指导都有很多发挥魔力的机会，任何人都没必要去关注或了解它们发挥的作用。

没有人知道有作用并不意味着这种方法没有作用。这是欧洲人在第一次遇到玉米时受到的惨痛教训。欧洲人热情地把玉米作为主食，但由于他们在当地人为什么要碱化玉米的问题上没有得到一个满意的答案（"这就是我们一贯的做法"），所以他们跳过了看似没用的碱化湿磨法。毕竟，他们有强力磨粉机，可以在不软化的情况下把玉米磨成粉。后来在意大利北部、法国和美国南部，糙皮病大规模暴发。在20世纪上半叶，约有300万美国人患上糙皮病，有10万人因此丧命。

人类拥有独特的学习和模仿那些作用不明确的复杂行为的能力。我们用到的一种方式是**过度模仿**——模仿那些看起来完全没必要的行为（除非你是一个自负的、有民族优越感的欧洲殖民主义者）。关于过度模仿的经典研究大概是这个样子的：成年人向儿童和黑猩猩展示如何打开装有食物的盒子。成年人接到指示要添加一些额外的、不必要的步骤：可能是敲 3 次盒子顶部，或者摸鼻子。孩子们会模仿大人的每个动作，甚至是那些不必要的动作。而黑猩猩更聪明，它们会省去那些没用的步骤。也许它们的确更聪明，但也更容易犯和欧洲人面对碱化湿磨法时一样的错误。

· · ·

继续我们的旅程，让我们回到斐济，在那里我们会看到一个例子，它很好地展现了学习是怎样既塑造行为又塑造看法的。

斐济的女性在怀孕和哺乳期，会严格遵守饮食禁忌，不会吃某些在其他时候经常吃的鱼，比如岩鳕、鲨鱼、梭鱼和海鳝。（斐济人通常从陆生哺乳动物、贝类、章鱼和刺鲀中获取蛋白质。）

斐济人不知道的是，他们避免食用的正是那些含有危险的雪卡毒素的食物。过多的雪卡毒素会让我们生病，导致手脚疼痛，或者非常严重的腹泻。这些症状有时会持续好几个月。雪卡毒素中毒在怀孕和哺乳期尤其危险，因为女性在这个时期更容易受到毒素的影响，毒素会伤害到胎儿和母乳喂养的婴儿。

雪卡毒素是藻类产生的一种化学物质。它会在以藻类为食的鱼的体内积聚，以这些鱼为食的鱼类体内的毒素浓度会更高，而以后者为食的鱼类体内的毒素浓度会进一步升高。岩鳕、鲨鱼、梭鱼和海鳝在食物链中都处于比较高的位置（据说海鳝甚至会攻击鲨鱼），所以它们导致雪卡毒素中毒的风险是最大的。章鱼和刺鲀在食物链中都比较靠下，贝类则更低一点儿，因此，吃它们导致雪卡毒素中毒的风险比较低。吃陆生哺乳动物和蔬菜几乎没有什么风险。因此，斐济的饮食禁忌有效地使人们远离高风险食物，选择低风险食物，从而使胎儿和婴儿更加健康。

斐济人通过学习，在不了解这些饮食禁忌重要作用的情况下掌握了它们，这又是一个不寻常的例子。当被问起是从哪里学到这些禁忌时，绝大多数人都会回答说他们是从自己的母亲、奶奶、婆婆、长辈、一位聪慧的女性或阿姨那里学来的；只有不到10%的人会说他们是从医生那里学来的，而且他们中没有人听说过雪卡毒素。

另一件不寻常的事情是：通过学习和模仿被塑造的不只是斐济人的行为，还有他们的看法。当被问起为什么要遵守饮食禁忌时，大多数女性会回答说，不这样做对宝宝的健康不利，宝宝会"皮肤粗糙"或"关节发臭"。这些看法是错误的也不要紧，它们仍然有效。（不要惊讶，你的一些看法也有同样的情况。）

我们之前提到过，本书的一个前提就是学习会导致功能性行为（或者通常有这种倾向）。斐济人错误但有效的看法揭示了第二个密切相关的前提：相应的看法往往会一起出现。学习使得我们以特定方式行事（比如避开某些食物）的一个好办法，就是塑造我们的看法——让我们认为这些食物会导致宝宝皮肤粗糙，从而促使我们有所行动。

· · ·

可以通过学习或模仿被塑造的，除了看法，还有喜好。

位于曼哈顿下东区的多特斯餐厅是一家拥有百年历史的标志性犹太餐厅，一走进去，你马上就会发现四面堆满了闪闪发光的熏鲑鱼和白鲑，还有一桶桶风味奶油干酪的冷藏箱。墙上有装满百吉饼的篮子，高高的架子上堆满了裸麦粗面包和黑面包，还有五颜六色的进口鱼子酱罐头。对19世纪末和20世纪初从埃利斯岛来到下东区的几十万可怜的东欧犹太人来说，这里是他们钟爱的美食圣地，也是盐的圣地。你会发现盐是该餐厅主要的调味品。如果仔细看，你可能会在某些地方找到一点儿胡椒粉。当然，百吉饼上必须加的所有调味品都被放在篮子里了。还有一些莳萝，如果你把它也算作调味品。不时地还会有洋葱出现。不过通常该餐厅的美食都只用盐调味。

走几个街区来到位于东6街的曼哈顿"咖喱一条街"，情况就完全不同了。当你走在人行道上时，很多餐厅门口都有招揽顾客的人朝你冲过来，印度之珠就是其中的一家，在那里你会看到香喷喷的巴尔蒂咖喱和火辣辣的咖喱肉，它们都用到了十几种香料，而且用量极大。如果你问服务员他觉得百吉饼、熏鲑鱼、奶油干酪和鱼子酱怎么样，他会一边点头一边告诉你："还可以。"你再问他一次，他会承认说："味道太淡了。"

为什么印度人爱吃香料味很重的菜？为什么东欧的德系犹太人就不爱吃？1998年，詹妮弗·比林和保罗·谢尔曼提出，答案就在于香料能够抑制和杀死会导致食物变质的细菌。他们认为，这种能力在气候炎热的地区最有用，所以我们会发现这些地方的人很喜欢香料。[10]

为了检验他们的理论，比林和谢尔曼先通过文献证明了香料确实能够抑制和杀死细菌。在这个过程中，他们考虑了30种最常导致食物中毒的细菌，然后综合了几十项检测某种香料或其活性成分的存在是否减缓了其中一种细菌的生长或将其彻底杀死的研究。有些香料，比如多香果和牛至，以及大蒜和洋葱等根菜能抑制全部30种细菌的生长。大部分香料，比如月桂叶、薄荷、芫荽和肉豆蔻能抑制一半到3/4的细菌。有些香料，比如黑胡椒，以及柠檬和酸橙等柑橘类水果虽然靠自己的力量只能抑制一小部分细菌，却能加强其他香料的效果（黑胡椒可以增强其他香料中活性成分的生物利用度，从而提高它们被细菌吸收的速度；柠檬和酸橙可以分解细菌的细胞壁，使细菌对香料中的活性成分更加敏感）。

接着，比林和谢尔曼搜集了来自世界各地几十种文化的数百份食谱，然后按照香料的种类和用量编制索引。果不其然："随着年平均温度……升高，含香料食谱的占比、每份食谱中的香料数量、香料的总用量和对抗菌力最强的香料的使用都增加了。"他们还接连排除了几种可能的理论。一个很自然的问题是，香料只在更热的地方被使用，是不是因为那里是它们的产地呢？但是，繁忙而古老的香料贸易表明，香料在除产地之外的地方也在被使用。多香果就是一个很好的例子：它的使用国数量是产地国数量的10倍。此外，他们还发现，香料通常并不是在越热的地方种植得越多。很多气候炎热的地方几乎不种香料，但很多人仍然在使用香料。等等，也许香料能使人通过出汗保持凉爽？的确，辣椒中的辣椒素有这样的效果，但是大多数香料，比如牛至、薄荷和肉桂都没有。或许香料中含有在更炎热的地方更有益的微量营养素？也没有。在本地可获得的蔬菜和肉类中，重要微量元素的含量要高得多。

所以，还是得回到他们各自的祖国，印度母亲逐步训练自己的宝宝忍受然后爱上辛辣的食物（把大人的食物和酸奶混合起来，然后慢慢减少酸奶的用量），而德系犹太人的母亲则坚持用盐。当他们的孩子来到美国时，他们的烹饪风格也被带过来了。

就像斐济人和因纽特人一样，这些印度和德系犹太人母亲没必要知道自己为什么会有这样的饮食习惯。大多数人根本不清楚，他们可能会回答"这就是我们一贯的做法"或者"这样做饭比较好吃"。他们也没有意识到在几代人身上发挥魔力，通过塑造喜好来影响他们行为的学习过程。

为什么学习要塑造的是看法和喜好，而不是直接塑造期望的行为呢？我们之前提出过一种可能性：这是一种能让我们行动起来的有效途径。如果喜欢辛辣的食物，你就会吃辛辣的食物。不过另一种可能性是，内化确保了人们在不了解功能性行为作用的时候也会采取这种行为，比如过度模仿。如果印度人喜欢在咖喱中加入黑胡椒，他们就不会想着省去黑胡椒，即使他们不知道它存在的意义在于增强了孜然、芫荽、姜黄和辣椒的效果。要是欧洲人有机会变得爱吃碱化玉米，他们就不会得糙皮病了。

滞后与溢出

还记得在印度之珠那个不好意思地承认百吉饼和熏鲑鱼味道有

点儿淡的服务员吗？他并不孤单。比如，感恩节你去一个印度裔美国人家里做客，可能会发现火鸡在烤之前已经撒了一点儿咖喱粉或者在酸奶和唐杜里香料里腌制了一夜。蔓越莓果酱从远处看没什么特别的，但能看出有点儿辣，因为里面有青辣椒，可能还有烤过的、带着泥土芳香的孜然。肉汁或许泛着金黄色的光泽，散发出明显的藏红花粉的香气，黑胡椒可能也比平时多放了一点儿。也不是只有印度裔美国人这样。你去一个墨西哥裔美国人家里，可能会发现餐桌上除了火鸡，还有墨西哥浓汤和其他墨西哥的传统菜肴。一位墨西哥裔美国朋友说，她姨妈有一次负责做焗烤四季豆。姨妈看了看菜谱，觉得没道理，索性直接拿四季豆和辣椒配在一起。全家人吃得都很开心。

当然，不管是多特斯餐厅的熏鲑鱼，还是感恩节的火鸡和四季豆，变质的风险都不是很大。美国的食品供应得益于充足的冷藏设备，以及旨在减少工业化食品安全问题的措施和法规。更准确地说，从温暖的地方来的移民不吃熏鲑鱼或者用香料处理火鸡和配料，是因为他们喜欢香料。无论从字面意义还是从象征意义上来讲，他们都已经养成了这种喜好，尽管这起源于一种需要防范食源性疾病的文化，但即便现在生活在一种没有这种需要的文化中，他们也坚持了这样的喜好。

我们把这样的效应称为滞后。滞后就像退化特征，比如人类的尾巴或者鲸鱼的手。它们曾经是有用途的，但这种用途不再有价值了。之所以会出现滞后，是因为学习和进化一样，并不是瞬间完成的。正如一个人需要花些时间才能喜欢上辛辣的食物，一种文化的美食要经过一段时间才会变得辛辣一样，要抛弃这些东西也是需要时间的，或者就像动物行为学家所说的那样，灭绝也是需要时间的。[11]

有时候，我们还会碰到这样的情况，那就是一种看法或喜好虽然在某个环境中仍然有现实用途，但在脱离这个环境后还继续存在。我们把这样的效应称为溢出。你的狗骑跨在你的腿上，这就是一种溢出。毕竟，骑跨某些东西是有实际意义的，但要是一条腿呢？没有太大意义。之所以会出现溢出，是因为学习和进化一样，需要泛化——把我们在一个环境中学到的东西应用到其他类似的环境中，而且即使相当擅长泛化，我们也做不到十全十美。有时候我们会过度泛化，特别是在学习塑造我们内在的看法和喜好的时候。

溢出效应对解释心理学和经济学实验室实验（经过设计，在严格控制的实验情境中进行）的结果特别有帮助。实验室环境极其关键：要诱使我们的喜好和看法从日常生活溢出到实验情境中，我们才能看到众多有趣的现象。（如今，用"实验室"这个词实际上有点儿不准确。在很多研究中，"实验室"指的都是亚马逊的众包平台 Amazon Mechanical Turk，世界各地的人坐在家里登录一下，在上面匿名回答几个问卷就能赚点儿外快。）

看看下面这个经典的实验。受试者两人一组玩最后通牒游戏。一位受试者获得了几美元——比如 10 美元，然后决定分给自己的搭档多少钱。之后他的搭档决定要不要接受这些钱。如果他接受，那么他们各自得到相应的钱。如果他拒绝，那么两个人都拿不到钱。最后，所有受试者分道扬镳，永不相见（就是字面意思，请记住，他们在互联网上都是陌生人，没法相互确认身份，也没法交流）。

在最后通牒游戏中，平分是很常见的结果。这很好理解。还有一种常见的结果是第一位受试者出价太低，比如 1 美元或 2 美元，他的搭档拒绝接受。这也很好理解。道理很简单：毕竟，我们的正义感就是用来防止别人欺负我们的，当他们这样做的时候，我们必须反击（见第 14 章）。这个实验非常奏效：我们的正义感准确地溢出到这个无用的小游戏中。

但是等一下。在实验者的精心设计下，这个实验是不公开名字的，甚至连他自己也无法确认受试者的身份。所有人，包括实验者在内，都不会发现是否有好说话的受试者接受了很低的出价。那么生气有什么用呢？如果受试者表现理智，他们应该咬紧牙关，接受很低的出价，反正总比什么都没有好。那么这是否意味着人们的正义感并不具有我们所宣称的防止别人侵犯自己的作用？我们认为不是的。这就像是在说，因为狗有时会骑跨在人的腿上，所以它们性冲动的产生不是为了繁殖一样。事实上，我们认为正确的解释是，人的正义感不能完美契合所有具体的情况——考虑到完全匿名的实验情境的独特性和学习过程的滞后和溢出效应，这并不奇怪。

･･･

接下来，我们将用一章的篇幅来讨论几个关键概念，它们会帮助我们更好地理解如何利用和解释博弈论。

第3章
3组实用的概念辨析

在这一章,我们要进行3组实用的概念辨析,让大家清楚地了解我们用博弈论解释问题的角度。之所以要做这几组辨析,是因为学习(还有进化)在我们的分析中扮演着很重要的角色。

初级奖赏与次级奖赏

人们在讨论动物的学习行为时,通常都会对初级奖赏和次级奖赏加以区分。食物是一种初级奖赏,所有动物通过进化都变得喜欢食物,而让某种动物不再喜欢食物也几乎是不可能的(这很好理解,因为如果动物能轻易变得不再喜欢食物,它们就会面临饿死的危险)。正如B. F. 斯金纳向我们展示的那样,像食物这样的初级奖赏是驯兽员最重要的工具。

当然,驯兽师也有其他的工具,比如他们的语调(好样的!),抚摸和按摩肚子,还有响片和哨子。问题是,很多动物一开始对这些东西是没有反应的。驯兽员要先把声音指令、按摩肚子与哨声和食物关联起来。经过足够多次的关联，最终不管有没有吃的，动物都会变得喜欢听"好样的"或者被人按摩肚子，而这些也能用来强化期望的行为。声音指令、按摩肚子和哨声就属于次级奖赏。它们不是动物通过进化而是可以通过学习喜欢上的东西，如果次级奖赏与初级奖赏关联的时间不够长，动物也可能不再喜欢（这叫作消退）。驯兽员会很仔细地区分初级奖赏和次级奖赏，将二者配对以避免消退发生。

初级奖赏与次级奖赏之间的区别也适用于人类。有些东西是人类通过进化变得喜欢并且无法轻易变得不再喜欢的东西。食物显然算是一种。身体健康也是一种。还有舒适与安全，时间与精力，信任或者随之而来的资源和关系。此外，威望、权力和性也都是有力的竞争者。

同时，有很多其他的东西是人类真心喜欢且热情追求的，比如集邮、抽象艺术、职称和小时候某种香料混合物的味道。但没有人是通过进化喜欢上这些东西的。更确切地说，他们是学会的，因为这些东西与初级奖赏关联在一起。它们与按摩肚子和哨声一样，是次级奖赏——是我们真心喜欢但随着时间的推移也可能不再喜欢的东西。

我们在分析中必须牢记以下几点。我们要试着去理解人们的喜好，比如对邮票的痴迷。为此，我们要找到塑造这些喜好的初级奖赏。博弈论将帮助我们做这件事，但前提是我们得记住这些博弈的收益并不是我们要拥有的喜好——次级奖赏，而是我们一开始的初级奖赏。这就是我们着重强调这组概念辨析的原因。

在继续解释之前，这里有一些辨别初级奖赏的提示。要判断某个东西是不是初级奖赏，我们可以问自己下面这些问题。

- 人人都喜欢它吗？食物和性是大家都很喜欢的，但香料、纯度很高的黑巧克力和毕加索的《格尔尼卡》就不一定了。如果一个东西不是人人都喜欢，那些喜欢的人就有可能是通过学习喜欢上它的，那这个东西就不是初级奖赏。
- 我们要通过学习才能喜欢上它吗？婴儿必须（慢慢地！）通过训练才能喜欢上辛辣的菜肴。[1]这再次表明，我们对辛辣食物的喜好并不是一种初级奖赏。那些不需要通过学习就会喜欢的，比如吃东西或者保持身体健康，这些是初级奖赏。
- 我们能抛弃它吗？我们一旦喜欢上辛辣的食物，可能就很难抛弃这种喜好，但即便是香料的忠实粉丝，在出国多年后回到家乡，也会感觉食物的香料味比他们记忆中的要更重一些。那么对国际象棋或围棋的热情呢？如果有人说我们其实玩得并不好，或者下棋是在浪费时间，我们要通过学习才能不再喜欢它们吗？另一方面，要学会不再喜欢性、高脂肪食物或者好名声是很难的，从而再次印证了这些是初级奖赏。
- 从进化角度来看它是合理的吗？进化只会慢慢地向我们灌输始终与生存和繁殖相关的初级奖赏。食物、居所和社会关系对生存和繁殖一直很重要。这就解释了为什么这些喜好是固有的。但把快乐带给全世界或者促进种族平等的意愿呢？为什么进化会让我们渴望投入资源来帮助远方的人？它不会的，因为这样做往往对我们不会有太大帮助。但是它肯定可以让我们拥有在适当的情况下学习这些东西的能力。

- 它过分灵活吗？我们对需要帮助的人施以援手的意愿非常容易受到有没有人看到我们帮助别人、帮助那些人是不是正常的、有没有不帮助他们的合理借口等问题的影响。一切都表明，帮助本身并不是一种初级奖赏，而更像是一种达到其他目的的手段（我们会在第7章和第8章讨论这些目的）。

既然我们已经知道初级奖赏是什么以及如何辨别它们了，那么也许有必要重点说一些不是初级奖赏的东西。

- 适合度。虽然初级奖赏一定与我们进化史中的生物适合度相关，但它们未必符合今天的适合度。我们通过进化开始追求（并且掌握了学习过程以帮助我们追求）性、地位和资源，即使它们已经不再影响生存和繁殖。即便进行生育控制，我们也在追求性；即使地位无法帮助我们获得更多伴侣（因为我们不再性活跃或者忠诚地专注于一位伴侣），我们也在追求地位。我们还追求财富，虽然现在越富有的人孩子越少。初级奖赏的进化是因为它们与适合度的历史关联，但它们和适合度不是一回事。

- 有意追求的目标。初级奖赏和我们有意追求的目标——包括集邮、成为国际象棋大师、深入学习艺术史、填满一座宏伟壮观的酒窖和让世界变得更美好——也不是一回事。我们认为，把这些东西，也就是我们不是一开始就喜欢但由于它们与初级奖赏有关联，我们通过学习喜欢上的东西看作次级奖赏更合适。比如热情就不是初级奖赏，而是次级奖赏。当然，有时我们确实会有意追求初级奖赏。当饿的时候，我们可能会有意地去寻找食物；当有性需求的时候，我们可能也会有意地去寻找性伴侣。所以，我们有意追求某些东西并不意味着它不能是初级奖赏，只是不总是这个意思。

- 心理奖赏。和有意追求的目标一样，我们在向慈善机构捐款时的感觉（温暖而舒心！），或者我们在看法和行为不一致时的感觉（别扭！）通常是后天习得的，并且高度依赖于环境。在本书里，我们通常会用初级奖赏来解释这些心理收益的来源和为什么它们会有种种奇怪的特性，但在这个过程中，我们不会把心理收益本身引入计算。这与大家熟悉的社会心理学和行为经济学著作（比如丹·艾瑞里的《怪诞行为学》）有点儿不一样。我们会向这些领域的研究者借用很多有趣的谜题，但对我们来说，这些谜题不会成为解释的一部分——它们是需要解释的东西。

- 经济激励。最后一点，初级奖赏和金钱（也就是大多数人所说的奖励）不是一回事。这并不是说经济激励不重要或者没效果。如果读过史蒂芬·列维特和史蒂芬·都伯纳写的《魔鬼经济学》，你就会发现，只要好好看看周围，找到活生生的经济激励，你就能明白为什么相扑运动员会输给比他们更需要赢的对手（对手提出分享奖金）；老师会夸大学生的考试分数（为了避免扣工资）；而房地产经纪人会急于卖掉别人的房子，但在卖自己的房子时不紧不慢（如果他们是卖家并能获得全部收益，而不是一小笔佣金，那么报价越高越好）。然而，经济激励不包含我们会感兴趣的众多奖励（其中有不少是纯社会性的），比如信任、威望或伴侣。这样的初级奖赏往往还会潜移默化地塑造我们的喜好和看法，但是相扑运动员和房地产经纪人通常都意识到了经济激励的存在。从一个方面我们能看出经济激励并不是人们唯一关心的事情，经济激励有时会适得其反。尤里·格尼茨和阿尔多·拉切奇尼与以色列一家幼儿园合作，要求父母们准时接走自己的孩子，他们发现面对罚款，父母们来得更晚了。这看起来有点儿矛盾。毕竟，罚款提高了迟到的经济成本，而所有的经济模型都认为需求（晚接孩子）会随着价格的上涨而减少。但如果有人（错误地）认为这个价格只包含经济成本，那就会适得其反。格尼茨和拉切奇尼指出，这根本不是事实。迟到还有第二项成本，那就是社会谴责，而罚款的引入降低了这项成本。同样，将奖励的定义扩大到包含其他的初级奖赏，就能够解释其他看似矛盾的结果，比如有时没有报酬我们也会更努力地工作，或者我们会相信那些就算没人给钱让我们说我们也会多说一些的事情。[2]

近端解释与终极解释

如果你在网上搜索"理查德·费曼磁铁",会看到一段视频,一位采访者问这位著名的物理学家两个磁铁为什么会相互排斥,结果却得到了一番对"为什么"这个词的演讲。[3] 费曼说:

当你问为什么某件事会发生的时候,一个人会怎么回答?比如,米妮阿姨住院了。为什么?因为她出门,在冰上滑倒,摔断了髋关节。这样人们就理解了……但是来自另一个星球什么都不懂的人是理解不了的……如果你问:"她为什么会在冰上滑倒?"嗯,冰就是很滑的。所有人都知道这一点,无须多言。但你要问:"冰为什么是滑的?"这就有点儿奇怪了。

费曼没有停下来。他解释了冰这种固体为什么会滑得出奇,还又问了几个"为什么"的问题,然后,他终于承认自己有点儿过分了。

虽然我没有回答你的问题,但我在告诉你"为什么"的问题有多难回答……"为什么她滑了之后会摔倒呢?"这和重力有关,涉及所有行星和其他一切东西。别担心!你可以一直问下去。

好了,好了,我们知道了。每当问为什么的时候,我们都能给出很多答案。我们应该给出的答案取决于我们想要了解的东西，或者像费曼后来在采访中所说的那样，取决于我们的分析层次。如果你问米妮阿姨为什么会滑倒，你可能是想知道冰变滑的原理（压力），或者你可能想知道米妮阿姨的动机——为什么外面结冰了她还要出去。同样，如果我们问为什么那位印度之珠的服务员不吃百吉饼而选择巴尔蒂咖喱，一种回答是他觉得前者没味道，而后者更好吃。另一种回答就是我们上一章说的，在这位服务员的家乡（或者有可能是他父母的家乡），香料能帮助预防食源性疾病。

有些分析层次已经被贴上了实用的标签。关注一个人在做决定时出现在他脑海中的想法和感受（没味道！好吃！）的解释被称为近端解释，就像我们在上一章集中讨论的要搞清楚这些想法和感受的作用的解释被认为——你应该猜到了——是功能性解释。有时候这样的解释也被称为终极解释，不是因为你不能一直问为什么，而是因为大家都清楚你再问下去也不会有太多的收获（我们已经知道为什么人们不想因食物而生病，所以在探究他们为什么会喜欢香料的过程中没必要关注这个问题）。

近端解释与功能性解释之间的区别是由生物学家首先提出的。孔雀为什么长着很长的尾巴？近端解释是：雌孔雀认为长长的尾巴非常有吸引力。但为什么雌孔雀会通过进化认为长尾巴更有吸引力？长尾巴有什么作用呢？（不好意思，答案要在第6章揭晓。）

生物学家通常不会止步于"雌孔雀认为长尾巴更有吸引力"这样的近端解释。他们会很自然地再深挖一点儿，试图找到一个功能性解释。当然，近端解释有时会很有趣，或者能解决一部分问题，但绝对不是结束，也永远算不上一个令人满意的答案。

和生物学家一样，我们会发现深挖下去，抛开唾手可得的近端解释，执着于功能性解释是很有用的。当我们问为什么美洲原住民会在烹饪玉米前先用碱性溶液处理一下，我们不会止步于近端解释，比如"因为这样玉米会更好吃"和"因为这就是我们一贯的做法"，而是会关注功能性解释："因为这会增加玉米的营养价值。"同样，在第 6 章，当讨论人类为什么会认为引人注目的奢侈品，比如镶嵌艺术品、花园和劳力士手表有吸引力时，我们不会止步于"因为它们很好看"，而是会试着找到我们认为它们好看的原因。在第 8 章，我们要探究人们为什么会对乱扔东西很反感，我们还是不会止步于"因为这样做是错的"，而是要弄清楚这样的看法会起到什么作用。你应该懂我的意思了吧。

主位与客位辨析

还有一组迟早会有用处的辨析。

2017 年，《星际迷航》系列推出《星际迷航：发现号》。这是自 1966 年播出的最初的系列（也就是星际迷所说的 TOS）以来的第七部。这中间的 51 年发生了很多变化。早在 1966 年，10 个美国人中有 9 个看的还是黑白电视。当时，计算机制图技术还没有被用在大型故事片或电视剧中——十几年后，《星球大战》和《异形》才真正使用了计算机影像合成技术。制作预算也大幅增加。TOS 播出时，由于预算紧张，所以剧中的主要反派——一个叫作克林贡人的外星种族——是用鞋油化妆的（没开玩笑）。事实上，他们之所以能成为剧中的主要反派，就是因为他们的化妆比另一个敌对的外星种族罗慕伦人要便宜得多，化妆时间也更短。

当然，随着时间的推移和预算的上涨，剧中的布景、战争场面和化妆都有所改善。在计算机影像合成技术的帮助下，星际飞船利用了更多更华丽的技术，比如全息显示。克林贡人的长相也发生了很大的变化：鞋油被脊状突起的前额和参差不齐的牙齿取代。罗慕伦人的长相也变了。诸如此类。

尽管这些改变的实际（和明显的）原因是技术的进步和预算的增加，但节目的制作者和粉丝往往喜欢费尽心思地编故事，以所谓的"符合世界观"来解释剧中前后不一致的情况。后来克林贡人的前额为什么会长出脊状突起？因为他们感染了病毒。星际飞船的舰桥为什么重新设计了？因为星际飞船是模块化的，它的舰桥如果损坏或者需要升级是可以进行更换的。TOS 前传的《星际迷航：发现号》里的星际飞船为什么用到了比 TOS 中的星际飞船更华丽的技术？因为全息技术被证明是不可靠的，所以被抛弃了。有一位星际迷这样解释最后一个问题：

在"An Obol for Charon"这一集讨论进取号的维修问题时，我们注意到问题最严重的区域之一就是全息通信系统。派克（星际飞船船长）让工程师拆掉整个系统，重新装上二维显示屏。这可能也解释了进取号上的舰桥景观窗为什么是二维的，而且更小一些；它可能经过了改造，一个临时的修复，甚至可能变成永久的。[4]

提出符合世界观的解释可能很有趣，但不管星际迷对进取号技术倒退的解释有多巧妙，事实都是在从TOS到《星际迷航：发现号》的51年里，计算机影像合成技术进步了，预算增加了。没有人会认为符合世界观的解释是真正的原因。

类似地，当面对别人根据自己的行为给出的解释时，我们也要进行辨别。比如，如果我们问为什么犹太人要戴基帕——一种小的圆帽，会怎么样呢？外界观察人士会客观地给出一种解释：因为犹太人一直被要求佩戴独特的头饰，从850年的阿拔斯王朝到1215年的教皇，再到1577年的奥斯曼帝国，等等，后来拉比命令犹太人即使在没有强制要求的时候也应该佩戴基帕。但这并不是犹太人自己通常会给出的答案。犹太教正统教派哈巴德在其官网上这样介绍基帕：

佩戴基帕的传统并不源自任何《圣经》中的内容。事实上，这种风俗的出现是为了表明我们认识到"上面"有某个人在注视着我们的一举一动。

《塔木德》中记载，一次有占星家告诉一个女人，她的儿子注定要成为小偷。为了阻止这样的事情发生，女人执意让儿子一直把头遮起来，以提醒他上帝的存在，让他学会敬畏神。一天，这个女人的儿子坐在棕榈树下，遮在头上的东西掉了下来。他突然忍不住吃了树上不属于自己的果实。直到那一刻他才意识到佩戴基帕对自己产生了多么大的影响。[5]

对于这样的解释，人类学家有一个专门的术语，叫"主位"。主位解释是指那些深受某种文化熏陶的人给出的解释，与客观的观察者给出的解释相对，后者被人类学家称为"客位"。

在本书中，我们要解决很多人已经有了主位解释的问题，就像犹太人对基帕的解释那样。为什么新教徒不追随教皇？以下是新教徒自己对这个问题给出的一些主位解释：[6]

不存在完美的人类，至少据我所知是这样的，而且其中也包括教皇。但我听说他是个好人。

最简单的解释就是天主教徒认为他们和上帝之间需要一个中间人，而新教徒则不需要。

教皇的权威实际上建立在非常不确定的基础上。

诗人为什么要给自己施加诸如抑扬格五音步这样的限制？一种主位解释是："抑扬格五音步很像人类有节奏的心跳。"如果读过洛克的著作，你就会对权力有自己的主位解释。如果你是一个对葡萄酒有研究的人，你就会对美学有自己的见解。谈到利他性和道德，每个人都有自己的看法。

在本书中，我们需要抛开过去习以为常的主位视角。尽管我们可能会探讨为什么新教徒、诗人、洛克、对葡萄酒有研究的人等会给出各自的主位解释，但我们只会把这些解释和星际迷的说法归为一类。

∴

  这就是我们接下来的目标。为了解决所有的社会难题，我们会用到博弈论，但是博弈论往往是隐藏的，需要从学习和进化过程的角度去解释。我们使用博弈论给出的解释将全部都是聚焦初级（而非次级！）奖赏的终极（而非近端！）和客位（而非主位！）解释。

  在下一章，我们终于要开始使用博弈论了，但请注意：我们还不会涉及非理性的人类行为。下一章与人类，甚至与行为都无关，而是要讲动物的性别比例——某一特定物种中雄性与雌性的比例。这和博弈论有什么关系……别担心，你会明白的。

第4章

性别比例:博弈论的金标准

1871年,在发表震撼世界的《物种起源》12年后,查尔斯·达尔文出版了自己的第二部著作《人类的由来及性选择》。新书的前半部分——与人类的由来相关的部分——认为人类和猿实际上拥有共同的祖先,虽然大部分读者很可能觉得这个观点毋庸置疑,但在达尔文生活的年代还是有争议的。这本书的后半部分探讨了与性别有关的问题,比如,起初为什么有不同的性别?两性之间有什么常见的差异?为什么会有这些差异?当然,所有这些问题都是为了从进化论的角度做出解释。

在后半部分比较靠前的地方,达尔文用了很长的篇幅探讨他所谓的"各种动物中两个性别的比例"。也就是某个物种中雄性与雌性的比例,我们现在往往把它简单地称为物种的性别比例。"因为据我所知,没有人关注过整个动物界两个性别的相对数量,"他写道,"在这里我会呈现出我能搜集到的所有资料,尽管它们非常不完善。"[1]

达尔文首先讨论了人类的性别比例。"在英国,"他说,"10年(1857年到1866年)间,平均每年有707 120个婴儿活着出生,男女比例是104.5∶100。但是在1857年，全英国的男女出生性别比是105.2∶100，而1865年是104.0∶100。"接着他谈到了英国的不同地区、法国以及基督徒和犹太教徒的性别比例，得出的结果都非常接近1∶1。

下一步，达尔文把目光转向了赛马。"特盖特迈耶先生非常好心地从《赛马日程表》中把21年（1846年到1867年，1849年无公开数据）间赛马的出生情况列成表格。总共出生了25 560匹赛马，其中公马12 763匹、母马12 797匹，比例是99.7∶100。由于这些数据相当大，而且来自英国各地，时间跨度相当长，所以我们可以很自信地得出结论：就家马而言，或者至少就赛马而言，两性的数量几乎是一样多的。"

他还讲到了狗、绵羊、牛、鸟类和昆虫的情况。（他对飞蛾的讨论尤其精彩。其中有一个表格，列出了他从英国各地的熟人那里搜集的数据。"1868年，埃克塞特的J.埃林牧师培养了73个品种，包含153只雄性和137只雌性。同年，埃尔特姆的阿尔伯特·琼斯先生培养了9个品种，包含159只雄性和126只雌性。"诸如此类。）在几乎所有的例子中，达尔文都发现性别比例非常接近1∶1。

那么，为什么出生性别比会大致是1∶1呢？

用心良苦却被误导的高中生物老师有时会给出的答案是，1∶1的比例确保了雄性和雌性在到达性成熟时都能拥有配偶。尽管这个答案在强调一夫一妻制的社会有一种直观的吸引力，但根本经不起推敲。首先，在几乎所有的物种，和每个年龄段中，雄性都比雌性更有可能死亡（等到交配的时候性别比例就不太平衡了）。正如罗伯特·特里弗斯在1976年的一篇文章中说的那样："雄性的死亡率显然要高于雌性。这个结论适用于那些已知的蜻蜓、家蝇、某些蜥蜴和很多哺乳动物。"对我们人类来说也是一样，达尔文写道："而且在生命的前4~5年，死亡的男孩要比女孩多；比如在英国，一岁龄宝宝的男女死亡性别比是126∶100，在法国这个比例更加失衡。"

此外，不同物种对一夫一妻的接受程度是不一样的。有的动物，比如海象非常坚持一夫多妻，一个雄性通常会与几十个雌性交配。[2] 有的动物——海鹦、鹰、豺，还有某些鱼——是一夫一妻的，有时这种关系甚至是终身的。[3] 生物老师的答案在暗示海象的出生性别比较低，也就是雄少雌多。但事实并非如此：和达尔文书中的马、飞蛾还有人类一样，海象、鹦鹉和企鹅的出生性别比都大致是1∶1（剩下很多未交配的雄性）。事实上，达尔文也提出了这个问题。"对人类来说，"他写道，"一夫多妻应该会导致更多女孩的出生；但是J.坎贝尔博士在实行一夫多妻制的暹罗仔细地研究了这个问题，他发现那里的男女出生比例和实行一夫一妻制的地区相同。基本上没有动物表现得比我们英国的赛马更坚持一夫多妻了，而我们马上会发现它们雌雄后代的数量几乎完全相同。"

代替生物老师，我们可以求助于伟大的统计学家和生物学家罗纳德·费希尔（遗憾的是，他还是优生学家）。他因为解决了这一问题，提出所谓"进化生物学中最著名的论点"而受到赞扬。[4] 你知道最酷的是什么吗？这个答案实际上是基于博弈论的，虽然它早在博弈论创立之前就被提出了。

简单来说，只有在 1∶1 的性别比例下，父母才不会期望通过多生某个性别的孩子来拥有更多的孙代。所以他们很好地坚持着一半对一半的随机分布。我们深入探讨一下这个论点，看看它是为什么以及如何被提出的。

在费希尔的这个博弈过程中，有一个种群，其中包含两类参与者：雄性与雌性。这个种群的规模其实不重要，但为了方便分析，你可以设想共有 100 个参与者，而且种群规模世世代代都不会变。种群的性别比例是我们关心的最重要的结果。别忘了性别比例的定义是雄性与雌性的比例，所以在费希尔的种群中如果有 75 个雄性和 25 个雌性，性别比例就是 3∶1。如果有 25 个雄性和 75 个雌性，性别比例就是 1∶3。要是有 33 个雄性和 67 个雌性呢？性别比例就是 1∶2。你应该明白我的意思了。

和在所有的博弈中一样，我们要先明确参与者可以采取的行为。在费希尔的博弈中，参与者可以选择自己子代的性别。当然在现实中，动物不会真的选择自己子代的性别，但请暂时理解一下我们。

接下来，我们要明确收益。在费希尔的博弈中，很容易想到收益就是某个参与者拥有的孙代数量，也就是参与者的子代拥有的子代的数量。为了避免歧义，我们规定孙代越多越好。

最后，我们来做一些假设，准确地说是 3 个。我们的第一个假设是：生育雄性和雌性子代的成本相当。第二个假设是：异族交配（也就是没有近亲繁殖）。第三个假设是：所有雄性被选为配偶的可能性都是均等的，所有的雌性也一样。这样我们就能把注意力放在预计会产生的雄性和雌性子代的数量上了。当然，我们的 3 个假设并不总是站得住脚,但预先说明能帮助我们理解分析时要考虑的限制。之后当这些假设不成立的时候,我们会看看发生了什么,事实证明这样做很有用。

我们可以开始分析费希尔的博弈了。我们首先要检验在每种性别比例下,参与者是否应该选择生育更多某个性别的子代。这需要计算出每个性别能产生多少个孙代。比如,假如性别比例是1∶3。由于种群规模是100,所以这就意味着有25个雄性和75个雌性。再加上种群不会变大,那么总体来说,雄性就一共有100个子代,也就是平均每个雄性有4个子代。那么雌性呢?也有100个子代,就是雄性拥有的那100个。但由于种群里的雌性更多,所以平均下来就是100/75,相当于每个雌性有1.33个子代。所以,当性别比例是1∶3时,费希尔博弈中的参与者选择生育雄性子代更明智,因为这样孙代的数量会平均增加3倍。

我们可以在任何性别比例下进行这样的计算。比如,当性别比例是1∶2时,雄性子代拥有的孙代数量是雌性子代的2倍。虽然没有性别比例1∶3的时候好,但还是比生雌性子代好,所以参与者会继续选择生育雄性子代。当性别比例是1∶1.5时,雄性子代拥有的孙代数量是雌性子代的1.5倍。还是生雄性子代更好,以此类推。只要性别比例小于1∶1,也就是在雄性相对少的情况下,生育雄性子代就更明智。

当雌性少的时候会发生什么呢?比如性别比例达到1.5∶1。现在雌性子代拥有的孙代数量成了雄性子代的1.5倍,所以生雌性子代更好。当性别比例进一步增大到2∶1时,雌性子代的孙代数量是雄性子代的2倍。3∶1的时候是3倍。只要性别比例大于1∶1，生育雌性子代就更明智；也就是说，生育更少的那个性别的子代总是更好的。

性别比例为1∶1的时候会发生什么呢？雄性子代拥有的孙代数量和雌性子代一样多：50个雄性有100个子代，或者平均有2个子代，而50个雌性有100个子代，也是平均有2个。现在生育雄性子代就不比生育雌性子代有优势了，反之亦然。

纳什均衡

纳什均衡是博弈论中最重要的概念。它的提出者是数学家约翰·纳什，他的传记被（不当地）改编成电影《美丽心灵》。

在纳什均衡中，每个参与者都会以其他参与者的行为为前提，尽力做到最好。如果有参与者能通过偏离自己目前的策略而获益，而其他人不改变策略，那就不是纳什均衡。如果没有参与者能通过（单方面地！）改变策略获益，我们就达到了纳什均衡。

请注意，这个概念需要表现最优的参与者。但这样还不够，它还需要参与者在考虑到其他人做法的情况下表现最优，反过来其他人也一样，这有点儿递归和自我参照的意味。乍听起来这可能有点儿奇怪，但实际上却是纳什均衡的厉害之处——你会发现我们整本书都会用到它。

在分析性别比例时，我们用到的正是纳什均衡。这个博弈过程只有在性别比例为1∶1的时候才达到纳什均衡。我们是逐步得到这个结论的：先证明其他可能的比例不能达到纳什均衡，然后证明1∶1的比例可以，在本书中我们还会经常这样做。

我们简要重申一下结论。首先，假设性别比例低于1∶1，也就是雌性占多数。在这样的比例下，亲代要想获益（在这里获益指拥有更多的子孙），就得改变策略，也就是生育更多的雄性子代。比例高于1∶1的时候也一样，但这一次亲代要想获益，就得改变策略，生育更多的雌性子代。只有在比例为1∶1的时候，亲代才不用通过改变策略来获益。瞧！1∶1就是唯一的纳什均衡。

在不有意优化的情况下达到纳什均衡

到目前为止，在我们的讲述中，费希尔博弈的参与者似乎都在有意地选择子代的性别。大家都知道，这是不可能发生的。事实上，进化会帮助他们做出选择。在费希尔之前，达尔文就描述过这个过程：

现在让我们以一个物种为例，由于刚刚提到的未知原因，出现了性别失衡——比如雄性更多……那性别能通过自然选择达到平衡吗？由于所有特征都是可变的，我们可以确信某些伴侣不会像其他伴侣那样生的雄性比雌性多很多。

换句话说，子代的性别比例天然地会发生变化，对有些亲代来说，偏差会有利于少的那个性别（在达尔文举的例子里就是雌性）。达尔文认为这些亲代是很幸运的，因为他们通常会有更多的孙代。

假设子代的实际数量保持不变，那么前者必然会生出更多的雌性，从而有更多后代。从机会论的角度来说，越高产的伴侣，子代的存活率越高；这样就把少生雄性多生雌性的倾向延续下去了。因此一切就朝着性别均衡的方向发展了。

随着进化的优化，种群的性别比例会达到 1∶1 的纳什均衡状态。这是怎么回事呢？幸运的亲代不仅会拥有更多的孙代，这些孙代中的每一个都更有可能是雌性，并且生出雌性子代。随着时间的推移，雌性会变得越来越多，性别比例会下降到接近 1∶1。如果我们一开始假设性别比例低于 1∶1，或者雄性较少，那么情况也会类似。这一次，幸运的是那些有更多雄性子代的亲代。他们不仅有更多的孙代，而且会把生育更多雄性子代的趋势延续下去。随着时间的推移，雄性数量增加，性别比例就会上升到接近 1∶1。

只有在性别比例为 1∶1 的时候，情况才是稳定的。那些有更多雄性子代的亲代不会比那些有更多雌性子代的亲代更好或者更糟。即便出于某种原因，性别比例确实发生了变化，那也只是暂时的，因为倾向于生少的那个性别子代的亲代会很快把性别比例调整回 1∶1。难怪达尔文不管在哪儿看到的性别比例都是 1∶1。

从现在开始，我们在分析每种博弈时，都会寻找这个博弈过程的纳什均衡：参与者由于没人能通过单方面改变策略获益而不得不选择的处境，而且有时可能有不止一个纳什均衡。

在寻找纳什均衡时，我们要做一个重要的假设：参与者的行为是经过最优选择的；也就是说，如果考虑到其他人的做法，他们目前的选择不是最优的，那么他们会改变，而如果他们目前的选择是最优的，那么他们不会改变。但是，就像我们在前几章再三强调的那样，这并不意味着参与者在有意地优化。费希尔博弈中的参与者是赛马、狗、绵羊、牛、鸟和昆虫，它们根本不会有意去优化什么，更不用说子代的性别比例了。进化会帮助它们优化。

如何判断一种基于博弈论的解释是否正确

你如何判断我们提出的博弈论模式是正确的解释呢？证明一种博弈论模型的最佳方法就是打破它的假设，看看会发生什么。你应该还记得费希尔模型有3个关键假设。让我们一个一个打破它们。

我们要打破的第一个假设是：生育雄性和雌性子代的成本相当。这意味着，在均衡状态下，他们一定会产生相同数量的孙代，而我们已经看到，这种情况只在性别比例为1∶1的时候才会出现。但要是生育雌性的成本是生育雄性的2倍呢？那么要想从生育高成本的雌性中获得足够的收益，这些雌性需要产生2倍于雄性的孙代。这种情况会在性别比例为2∶1的时候出现。要是生育雌性的成本3倍于雄性呢？那么雌性需要产生3倍于雄性的孙代。如果生育雌性的成本是雄性的一半呢？那么性别比例就是 1 : 2。以此类推。

生物学家罗伯特·特里弗斯和霍普·黑尔最先意识到这个假设可以被转化为一种预测——它是这个模型的特点，而非缺陷。[5] 费希尔模型并不是在一直预测性别比例是 1 : 1，而是给出了更细致的预测，把生育子代的相对成本和性别比例联系在一起。

特里弗斯和黑尔知道，在某些品种的蚂蚁中，雌性出生时要大得多，所以生育成本更高。这些物种会像预测的那样打破 1 : 1 的定律，有更高的性别比例吗？特里弗斯和黑尔到野外去一探究竟。他们搜集了准备进行第一次交配的 20 多个品种的雄蜂和蜂后。然后确定性别，进行计数，算出了性别比例，还谨慎地排除了对产生孙代没有帮助的个体。他们还对蜜蜂进行了脱水处理并称重，以帮助估算生育每种性别个体的成本。之后他们把自己的发现做成图表。果然，他们发现了明显的趋势。当雄性和雌性个体的干重比是 1 : 1 时，性别比例大约就是 1 : 1，但对于雌性更重的品种，性别比例能达到 2 : 1、3 : 1、5 : 1，还有一个品种甚至高达 8 : 1。

与特里弗斯和黑尔预计的一样，这些例外——违背同等成本假设的情况——证明了费希尔定律。他们在野外的工作为证明费希尔模型提供了绝佳的证据，因为只有费希尔模型预测出了他们的发现，而其他解释 1 : 1 性别比例的理论则没有。比如，回想一下生物老师有时会给出的解释。在这个解释里，雄性和雌性在达到性成熟时就会进行交配，而不管生育他们的成本如何。根据这种理论，连特里弗斯和黑尔研究的那些昆虫的性别比例也应当是 1 : 1。所以，特里弗斯和黑尔的证据让生物老师天真的解释和其他没有预测出生育子代的成本与性别比例之间关系的解释都变得更可疑了。

费希尔模型的第二个假设是异族交配：也就是子代之间不能相互交配。生态学家爱德华·赫尔是把这个假设转化为预测的人之一。[6]赫尔四处寻找近亲繁殖的典型物种，然后他发现了无花果小蜂。从名字就能看出来，无花果小蜂会把卵产在无花果中。卵孵化后，子代幼虫会留在无花果中，直到完全长成。到了该交配的时候，它们只能和同一个无花果中的某只无花果小蜂交配，而大多数情况下，这样做都意味着在和兄弟姐妹交配——和杂交的效果完全不一样。

当子代近亲繁殖时，亲代如何才能使孙代的数量最大化呢？拥有尽可能多的可以生育孙代的雌性子代，以及一两个能使这些雌性受孕的雄性。也就是说，他们基本上应该让雄性与雌性的性别比例降到最低。那么，事实是这样吗？

现在轮到赫尔去野外寻找标本了。他搜集了13个品种无花果小蜂的大量虫群。果然，他发现一个无花果中假如有一位母亲产卵，性别比例就极低：在大多数虫群中，性别比例在1∶20到1∶8之间。亲代确实把性别比例降到了最低。

有时，一个无花果中会有两位母亲产卵。在这样的虫群中，既有异族交配又有近亲繁殖，所以亲代不再通过将子代的性别比例降到最低来获益；最理想的性别比例就介于最小值和1∶1之间。果然，赫尔发现在他搜集的有两位母亲的虫群里，大部分的性别比例都在1∶7到1∶5之间——尽管和1∶1相差甚远，但比只有一位母亲的虫群已经高了一些。来自两种虫群的证据有力地证明了费希尔模型，因为除了费希尔模型，还是没有其他解释1∶1性别比例的理论预测出了杂交程度与性别比例之间的关系。

我们做的第三个假设是，所有雄性被选为配偶的可能性都是均等的，所有的雌性也一样。这个假设并不现实，因为有些子代更擅长求偶。实际上在一定程度上，亲代根据提供给子代的资源数量或者他们自己的交配情况，能够预测子代的交配成功率。

特里弗斯和丹·威拉德预测这也可能影响特定亲代选择的性别比例。[7]他们的观点是，交配成功率高于同辈对雌性来说有益，但不是那么有益，因为生理因素往往会限制雌性能生育的子代数量。另一方面，交配成功率高于同辈对雄性来说极其有益：在大部分物种中，成功的雄性拥有的子代要多得多，而不成功的雄性则什么都没有。特里弗斯和威拉德由此想到，要是成功的亲代通过选择多生雄性子代，而不成功的亲代通过选择多生雌性子代来把各自的优势发挥到极致，会怎么样呢？

此后有几十项研究试图证明这个所谓的"特里弗斯–威拉德假说"。有的成功了，有的没成功，但综合下来，支持这个假说的证据似乎很有说服力。驼鹿、野牛、骡鹿、驯鹿、狍、白尾鹿、蓝脚鲣鸟、小黑背鸥、鸮鹦鹉、鸽子、知更鸟、雀、飞蛾和人类只是一部分已知的成功个体会拥有更多雄性子代的动物。[8]

但不管怎么说，特里弗斯和威拉德都没必要预测种群中的平均性别比例会偏离1∶1，因为某些亲代有时可能会让子代的性别比例偏离种群平均值。如果有足够多的亲代这样做，比如出现了生育雄性子代的高峰，那么最终费希尔的动态过程会起效：其他亲代会多生雌性，直到平均性别比例回到 1∶1。实际上，即使在有证据证明特里弗斯 – 威拉德假说的物种中，性别比例也是 1∶1。换句话说，尽管第三个假设有时不成立，但即便是这样，费希尔的结果也站得住脚，只是在个别亲代的表现上有偏差。

·····

在结束本章之前，我们要讨论几个对接下来的分析很有帮助的观点。

比较静态分析

"如果亲代必须为雌性子代投入更多，性别比例会更偏向雄性。""近亲繁殖越普遍，性别比例就越偏向雌性。""你更有可能喜欢上社会价值更高的东西。""你更有可能沉迷于自己有希望成为最佳的事情。"像这样的说法是一些思维实验，在其中我们想象自己来到模型的控制面板前，找到合适的调节旋钮——"亲代投入调节旋钮"和"近亲繁殖调节旋钮"等等，然后不碰触别的，只旋转这个调节旋钮。这样的思维实验被称为比较静态分析，之所以这样叫，是因为它们会比较当你改变一件事情而其他一切都保持静态时会发生什么。

比较静态分析是经济学家做出预测的重要方法，我们在本书里也要做类似的预测。这些预测很强大，但正如我们在之前讨论初级奖赏时所暗示的那样，它们也有局限性。首先，它们很简略。一次比较静态分析不会得出像"如果你给6岁的莱德茨基一副游泳镜，她成为泳坛传奇人物的概率是93.37%"这样精确的预测。它们只能提供定性的或者方向性的预测，形式类似于"其他所有条件不变，X越多，通常你获得的Y很可能就越多"。这就是我们期望从模型中得到的东西，除此之外模型就帮不上什么忙了。

只转动一个旋钮，同时不动其他旋钮通常也是不可能的。这就是我们要做实验室实验的原因，也是少数实证经济学家和统计学家成天寻找精巧的自然实验或工具变量的原因。这些在统计学上都等同于只转动一个旋钮。

优化过程会影响解释

尽管我们可以用各种方式证明运用纳什均衡的合理性，但不同的优化过程确实需要不同的解读。区别有以下两点。

目标是什么？这取决于做优化的力。在本章中，这个力是自然选择，所以目标就是以孙代数量为指标的适合度。在有意识地进行选择时（这不是本书关注的问题），快乐或者其他有意识的追求或许是合适的目标。当市场力量在做优化的时候，利润就是合适的目标。在我们的书里，做优化的力通常是学习，所以初级奖赏就是合适的目标。

什么时候会出现滞后或者溢出效应？生物进化是一个相当漫长的过程，需要花好几代的时间在差不多的最优性状中做出选择。如果你把生物放在一个新的环境中，它可能要花相当长的时间才能适应。学习过程虽然适应得更快，但也不是瞬间发生的。我们希望学习能产生一些滞后效应，但它们存在的时间不会超过鲸鱼的"手"。另一方面，有意的优化几乎是瞬间完成的。在你思考、处理和计算的时候，它就已经发生了。所以，滞后效应没有太大的意义。溢出效应也一样。

· · ·

　　费希尔模型设定了一个我们在本书中提到的所有博弈论模型都渴望达到的标准。它简单而有力地解释了一种原本令人费解的现象，只需要几个通常很合理的假设。最后检验当这些假设不成立时会发生什么，成了预测的强大源泉。这些预测往往能带来有力的证据，也就是那种没有其他解释会预测出的，还有数据明确支持的证据。

　　在接下来的几章里，我们终于要运用博弈论来理解人类行为（以及我们相应的喜好和看法）中令人困惑的地方了。在这个过程中，我们会聚焦原本无法解释的难题、尽可能少的有力假设和关键的比较静态分析，尽全力让我们的论据和费希尔的一样有说服力。

第5章

鹰鸽博弈与权利

你还记得很久之前我们是怎么用现金支付打车费的吗？到了目的地，总价会出现在计价器上，然后我们取出钱包，递过去一张20美元的纸币，拿上找的零钱，快乐地下车。

考希克·巴苏指出，尽管这看起来非常自然，但实际上惊人的地方在于事情进展得如此顺利。[1]为什么会有人付钱？为什么不直接跳下车，虽然没付钱也要说自己付过了？出租车司机反正也证明不了。为什么出租车司机不耍相同的花招，坚持让乘客再付一次钱？乘客也不能证明自己付过钱了。第一张20美元的价值并不比第二张低，但我们并不会再递第二张纸币过去，这是为什么？

从近端层面来说，我们知道这些问题的答案。司机有权获得第一张20美元，但无权获得第二张。第一张属于他，但第二张不属于他，是我们的。相反的建议很可能会导致一场争吵甚至打斗。事实就是这样。谁会问这样的问题呢？（哦，我们问了。）

没错，我们对什么是自己的，什么不是自己的显然有很强的意识。但这究竟意味着什么？本章将在鹰鸽博弈的帮助下，试图解决这个以及更多的问题。

⋯

鹰鸽博弈代表对某种资源的争夺，比如食物、领地、配偶、专利、油田或一头猪（没错，就是猪）。当然，鹰鸽博弈是这种争夺的一种高度非写实的呈现。其中有两个参与者，他们都从同样的两种策略中选择：鹰派（激进的）和鸽派（顺从的）。对争夺食物的动物来说，这可能意味着是选择打架还是走开。对争夺专利的公司来说，这可能意味着提出诉讼或者息事宁人。对争夺油田的国家来说，这可能意味着是选择发动战争还是放弃石油权利。参与者同时选择自己的策略。这不一定表示他们要真正在同一时刻做出选择——而是他们要在不知道对方策略的情况下做出选择。

和所有博弈一样，这场博弈的收益不仅取决于某个参与者自己的策略，还取决于另一个参与者的策略。如果双方都做鹰派，他们获得资源的机会就是均等的，但紧接着就是一场代价很大的斗争。如果双方都做鸽派，他们获得资源的机会还是均等的，但不会斗争。如果一方做鹰派而另一方做鸽派，他们也不会斗争，鹰派一方会获得资源，另外一方则一无所获。我们通常认为，当斗争的代价足够大时，只是为了增加获得资源的机会而去斗争一般是不值得的。也就是说，被争夺的食物、专利或者油田固然重要，但也没有重要到值得分别用一场危险的肢体冲突、官司或战争去交换。

构成费希尔性别比例博弈的基本单元同样存在于鹰鸽博弈和所有博弈中。连成一句话就是：**参与者**运用**策略**得到**收益**。参与者可以是动物、人、公司或国家。常见的策略，除了已经提到的，还有生儿子、发怒、报出拍卖的报价范围对你们公司的真实价值和封锁古巴。收益代表在某些方面的成功，比如可以通过后代、威望、美元或者权力来衡量。

这种参与者、策略和收益的组合可以被看作博弈，因为参与者的收益不仅取决于他们自己的策略，还取决于对方会怎么做。这是博弈的关键特征。这使得我们很难用普通的优化方法去研究博弈，因此一个专门研究博弈的数学分支应运而生。

当试图分析鹰鸽博弈中的最优策略时，我们就会发现博弈带来的关键问题：每个参与者的最优策略都取决于对方的选择，反之亦然。你怎么解决这样一个循环问题呢？幸好约翰·纳什已经解决了，他让我们先为所有人指定一种策略，然后检验是否有参与者能做得更好，**假设其他参与者都按照指定的策略行事**。如果没有参与者能通过改变策略获益，我们就达到了纳什均衡。

鹰鸽博弈的纳什均衡是什么（没错，可能不止一种）？我们必须检验所有可能的策略组合：双方都是鹰派，双方都是鸽派，一方鸽派另一方鹰派以及反过来的情况。对于每种组合，我们都要问：有参与者能通过改变策略获益吗？

我们先来看看他们都做鹰派的情况。有参与者能通过改变策略获益吗？是的。任何一方转变为鸽派，都会有更好的结果。在这种情况下，转变为鸽派的参与者虽然得不到资源，但至少避免了一场代价很大的斗争。所以双方都做鹰派并不是纳什均衡。

那双方都做鸽派呢？不行。任何一方转变为鹰派，都能在仍然避免斗争的情况下独享资源。

要是一方做鹰派一方做鸽派呢？就是它啦。没有参与者能通过改变策略获益。做鹰派的参与者不用斗争就获得了资源。如果他转变为鸽派，就得和对方分享资源。做鸽派的参与者受困于没有资源，但如果转变为鹰派，他就会陷入一场代价很高的斗争，这不值得。虽然他最后遭受了不公平的对待，但仍然无法通过改变策略获益。他也不能指望另一方同时改变策略。那样或许很好，但并不符合纳什均衡的原理。所以我们找到了鹰鸽博弈的纳什均衡：（鹰派，鸽派）和（鸽派，鹰派）。这两种情况虽然不公平，但仍然是纳什均衡。

这个看似乏味的结论隐藏着本章的核心观点：只要一方被预期做鹰派，而另一方做鸽派，就没有参与者能从改变策略中获益。每个参与者如何选择并不重要，这种预期背后是否有充分的理由也不重要。重要的是，这是所有参与者都希望出现的情况。预期，不管多么不公平或者缺乏正当理由，都是会自行实现的。

牛津郡森林中凶猛的斑点木蝶

鹰鸽博弈是由约翰·梅纳德·史密斯和乔治·普赖斯为了解释动物的领地行为而提出的。[2] 问题在于，当动物争夺资源时，无论是鸭子、狗还是鹿，斗争往往都是象征性的：先来的动物凶猛地保护着资源，而后到的动物在试探之后就撤退了。用头撞击一两次，猛烈地扇动几秒钟翅膀，冲突就结束了，先来的一定会成功，而后到的则匆忙撤退。为什么斗争不能再激烈一些？先来的为什么总能赢？鹰鸽博弈回答了这两个问题。假如斗争的成本很高（也就是高于分享资源的期望价值），那么在纳什均衡状态，一只动物有攻击性而另一只屈服的情况就会出现。

但哪一只选择屈服呢？动物到达的顺序会影响双方对于谁会做鹰派的预期。双方都认为先到的动物具有攻击性。我们刚才已经看到，一旦有了这样的预期，它就会自行实现。对先到的动物来说，展示出攻击性是最好的选择，因为它预期对方会屈服，同样，后到的动物屈服也是最好的选择，因为它预期对方会具有攻击性。

1976年，在史密斯和普赖斯提出鹰鸽博弈后不久，尼克·戴维斯发表了一项能证明梅纳德·史密斯假说的研究，他的研究对象很冷门：在他的家乡英格兰牛津郡周围的森林里很常见的斑点木蝶。[3] 雄性斑点木蝶一天中的大部分时间都会待在一个太阳光点里，保持体温，等待着雌性靠近。随着太阳在天空中移动，太阳光点的位置会发生变化，而木蝶会一直跟着它。戴维斯这样描述道：

> 斑点木蝶在离地5~15米的树顶上过夜。清晨当阳光照射到树冠上的叶子时，它们就开始活动了。木蝶张开翅膀，朝着太阳飞去，让身体热起来。英国夏令时7点到8点之间，可以看到一些木蝶在树顶附近飞行，在接下来的一到两个小时里，雄性木蝶逐渐落到地面上那些开始能晒到太阳的地方。从这个时候开始，直到傍晚之前，雄性木蝶都会在这些能晒到太阳的地方扇动翅膀。人们很少会在森林里的阴凉地方看到它们，太阳光点似乎更受欢迎，因为那里足够

温暖，能使木蝶保持活跃……

雄性个体常常一整天都待在一个太阳光点里。随着太阳在天空中移动，光点也在移动，它们会一直跟随它，不超出光点的范围。在白天，雄性木蝶会这样跟随太阳光点在地面上移动 50 米。

雄性木蝶在等待与路过的雌性来一场重要的邂逅时，利用太阳光点保持体温。当一只雌性木蝶出现时，雄性木蝶会向它求爱，如果得到对方的喜欢，它们会一起到树冠上交配。当然，雌性并不是唯一会路过的生物。有时会有其他昆虫在附近闲逛。这个时候，雄性木蝶会查看一下，然后不理会对方。有时另一只雄性斑点木蝶会从树冠上飞下来，希望把之前那只雄性木蝶的太阳光点据为己有。这个时候一切都失控了（从木蝶的角度来说确实是这样）。戴维斯写道：

每当另一只雄性斑点木蝶飞过时，地上的雄性木蝶就会开始螺旋式飞行。双方在空中扇动着翅膀，它们离得很近，似乎撞到了对方，然后垂直向上螺旋式地朝树冠飞去。几秒钟之后，其中一只掉头再次回到那个太阳光点里，而另一只则向上飞到了树冠上。

一开始，戴维斯认为螺旋式飞行是"一种领地防御的方式"，但很快他就发现那不是一次真正的飞行：

我在 210 次雄性之间的螺旋式飞行中对领地主人做了标记，结果发现每次都是主人获胜。甚至在主人状态很差，翅膀都破损了，而入侵者状态很完美的情况下也是如此。因此，仅持续几秒钟的螺旋式飞行根本不能被视为争斗。事实上，这只是一次短暂的常规表演，用拟人化的方式来表达，就是主人说"我先来的"，然后入侵者说"对不起，我不知道这个太阳光点被占据了，我会回到树冠上"。

戴维斯开始猜想梅纳德·史密斯的鹰鸽模型可能适用。雄性斑点木蝶可以被视为博弈的参与者，它们在争夺太阳光点。模型的两个关键假设似乎也是成立的。太阳光点算得上一种宝贵的资源，因为它们是雌性寻找配偶的地方。但一个特定的太阳光点并不是**那么**宝贵，森林里还有很多其他的太阳光点。此外，斗争是要付出代价的。正如戴维斯所说："长时间的争夺很可能造成损失，不仅浪费时间和精力，或许还有受伤的风险，比如在螺旋式飞行时伤到翅膀。"因此，斑点木蝶似乎进化出了让它们进行鹰鸽博弈，并且预期太阳光点的主人会有做鹰派的直觉。

戴维斯用了很多方法来验证自己的猜想。比如，他想知道为什么入侵者在预期到自己一进入被占据的太阳光点就要做鸽派的情况下还要进去。答案是，它们很可能并非故意这样做：入侵者大约每8分钟就会进入一个被占据的太阳光点，但它们进入未被占据光点的频率差不多是前者的2倍。

他还想知道，如果两只雄性木蝶都认为自己是先到达这个太阳光点的，会不会打起来。为了确定这一点，他需要把一只雄性木蝶偷偷放进一个被占据的太阳光点里,确保它们都没有发现对方。尽管要做到这样相当困难,但最终戴维斯还是促成了几次真正的打斗,这些打斗平均持续 40 秒,而不是通常只持续 3.7 秒的螺旋式飞行。戴维斯写道:

> 我尝试在不引起主人注意的情况下把第二只雄性放进被占据的领地内。这一步做起来相当困难,大多数情况下我都失败了,因为主人在第二只雄性落在太阳光点里之前就发现了它,然后飞过去,通过螺旋式飞行把它赶走。然而,有 5 次我成功地把入侵者偷偷放在被占据的领地上,这样两只雄性就共同待在同一个太阳光点里。先飞起来的那只很快被另一只雄性发现,然后开始螺旋式飞行……和双方都很清楚谁是主人谁是入侵者的常规情况下进行的螺旋式飞行相比,时间延长了 10 倍多。因此,当两只雄性都认为自己是主人时,它们就会发生严重的冲突。

最后,戴维斯想知道是否有可能存在其他的解释:或许太阳光点的主人在防御领地方面有优势?为了验证这一点,戴维斯用网子把在太阳光点里待了一段时间的原始主人罩起来,然后等待另一只木蝶飞过来占据这个太阳光点。第二只木蝶来了之后,他会等待 10 秒——新主人几乎没有足够的时间建立主场优势,然后把原先的主人放进这个太阳光点里。结果,每次都是新主人赢。

10 次实验,每次都是不同的太阳光点和不同的雄性木蝶,我把主人移走，用网子罩起来。几分钟之内，接替它的另一只雄性木蝶到来，占据了这块领地。我让接替者在太阳光点里待10秒钟。然后把原先的主人放回太阳光点里。接替者马上飞向主人，两只雄性木蝶向上朝着树冠开始螺旋式飞行。几秒钟后它们分开了。一只飞到树冠上，一只回到太阳光点里。在全部的10次实验中，撤退的都是原先的主人……

尽管原先的主人总是把自己的领地输给接替者，但我觉得它们至少会好好打一架再投降。所以我比较了接替者与原始主人之间和其他情况下螺旋式飞行的时长……没有显著的差异。换句话说，原先的主人不但输了，而且是没做什么挣扎就撤退了！

这些观察结果有力地表明，解决领地争端的原则是"主人胜，入侵者退"。

人类的财产权

就像鸭子、狗、鹿和斑点木蝶一样，人类也用"我先来的"确定所有权。你在剧院里先找到一个座位，然后把夹克放上去，这个座位就是你的。即使下一个来的人块头比你大很多也没关系。买到了网红蛋糕店最后一块红丝绒蛋糕？它就是你的。即使你后面那个人为了它开了一个小时车又排了一个小时队。谁先到这件事足以确定权利。

彼得·德西奥里和巴特·威尔逊通过一个成功的实验证明了这一

点。实验的形式是一个以资源稀少的宇宙为背景的简单游戏。在游戏中，由虚拟化身代表的受试者要东奔西跑地搜集浆果，如果没有吃到足够的浆果他们就会死掉。浆果长在灌木丛中，一次只能有一个虚拟化身去摘。如果很多虚拟化身都想吃同一株灌木上的浆果，他们就会通过挥拳头相互驱逐。虚拟化身体型各异。有的受试者很幸运，他们的虚拟化身又高又壮，能打出更厉害的拳头，所以更有可能获胜。有的虚拟化身则很瘦小，可能是以本书的作者为原型制作的。

德西奥里和威尔逊深入研究数据，想看看是什么决定了最后谁能留在浆果丛中，他们发现，重要的往往不是体型或受试者的健康水平。实际上，重要的是谁先来。先到达浆果丛的受试者通常是打斗之后留在原地的那个。他们的受试者表现得和鸭子、鹿和斑点木蝶一样。

德西奥里和威尔逊证实的这种直觉认知很早就形成了。不妨看看下面这项针对幼儿进行的研究，科学家把幼儿们带进实验室里，给他们看一群孩子玩球、洋娃娃和另一个玩具的动画片，然后问："这是谁的球？"幼儿们总是会指向第一个玩球的卡通人物。

我们再一次看到，确定谁先来的能够产生这样的效果，因为它会影响人们对谁会积极保护浆果丛、剧院座位、球等的共同预期。如果你是先来的，人们通常就不会要求你放弃。这是因为他们预期你不会轻易放弃。与此同时，你不轻易放弃是因为你预期别人不会很严厉地逼迫你。每个人对谁有权获得浆果丛、剧院座位和各种奖励都是有共识的，并据此行事。

⋯⋯

谁先到的问题是被博弈论学家称为"无关联不对称"的一个例子。无关联是因为这个问题与鹰鸽博弈的收益不直接相关。你无法通过哪位受试者先到去判断谁更饿,所以更需要资源;或者谁更强壮,因此更有可能在斗争中获胜;或者谁更健康,因而即便受伤也更有可能存活下来。不对称是因为这个问题对受试者做了区分:一个先到了,另一个则没有。

谁先到的问题只是我们依靠的众多无关联不对称情形中的一种。另一个特别重要的例子是当前占有的问题。一个球是在你手里还是在我手里,和它的价值并不相关,但是我们可以依靠这种不对称建立起对谁会因为这个球表现出攻击性的共同预期。

比如,婴儿通常会通过占有情况来推断所有权。直到后来(大概 3 岁的时候)才会将所有权与占有情况分离开来,他们会可靠地推断出自己看到的最先占有某件物品的人(也就是先到的那个人)是物品的主人,哪怕这个东西现在不在他手里。[4]

有一句著名的谚语,叫"现实占有,败一胜九",意思是所有权往往默认属于那些占有物品的人。这个原则甚至参与引发了哈特菲尔德和麦考伊家族之间有名的纷争(在第 14 章我们会再次谈到这个问题)。在纷争刚刚开始的时候,两家人因为一头母猪和它的猪崽儿上了法庭(瞧,我说过有猪吧)。双方都不能明确证明自己的主张,所以法官选择支持哈特菲尔德家族,引用他们占有猪的事实作为判决理由。这个原则并非英国法典所特有。在罗马法律中，只要无法证明一个东西是被偷窃或者通过不正当手段获得的，占有这个东西的人就有所有权。

另一种常用的不对称是谁建造的问题。事实上，就连鸟也会用到这一点。在很多鸟类中，如果一只鸟离开自己的巢去狩猎或者觅食，回来发现有别的鸟占了自己的巢，那只占巢的鸟会马上离开。在这种情况下，谁建造了巢的问题建立了鸟的共同预期。

人类似乎也很依赖谁建造的问题。对一块土地的权利常常会被授予在这块土地上搞建设，通过加装篱笆和灌溉设施等进行改造的人。这就是所谓的"拓殖原则"。以下是洛克对这一原则的（主位）解释：

尽管土地和所有低等生物是所有人共享的，但每个人对他自己的人身都拥有一种所有权。这一权利只属于他自己，而不得为其他人所拥有。我们可以说，他用身体付出的劳动和用双手完成的工作完全是他的。所以不管他从大自然赐予的土地上拿走了什么，或者让它变成什么样子，他都把自己的劳动混合进去，加入了一些他自己的东西，从而把它变成了自己的财产。

最终，这种无关联不对称出现在各种法律条文中，其中就包括1862年颁布的《宅地法》，这部由林肯总统签署的法令为美国西部大部分地区的开发做出了贡献。它还被用于解释随之而来的西部原住民的迁移问题，这些原住民为改善土地而付出的劳动（管理火、修建大的永久性水牛围栏等等）轻易就被抹杀了。

还有哪些常见的我们在建立共同预期时用到的无关联不对称？我们从对孩子的研究中还是能找到一些的。比如 4 岁时，孩子能理解所有权的转移，比如购买和赠予，并且将其与偷窃区别开来。也就是说，在这个时候，他们能利用"是花钱买的吗"和"是别人给的吗"来确定权利。（"是花钱买的吗"这种无关联不对称能防止前文中的出租车例子演变成一场互殴：如果你已经付了车费，出租车司机就不会要求你再付一次，因为他预期你不会屈服于这样的要求，而你也确实不会让步，因为你预期出租车司机不会逼迫你这样做。）

或者，我们可以看看法律不支持占有者的那些情况。彼得·德西奥里和雷切尔·卡尔波夫给受试者看了几起经典财产权案件的简要描述，比如：

- 阿莫里诉戴里摩尔案：阿莫里在街上发现一枚戒指，然后拿到一位金匠那里估价。金匠取走了戒指上的钻石，并拒绝归还。
- 布里奇斯诉霍克斯沃思案：布里奇斯在霍克斯沃思开的商店的地上捡到一个装满现金的信封。
- 麦卡沃伊诉梅迪纳案：麦卡沃伊在梅迪纳开的理发店的工作台上捡到一个装有现金的钱包。

然后，德西奥里和卡尔波夫询问受试者谁对这些物品拥有所有权,并且让他们解释为什么会做出这样的决定。他们发现除了谁制造的和谁占有的这些因素,受试者还一直反复依靠像谁丢的东西、谁发现的、它在谁的地盘上等决定因素。

• • •

德西奥里和卡尔波夫的研究表明,我们对财产权的直觉认知往往是一致的。比如,在阿莫里诉戴里摩尔案中,100%的受试者认为阿莫里(捡到的人)是合法所有人。这就是你所期望的,也是鹰鸽博弈所需要的——共同预期。

但这项研究也说明了发生冲突的可能性,也就是当多种无关联不对称同时存在时。在布里奇斯诉霍克斯沃思案中,布里奇斯(捡到的人)获得了84%的支持率。在麦卡沃伊诉梅迪纳案中,两派几乎各占一半。和两只木蝶都觉得自己对太阳光点有所有权的情况一样,这些案件都有可能引发真正的斗争,事实也的确如此。毕竟,这项研究的基础就是真实的诉讼大战。

斗争还可能发生在实际的战场上。1982年,阿根廷和英国在马尔维纳斯群岛(英国称福克兰群岛)开战时,双方长期以来都宣称对这片领土拥有主权。阿根廷的主张可以追溯到1816年,当时西班牙将其在太平洋上的废弃殖民地的主权授予阿根廷。但是阿根廷并没有马上采取行动,而与此同时,一个小规模的英国殖民地在那里形成并发展起来。所以,英国的主张是基于长期占有。巴以冲突同样包含相互矛盾的无关联不对称:以色列的主张至少有一部分是基于率先占有：犹太人几千年前就居住在那片土地上。巴勒斯坦的主张和英国对福克兰群岛的主张差不多：2 000年前的事情太久远了，真正重要的是过去几百年里谁住在那里。但有些犹太人还在呢！还有巴勒斯坦人离开了！不过他们只是不想待在枪口下！类似的情况还有很多。有很多种不同的无关联不对称，可以说不胜枚举。

• • •

现在我们要把财产权的话题放在一边，用鹰鸽博弈来解释一些其他的问题。

财产权之外

到目前为止，我们关注的一直都是人们对财产权的直觉认知。然而，人们会要求更为抽象的权利，比如言论自由、携带武器和享受医疗保健等权利。当谈到这些权利时，显然有很多值得探究的有趣问题。这些权利从何而来？为什么偏偏是这几种权利？如何看待扩大权利范围——指某些最初被赋予某个群体的权利逐渐扩展到其他群体？为什么会出现这样的情况？用鹰鸽模型无法回答这些问题。[5]

然而，对于这些权利，鹰鸽模型可以在一个方面帮助我们。鹰鸽模型的主要特点就是共同预期的重要性，这种预期一旦确立，就会自行实现。这个特点似乎不仅体现在对一个球、一张钞票和一个戒指的权利上，也存在于更抽象的权利中，比如言论自由和携带武器。当相信这些权利时，人们就会为之而战，因为他们预期其他人（或政府）会让步，而那些其他的人（或政府）也确实会让步，因为他们预期人们会为了权利而战。

这个说法有以下几层含意。

对支持权利的共同预期来说，权利不需要有什么合乎逻辑的依据。"我们认为这些真理是不言自明的"就是一个很好的解释。当然，人们会针对自己文化中受到支持的特定权利给出其他解释，同时寻求像洛克这样的哲学家或宗教著作的帮助。但这些都是主位解释，没必要通过它们来理解权利为什么能自我维持。

共同预期会因文化的差异和时间的推移而发生改变，权利也是一样。在大多数国家，人们没有言论自由或者携带武器的权利。这些国家的共同预期就和美国的不一样。虽然鹰鸽模型不会告诉你为什么不一样，但它会告诉你在每个地方，不管建立了怎样的预期，它都能自我维持。还有一个例子：在不同的文化和不同的时期中，婚姻中的权利有很大的差别，这一点从传统希伯来语表示"我的丈夫"（ba'ali）和"我的妻子"（ishti）的词语中就能看出来。它们的意思分别是"我的主人"和"我的女人"，让人回想起女性被视为财产的时代。如今，有些说希伯来语的非宗教人士可能对恋爱关系仍然展示出某种占有欲（"嘿，你为什么和我女朋友说话？"），也许很多人会觉得这样太落伍了，但如果不这么想，一些人很可能就根本找不到女朋友。共同预期已经发生了改变，并且会继续改变。

像《独立宣言》和《美利坚合众国宪法》这样的文件能帮助权

利实现自我维持。把权利写进这些文件，经受人尊敬的领袖签署，广泛传播，教给学校里的孩子们，等等，这些都有助于共同预期的确立。这些预期一旦确立，就很难被改变。美国的枪支暴力问题之所以很难解决，就是因为携带武器的权利受到《美国宪法第二修正案》的保护。有很多人愿意为了这项权利而战，因为他们预期其他人会让步。于是他们就拥有很多的枪。

先例同样能使权利实现自我维持。德西奥里和卡尔波夫的研究用到的法律案件之所以经典，就是因为它们一旦以某种特定的方式解决了一桩财产纠纷，以后人们就会用同样的方式来解决类似的纠纷。对于更抽象的权利，比如歧视的权利也一样。有关面包师是否应该被允许拒绝把蛋糕卖给同性伴侣的案件之所以会出现在新闻中，并不是因为有人关心蛋糕，而是因为有先前在更重要的背景下（住房和劳动等）涉及歧视的判例。先例在美国的枪支管制政策中也起到了重要作用。在哥伦比亚特区诉赫勒案中，最高法院认为《美国宪法第二修正案》适用于所有个人，而不仅仅是那些与军队或民兵组织有关的人。这个判决不仅废除了哥伦比亚特区的持枪禁令，还为未来控制枪支的行动提供了先例。正如鹰鸽模型阐明的那样，这样的先例一旦出现，就会实现自我维持。

道歉

2011年11月25日，美国与巴基斯坦的盟友关系开始进入一个相当困难的时期。在一次针对塔利班的行动中，一支北约部队擅自进入巴基斯坦领土，并意外杀死 24 名巴基斯坦士兵。巴基斯坦做出激烈回应，封锁了通往美军基地的供给路线。在一个月的时间里，由此产生的后勤困境让美国花费了约 6 600 万美元。美国起初拒绝道歉，因为国防部认为巴基斯坦对误击事件也负有责任。一连串的事故和冲撞让道歉的事情一拖再拖。终于，在 2012 年 7 月，也就是危机爆发整整 7 个月后，美国国务卿希拉里·克林顿致电巴基斯坦外交部长说："我们对巴基斯坦军方遭受的损失表示遗憾。"在几个小时内，补给线就重新开放了。[6]

我们都遇到过和巴基斯坦或美国国务院一样的处境，坚持要求朋友、同事或家庭成员向我们道歉，或者为要不要道歉和怎么措辞而苦恼。为什么？为什么"我道歉"和"对不起"区区几句话一开始会那么难说出口？

鹰鸽博弈表明，我们之所以如此看重这简单的几句话，是因为它们能够建立共同预期。美国向巴基斯坦道歉让双方都清楚地知道，美国未经允许不得继续随意进入巴基斯坦领空，否则将受到惩罚。来自朋友、同事和家庭成员的道歉同样让双方清楚地知道，不能再犯同样的错误，否则会有后果。

这个观点也为在什么情况下需要道歉提供了一些细微的指导。互联网上充斥着明确提倡道歉的科普文章，题目类似于"道歉的力量"等等。但同时，有人认为你应该像经典西部电影《黄巾骑兵队》里内森·布里托斯上尉（约翰·韦恩饰演）那样说："绝不道歉，先生。那是软弱的表现！"你该听从谁的建议呢？道歉当然是有好处的：你道歉了，别人更有可能原谅你，你们的关系才有可能得到修复。但现在我们能更清楚地看到道歉的代价：别人会期望你改变行为，而如果你没有改变，他们很容易变得特别生气。道歉的好处能抵得上它的代价吗？有时候能。这取决于这段关系的重要性和你改变自己的行为要失去多少东西。博弈论弥补了科普文章（和经典西部电影）中缺少的细节。

你应该更加自信吗？

说到建议，这里还有一些我们经常会遇到的：要更加自信；让别人听到你的声音。就像谢丽尔·桑德伯格说的那样："向前一步！"如果你觉得这样不太自然，那就通过练习来改变。埃米·卡迪在她的 TED 演讲"用肢体语言塑造你自己"中，推荐大家在重要的访谈和会议前，花 2 分钟摆出"高能量姿势"（比如，双腿分开坐或者靠住椅背，把脚放在桌子上），以此让自己兴奋起来，这样你就能变得自信，让大家听到你的声音，并且向前一步。[7]

这是个好建议吗？如果从功能性的角度去思考，你可能已经在问自己："如果这是个好主意，为什么人们没有一直这样做呢？或许这样做是有代价的？"和道歉的情况一样，鹰鸽模型可以帮助我们看清楚代价是什么。自信可能意味着你在别人预期你做鸽派的时候做了鹰派，然后被卷入争斗。

当然，有时被预期做鹰派的人结果没有这么做。或许他们由于被歧视的历史而天生容易自我怀疑。或许他们小时候遭受过霸凌。或者有可能只是个性导致他们变得谨慎或文静。或许这样的倾向会从他们工作的地方溢出到会议室（这完全可以理解），结果适得其反。在这样的情况下，更加自信可能确实是一个好建议。这些人应该深呼吸，把双腿分开一点儿坐，或者做几个鬼脸，然后……向前一步！

还有一些情况是值得一战的。有时候，人们愿意通过斗争来改变大家的预期，用众议员约翰·刘易斯的话说，就是陷入"好麻烦"。这些人或许应该在走进会议室前用卡迪博士的技巧让自己做好心理上的准备，就像即将走上赛场的运动员那样。

简言之，这不是一个非此即彼的问题。有时更加自信是好事，有时则不然。鹰鸽模型能帮助你搞清楚合适的场合。

斯德哥尔摩综合征和内化的种族主义及性别主义

斯德哥尔摩综合征这个术语源于斯德哥尔摩市一起失败的银行抢劫案中的人质，他们拒绝代表警方作证，甚至还为了保护劫持自己的人而筹集资金。[8] 尽管斯德哥尔摩人质的反应看起来不合理，但其实相当正常。

斯德哥尔摩综合征的成因通常有两种解释。第一种是绑匪给人质洗脑。第二种是人质在与绑匪待了很长一段时间后，在特别紧张的状况下对他们产生了同理心。至少在某种程度上，两种解释都是对的，但为什么洗脑会有效果呢？如果在紧张的状况下和他人一起待很长时间就会自动触发同理心，那么为什么绑匪没有对人质产生深深的同理心呢？（这种情况有时被称为利马综合征，但比斯德哥尔摩综合征要少见得多。）

在我们运用鹰鸽模型来解决这两种常见解释的缺陷之前，我们要介绍另一种看似迥然不同的现象。

在20世纪40年代进行的玩偶测试中，心理学家把两个玩偶——一个是白皮肤，另一个是黑皮肤——放在小孩面前，然后问一系列问题：哪个玩偶好看？聪明？你喜欢哪个？这项测试出现了令人心碎的反转，黑人小孩认为白皮肤的玩偶好看、聪明。1954年，在最高法院针对布朗诉教育局案发布的反对校园种族隔离的判决书中，首席大法官厄尔·沃伦引用了这个结果，他写道，黑人儿童"对自己在群体中的地位怀有自卑感，心智可能会遭受难以磨灭的影响"。[9]

玩偶测试证明，即使是孩子也可能内化他们看到和经历的种族歧视，然后开始认为自己是低等的。我们同样可以证明，性别歧视也会被内化。家庭暴力的受害者往往声称伴侣对他们使用暴力是有理由的，在跨文化调查中，通常有1/3或以上的女性认为，对女性的暴力行为是"一种应对女性不当行为的适当方式"。[10]

尽管内化的种族主义以及性别歧视和斯德哥尔摩综合征一样，一开始看起来可能出人意料，但这些对暴力、虐待和歧视的反应或许是那些被绑架、被歧视和被虐待的人最好的选择。在可以预见做鹰派总是会让你挨打，或者更糟糕，让你觉得自己低人一等或者命该如此，并且觉得施虐者或绑匪值得同情甚至崇拜的环境中，人是会自我保护的。正如绑架案受害者娜塔莎·卡姆普什在谈到斯德哥尔摩综合征时说的那样："这不是一种综合征,而是一种生存策略。"[11]

当然,我们应该承认,内化的种族主义、性别主义和斯德哥尔摩综合征并不是以自行实现的方式出现的。在鹰鸽模型中,参与者在斗争中获胜的可能性是均等的,但在涉及种族主义、性别歧视和绑架事件时,就出现了真正的能力不对称!但这个模型仍然告诉我们,我们的权利意识和价值感会判断攻击性行为是否为最佳选择。遗憾的是,当攻击性的要求受到惩罚时,最好就不要提那些要求了。降低内在的价值感可以帮助你做到这一点。

设定:

- 在标准的鹰鸽博弈中,有两个参与者。每个参与者都会从两种行为中做出选择:鹰派(H)和鸽派(D)。
- 参与者1的收益如下面的矩阵所示,按照惯例,参与者1从行中选择,而参与者2从列中选择。
- $v>0$ 代表被争夺的资源的价值,$c>0$ 代表双方都做鹰派时斗争的成本。
- 参与者2的收益算法相同,因此未在收益矩阵中列出。

有利的策略组合:

- (H,D)和(D,H):参与者1做鹰派而参与者2做鸽派,或者反过来,也就是矩阵中加粗的两格。

均衡条件:

- 只要和资源的价值相比,斗争的成本足够大,$v/2<c$,(H,

D）和（D, H）就是博弈仅有的纳什均衡。（严格来说，这些只是纯策略纳什均衡；在本书中，我们不会关注混合策略纳什均衡，也就是参与者从不同行为中随机选择的情况。）

说明：

- 谁会得到资源可能取决于任意事件，比如谁先到达，前提是这个事件会影响所有人对谁会做鹰派的预期。也就是说，在鹰鸽博弈中，预期可以自行实现。
- 参与者会以哪些事件为条件并非由模型指定，而是可能取决于多种因素，比如环境、文化、先例和效率方面的考虑。

	鹰派	鸽派
鹰派	$\frac{v}{2}-c$	v
鸽派	0	$\frac{v}{2}$

第6章

高成本信号与美学

古罗马人很喜欢他们的镶嵌艺术品和陶瓷制品。波斯人则很中意他们的花园。15世纪，欧洲新兴的中产阶级都爱上了一种叫作"菘蓝"的淡蓝色，它是由一种生长在法国西南部的花（欧洲菘蓝）经发酵后精心制成的；法国西南部因菘蓝贸易而变得非常富有，因此被称为"丰饶之地"。16世纪，西欧的上流人士沉迷于漂亮的挂毯。与此同时，中国人、朝鲜人和之后的日本人对陶器、丝绸和彩绘屏风产生了同样浓厚的兴趣。如今，我们追捧丹麦中世纪现代主义的家具珍品，用诗意的语言去赞美用另一种花——藏红花精心制成的产品，歌颂（就是字面意思）兰博基尼和酩悦香槟，花几百美元买一双椰子鞋或一件Supreme的T恤，也会多花很多倍的钱去买一块劳力士手表。此外，还有早在罗马人之前就风靡一时的珠宝，正在看本书的读者的手指和手腕上可能就有不少。尽管不同时代和文化背景下的细节有差异，但有一件事没有变：我们人类确实非常喜欢中看不中用的东西。

为什么？镶嵌艺术品的铺地效果和普通地砖没什么差别。花园确实很漂亮，但波斯人难道不能通过一种不需要大量使用珍贵的水资源的消遣方式来获得快乐吗？菘蓝很好看，但似乎没有人特别关心蓝色染料——菘蓝或者其他的，因为我们已经找到很多其他的方法去制作染料。至于挂毯，如果你把它们挂满整个客厅，大部分人都会觉得很老土，但苏格兰的玛丽女王就是这么做的，还因此获得了热情的称赞。在堵车的时候，兰博基尼和本田车的速度是一样的。椰子鞋也不比其乐的鞋舒服多少。Supreme T恤的布料通常和沃尔玛货架上挂的 10 美元一件的 T恤是一样的。劳力士手表的准度比 45 美元一块的卡西欧 G-Shock 手表要差一点儿，而且耐用性要差很多。在伦敦塔公开展出的藏在图坦卡蒙木乃伊里的黄金制品和珠宝，或者读者的珠宝盒里整齐摆放的各种首饰，除了闪闪发光毫无用处。我们喜欢的东西或许好看，但有点儿没用，我们可能是真心喜欢，但这似乎解答不了为什么要这样做的问题。

是什么驱使我们一如既往地喜欢奢侈品呢？

当然，不管人们有没有意识到，镶嵌艺术品、花园、兰博基尼和劳力士手表都是用来炫富的。我们会看到，博弈论将证实这种直觉认知的存在。它还会帮助我们预测奢侈品什么时候会流行和过时。但我们对奢侈品的喜爱有悖常理的一点是：如果这些财富的奢华象征只是为了反过来挥霍财富，那么为什么有人会喜欢它们呢？

达尔文和他同时代的其他生物学家都注意到类似的问题。[1] 在很多鸟类中，雄鸟都长着又长又招摇的尾巴。尾巴越长越招摇的雄鸟越有吸引力。如果把一只雄鸟的尾巴剪短，那么这只倒霉的雄鸟在那个交配季拥有的巢穴的数量会少很多。但它在飞行觅食（抓虫子）方面的表现会好很多，在天上飞来飞去，懊恼于自己独身状态的时候也会更敏捷。为什么雌鸟会钟情于让它们的配偶——可能也会让自己的后代——更不擅长觅食和躲避天敌的长尾巴呢？

　　高成本信号博弈是由迈克尔·斯宾塞和阿姆农·扎哈维（同时和分别）提出的，其目的就是回答这类问题。在这一章，我们会介绍高成本信号博弈，然后用它揭开这些谜团。[2] 我们还会把它运用在很多其他问题上，比如，为什么在有些文化里，男人要留很长的小拇指指甲？为什么艺术家要给自己的作品施加人为的限制，比如抑扬格五音步？为什么有些宗教团体（比如某些极端正统的犹太教派）会要求成员参加看起来很过分的宗教仪式？

高成本信号博弈

　　在这个模型中，有两个参与者。一方是发送者（比如雄孔雀），能发出一个高成本信号（长出长尾巴）。另一方是接收者（比如雌孔雀），会观察信号是否发出，然后选择如何对待发送者，也就是决定要接受对方（和雄孔雀交配）还是拒绝对方。

　　发送者有可能是称心如意的伴侣，也有可能不是，所以我们假设雄孔雀可能是以下两种类型之一：高级（如基因好的雄孔雀）或者低级（如基因不好的雄孔雀）。接收者不清楚发送者的类型（雌孔雀不可能给基因鉴定公司 23andMe 寄去一份唾液样本）。它只知道对方是否发出了信号（也就是那只雄孔雀的尾巴有多长）。

　　接下来就是最关键的部分了。不管发送者是什么类型，发送信号都是一件高成本的事情。然而，对高级的发送者来说，成本要低一些。比如，所有雄孔雀在尾巴很长的时候，都会变得不太容易躲避天敌和寄生虫，但那些身体健康的雄孔雀会相对轻松一些，被天敌抓住或者染上疾病的概率较小。如果我们现在讨论的是人类和名贵的手表，那么意思就是，虽然买名贵的手表对所有人来说都是浪费钱，但更富有的人就算没有那些钱也能买得起食物和房子。

因此，发送者要根据自己的类型（高级或低级），决定要不要发送高成本的信号（长出长或短的尾巴）。它可以不管自己是什么类型都长出长尾巴，只在自己是高级的情况下长出长尾巴，只在自己是低级的情况下长出长尾巴，或者永远不长长尾巴。接收者要在发送者发出信号的时候决定要不要接受对方，还要在发送者没有发出信号的时候决定要不要接受对方。接收者可以接受所有的发送者，只接受长尾巴的发送者，只接受短尾巴的发送者，或者谁都不接受。

这个博弈最重要的纳什均衡是这样的：当且仅当发送者是高级时，它才会发出高成本信号；而当且仅当发送者发出信号时，接收者才会接受它。也就是说，只有健康的雄孔雀才会长出长尾巴，而雌孔雀只和长尾巴的雄孔雀交配，哪怕长尾巴会让它们的情郎变得不太擅长躲避天敌而且更容易感染疾病。

为了验证这是一种纳什均衡，我们要和往常一样检验所有可能的偏离。

- 让我们从健康的雄孔雀开始。现在，它为长尾巴付出了代价，但获得了被接受的好处。它是否应该改变策略，停止发送信号呢？只要长尾巴的成本低于被接受获得的收益，答案就是否定的。
- 那些体弱的低级雄孔雀呢?它们应该改变策略,长出长尾巴吗?虽然这需要付出代价,却意味着它们最终或许能觅得良伴。听起来还不错,不过要是尾巴导致它们落入天敌之口,那就彻底完了。
- 那雌孔雀呢?它有另外两种选择。它可以拒绝长尾巴的雄孔雀,也可以接受没有长尾巴的雄孔雀。选择前者意味着放弃健康性感的基因,而选择后者意味着接受体弱的基因。可能都不是好主意。

瞧!确实是纳什均衡。不仅如此,我们还知道了在什么情况下这是一种纳什均衡。也就是说,前提是:
- 对高级而非低级的发送者来说,被接受的收益高于长出长尾巴的成本。
- 接收者喜欢和高级而非低级发送者配对。

经济学家认为,这种纳什均衡是一种分离均衡,因为其中高级和低级发送者的表现不同,接收者仅仅通过发送者选择的行为就能将二者区分开来:健康的雄孔雀只需要展示出它的尾巴,雌孔雀就知道它的类型了。

来自花蜜鸟的证据

孔雀石色花蜜鸟为高成本信号模型提供了非常可靠的证据,研究人员已经证实了尾巴越长的花蜜鸟拥有的配偶越多，而且尾巴的成本很高，对不太健康的雄鸟来说更是如此。

为了证明尾巴越长的花蜜鸟拥有的配偶越多，研究人员往往会采取两种方法。第一种方法很好理解：抓一些鸟，测量它们的尾巴，然后跟踪它们，看看那些尾巴更长的鸟是不是繁殖成功率更高，而繁殖成功率一般通过它们与雌鸟成功配对的速度或者在一个交配季拥有的雏鸟数量来衡量。比如，在对红簇花蜜鸟的研究中，马修·埃文斯和B.J.阿奇韦利发现，他们抓到的花蜜鸟的尾巴长度差异超过33%，从略短于15厘米到稍长于20厘米不等。他们还发现，尾巴将近20厘米长的花蜜鸟成功配对的速度大约是其他雄鸟的两倍，并且有的能在一个交配季拥有两只雏鸟，而其他雄鸟只有一次成为父亲的机会。[3]

第二种方法是详细研究并通过实验来控制鸟尾巴的长度。这样有助于单独考量鸟尾巴在性吸引方面发挥的作用，确保雌鸟不是被其他可能和尾巴长度共变的性状吸引。实验方法是将鸟的尾巴剪去一半，然后用夹板把尾巴接回去。参与实验的鸟通常会被随机分为3个实验组。第一组重新接上的尾巴比之前短。第二组重新接上的尾巴比之前长。第三组重新接上的尾巴和之前一样长。然后研究人员会把这些鸟都放生，等着看谁会拥有更多的雏鸟。那些尾巴变短的雄鸟拥有的雏鸟比那些尾巴变长的雄鸟少——在埃文斯和阿奇韦利对花蜜鸟的研究中，大概会少一半。太不走运了。[4]

但这些长尾巴的成本高吗？是的。飞行和捕食的表现和繁殖成功率完全是反过来的。尾巴变长的花蜜鸟在飞行中更有可能被发现，它们成功捕获猎物的次数占比也下降了——有些个体的成功率下降超过50%！另一方面，尾巴变短的花蜜鸟一定突然觉得自己轻若鸿毛。它们在飞行中不太可能被发现，甚至成了更加可怕的捕食者，从栖息的树枝出发能追到稍微多一点儿的虫子。是之前的长尾巴拖累了它们！至于那些重新接上的尾巴和之前一样长的花蜜鸟，则没有表现出什么重要的变化。

其他鸟类夸张的尾巴也都被研究过，其他的动物行为，比如雏鸟会引来捕食者的鸣叫行为（告诉妈妈你有多饿，或者如果吃得好，你离巢的可能性有多大），也被证明是高成本信号。不过我们认为，现在是时候把注意力转回到人类身上了。

奢侈品

劳力士手表、镶嵌艺术品、钻石和其他我们在本章开篇介绍的奢侈品都是人类高成本信号的典型例子（或许是唯一的？）。是什么信号呢？不是飞行或捕食能力，而是财富的信号。[5]

这似乎显而易见，但我们还是要走一遍我们验证类似说法的流程，看看能不能得出这样的结论。

在检验高成本信号时，我们通常会问自己下面4个问题：

对于以这种方式发出信号的人，人们能推断出他们身上什么有吸引力且原本很难看到的特点吗？是的。人们确实会推断那些拥有上好的腕表、漂亮的镶嵌艺术品地板和大钻石耳环的人很有钱。而财富本身是不容易被看到的，我们一般不可能接触到别人的银行账户。

这个信号是一种浪费吗？ 是的。我们已经提到过，劳力士手表虽然很耐用，走时很准，但没有卡西欧的 G-Shock 手表耐用和精准。安装正确的镶嵌艺术品能让地面变得好看又耐磨，但也不比正确安装的瓷砖好多少。钻石除了工业化应用毫无用处。

这个信号对发送者来说成本并不算太高？ 是的。对一个有钱的律师来说，买一块劳力士手表意味着多处理几个案子，熬夜工作几天，但对我们大多数人来说，买一块劳力士手表就意味着未来 3 年只能吃米饭和豆子。虽然价格是一样的，但成本相差很大。

如果发送这个信号对其他人来说变得更容易，人们对它的喜欢程度会下降吗？ 一旦价格下跌,低级发送者就能通过发送信号获益，接收者无法再推断那些发送信号的人是高级的。这意味着高成本信号有一个相当独特且惊人的特性：当它们变得廉价和充足时，我们实际上会开始不那么喜欢它们。对于像劳力士手表、镶嵌艺术品和钻石这样的奢侈品也是这样吗？没错。如果你能在加油站便利店花 45 美元买到劳力士手表，那么没有人会为它着迷。如今镶嵌艺术品实现了大规模生产，每平方英尺[①]只需要几美元，而且早已不再流行。钻石呢？在精巧的反应炉内合成人造钻石的成本很低。它们和那些由地下深处的火淬炼的钻石一样浪漫和迷人吗？我们建议你不要深究。

---

① 1 英尺 = 0.304 8 米。——编者注

其他财富（和占有）的信号

这样看来，奢侈品似乎确实符合财富高成本信号的要求。但它们绝对不是唯一你可能遇到的高成本信号。下面还要列举一些。在阅读的时候，你要记住，和炫耀性消费的情形不同，在我们要讨论的例子中，人们往往不太能意识到自己在发送信号，他们只是觉得那样情况会更好一些。但是从本书的角度来看，这并不重要。毕竟，花蜜鸟也并未有意识地计算什么是纳什均衡，它们只是被长尾巴吸引住了。

身体质量指数（BMI）。2002 年，由 Journeyman Pictures 公司制作的纪录片《肥屋》（*Fat Houses*）开头提到了来自尼日利亚卡拉巴尔市的一名女性，叫巴蒂亚，她再过几个月就要结婚了。巴蒂亚几乎不出门。她妈妈基本上一整天都在做饭，而巴蒂亚就是睡了吃，吃了睡，为了结婚而让自己增肥。她的家人甚至花钱雇了一位专门的按摩师，把堆积的脂肪按揉到合适的地方，让巴蒂亚在她的未婚夫面前尽可能变得性感。

尽管增肥的习俗已经快要消失了，但在尼日利亚南部还时有出现，在毛里塔尼亚，那是一个地处撒哈拉沙漠和大西洋之间的很大但人口稀少的国家，增肥习俗被当地人称为"勒布洛"。不久前，在相隔两个大洋的塔希提岛，上层人士还在沿用增肥的习俗。据说王室成员会回到一个后来被马龙·白兰度买下的岛，他们在那里不停地睡了吃，吃了睡，为的是尽可能地变得性感。如今，在西方文化中，大多数人都追求苗条，但从19世纪和之前的绘画作品来看，在不太遥远的过去，西方人的喜好与巴蒂亚和她丈夫没什么区别。

高成本信号模型或许能帮助我们理解为什么有些文化会喜欢更高的身体质量指数，以及为什么这种喜好会发生改变。在食物相对不足和昂贵的地方，对更高的身体质量指数的喜欢会导致一种分离均衡，也就是只有那些能买得起食物的人胖起来了。但是当收入增加，卡路里的成本骤降后会发生什么呢？如今，在大多数地方，低收入人群不用倾家荡产也能吃得很撑。事实上，吃饱简直太容易了。所以，高身体质量指数就过时了。

糖、香料和一切美味的东西。 高成本信号模型还可以帮助我们理解17世纪末喜欢糖和香料的欧洲人在口味上发生的巨大变化。从中世纪和文艺复兴初期的食谱和其他记录中可以看出，与普遍看法相反的是，各个阶层的欧洲人都是香料的重度爱好者。丁香、多香果、肉豆蔻干皮、肉桂皮、姜、高良姜（泰国菜中经常用到的一种姜的同类）、黑胡椒、砂仁和藏红花都是一把一把地放，糖也一样——中世纪的很多炖菜相当甜。当然，糖和香料都是进口的，相当昂贵，所以能用到它们是一种奢侈。普通家庭做不到经常使用糖和香料，会把它们留到有特殊宴请的时候，比如圣诞节再使用，而商人和贵族能经常吃到加了很多香料的食物。随着与印度贸易的不断发展，糖和香料的价格下跌，连那些之前得省着用糖和香料的普通家庭也能买得起了。法国路易十四统治期间，凡尔赛宫诞生了一种新的烹饪风格。宫廷厨师几乎不用糖和香料（除了甜点）。"相较于让食物浸满香料味，他们说食材应该保留其原有的味道。肉吃起来应该像肉，你加的任何东西都只是为了加强现有的味道。"这种风潮从路易十四的宫廷蔓延到欧洲其他国家（失望的英国人很快就承认这样做有好也有坏）。在均衡状态下，糖和香料这些曾经的高成本信号失去了支撑，我们的喜好也随之改变。[6]

很长的（小拇指）指甲。作家韦德·谢泼德在他的博客 *Vagabond Journey* 中写道，在中国仍然很容易碰到留着长指甲的男性。[7]这种习惯如今在泰国、印度东北部和埃及（那里的男性通常只留小拇指的指甲，但也并不总是如此）也很常见，以前还要更普遍一些，它的起源可追溯到古代：埃及男性从青铜时代早期以来就留着很长的指甲。如果你问这些男性为什么要坚持大多数人都觉得很不好的习惯，即留长指甲，他们的回答往往完全相反，那就是他们觉得这样很美。是不是很奇怪？

尽管长指甲不是财富的信号，至少不是直接的信号，但从高成本信号模型的角度去解释并非如此，谢泼德说有人告诉他："这样人们就知道他们不是做苦力的了。"那些从事体力劳动的人觉得留长指甲特别碍事，所以那些从事更有声望的职业的人——教师、政治家和医生等——为了凸显自己，就越来越喜欢留长指甲。[8]

随着与农耕相关的职业越来越少，对指甲的喜好也发生了变化。有学生告诉我们，在中国的城市中，年轻人已经觉得长指甲相当过时了。

白皙的皮肤。在东亚和东南亚地区，皮肤白皙都被视为有吸引力的特征，世界范围内的美白产品销售额高达83亿美元[9]（略低于海地的国内生产总值）。这和美国的文化形成了鲜明的对比，很多美国人会故意坐在太阳底下或者去日晒沙龙让自己的皮肤变黑。然而，中世纪诗歌中的淑女和印象派画作中的女性长久以来都是打着遮阳伞在公园中漫步的形象，看来西方人也对白皙的皮肤有过痴迷。这中间发生了什么？

从高成本信号的角度对白皙皮肤给出的解释和对留小拇指指甲给出的解释是一样的。就像农民觉得让自己的小拇指指甲不要沾上泥很麻烦一样，他们觉得避免晒太阳也很麻烦。因此，在大部分人还在从事农业生产（或者直到最近才不再从事农业生产——一种滞后效应）的地区，对白皙皮肤的偏好有助于区分那些从事有声望的办公室工作的人，或者那些富有到完全不用工作的人。在西方，自工业革命以来，越来越多的体力劳动者是在工厂而不是农场里工作的。对这些工人来说，拥有白皙的皮肤不是一件特别麻烦的事情。事实上，如果要说有什么事情很麻烦，那就是去阳光充足的海滨胜地度假，花一个下午的时间躺在游泳池边。因此，人们转而喜欢上了棕褐色的皮肤。

当然，这并不是要否认肤色歧视（针对曾经的殖民地人民的种族主义思想残余）可能产生的影响。世界是多元化的，有时候喜好是多种原因共同导致的。我们的观点是：高成本信号就是其中一个原因。

白色礼服衬衫。白衬衫一直是男士正装的重要组成部分，在西方也发挥着类似的作用。就在我们写这些内容的前几天，《智族GQ》杂志刊登的一篇文章宣称"白色礼服衬衫是所有型男衣橱的基本配置"[10]，然而白衬衫的历史要追溯到500年前的英格兰都铎王朝。当时，普通的英国人一般都穿着能遮住整件衬衫的夹克。绅士们由于不工作，所以能比较容易地保持衬衫的干净，他们开始把领口和袖口都翻出来钉住，甚至还命令裁缝在他们的夹克上做切口。[11]这大概是让人们更容易看到他们的衬衫有多么亮白，同时把他们与那些无法保持衬衫同样干净的农民和劳工区别开来。几个世纪以来，夹克逐渐演变成现在的样式，能更清晰地展现出下面白到发光的衬衫领口、胸口和袖口。另一方面，蓝领工人之所以会获得这个称呼，是因为他们确实穿着蓝色的衣服，这样能有效地隐藏他们衬衫上的污垢和油渍。（这也是牛仔裤是蓝色的原因。实际上，靛蓝染料长久以来一直被用于给牛仔裤染色，它不仅能隐藏污渍，还能抵抗污渍。它还可以防火。不过我们不认同这种说法。）

就像长指甲和白皙的皮肤一样，我们预测，随着工作场所逐渐从工厂车间转移到办公桌旁，或者随着污渍变得更容易去除，白色的衣服变得不太容易被弄脏，太阳让白色成了衬衫的主色。伦敦可以说仍然是男士正装之都，在那里，白色衬衫尽管还是主流，但也为创造性地融合了色彩与图案的样式留出了空间。

艺术作品的真伪。卢浮宫是全世界最受欢迎的博物馆，每年接待超过1 000万的参观者。80%的参观者都是为了看一件展品：《蒙娜丽莎》。光这一幅画吸引来的参观者就超过了梵蒂冈博物馆的参观者。喜欢达·芬奇笔下这位神秘女性的人平均要排一到两小时的队，才能和其他几十位急切的参观者挤在一起，举着自拍杆，从大约10英尺的地方看到这幅很小的肖像。这种体验并不是最好的。大多数人都清楚这不会成为最好的体验。有几十个旅游网站提醒过人们这一点了。但是，嘿，你得看到真品，对吗？

嗯，等一下。为什么呢？事实上，如果你想好好看一看《蒙娜丽莎》，仔细研究一番，其实可以不用亲自去一趟巴黎，而是去维基百科（没错，就是维基百科），在那里你会发现这幅著名肖像的各种高分辨率图片。你可以把这些图片下载到计算机里，在闲暇时仔细检查画上的每一个毛孔。其中有些图片甚至还被精心修整过，对从达·芬奇那个时候就开始的泛黄现象做了校正。真是太贴心了。这样肯定比在离原作15英尺的地方，从一家荷兰人的头顶上方匆匆一瞥有更多的收获。

但是，等一下，这些图片仍然是平板显示器上呈现的数字图像。即使是最理性的人（而我们就是最理性的人）也得承认这和看到真正的《蒙娜丽莎》不是一回事。但为什么不是呢？看到从画作表面反射出的自然光有什么特别之处吗？嗯，也许吧，但我们持怀疑态度。世界范围内有几十种可供观看的《蒙娜丽莎》高质量复制品。有些复制品在细节方面花费了很多技巧和精力，以至能卖出超过5万美元的价格。然而，没人会去排队看它们。如果《蒙娜丽莎》最吸引人的地方是物理特征，那么这些复制品至少能从原作那里挖走一些参观者。显然，欣赏真品是有特别之处的。

2011年，乔治·纽曼和保罗·布卢姆开始通过一个简洁的实验设计来证明人们有多看重真伪。他们给受试者展示了两幅非常相似的木廊桥（就是新英格兰人非常引以为傲的那种桥）画作，然后告诉受试者其中一幅画是照着另一幅画的。他们所说的先完成的画是从两幅画中随机选择的，从而确保画的物理特征不会影响实验的结果。这项实验的关键步骤是，他们告诉一些受试者两幅画是由同一位艺术家完成的，暗示它们是某个系列的一部分，同时告诉其他受试者两幅画是由不同的艺术家完成的，暗示后一幅画是赝品（太可怕了！）。接着，他们询问受试者对两幅画的看法。当受试者被告知两幅画出自同一位艺术家之手时，他们对后一幅画的评价要比被告知两幅画出自不同艺术家之手的时候高出3倍。纽曼和布卢姆的实验结果证实：一幅绘画作品的吸引力不仅来自其物理特征，还来自其真伪。[12]

为什么艺术爱好者会如此重视真品？高成本信号模型给出了一个简单的解释。因为艺术真品很稀有，购买或者飞到巴黎去看要花很多钱。尽管这对所有人来说成本都很高，但就像劳力士手表一样，这笔花费对那些不是特别富有的人来说要更难应付一些。所以买或者看真品对富人来说，是把他们与不富有的人区分开来的一种有效方式。相比之下，赝品或者维基百科上的高分辨率图片对穷人和富人来说成本是一样的，所以并不是一种有效的信号，至少不是财富的有效信号。

我们可以做出预测，那就是人们对真品的痴迷应该在几乎没有内在价值（从终极层面看）的艺术品之类的东西上表现得尤为强烈，但在那些价值来自其效用的东西（比如勺子或取暖器）上则更弱一些。纽曼和布卢姆为了证明这一点，在他们的实验中增加了一个环节。这次他们给受试者提的问题不是关于画的，而是关于汽车的，前提是汽车的价值主要取决于它的实用性，也就是能从 A 到达 B。除此之外，整个实验是完全相同的：他们给受试者展示了两辆非常相似的汽车，然后还是告诉一半人两辆车由同一家制造商生产，同时告诉另一半人两辆车由不同的制造商生产。果然，这一次受试者并不太关心后一辆车是由同一家还是另一家制造商生产的。由于两辆车几乎是一样的，所以受试者对它们的评价也是相同的。就是这么简单。当信号动机变弱时，我们对真品的偏好就会降低。

展现其他属性的信号

我们刚才探讨的例子应该可以让你相信发信号这件事能从各个方面塑造我们的审美。但我们只触及了表面。如果我们从发出有关财富和职业的信号扩展到发出展现其他理想属性的信号，会怎么样呢？比如，有时我们不仅想展示自己有钱，还想表明自己出身富裕。为什么要这么做呢？有一种猜测是这样的：那些出身富裕的人不仅有本事，还与其他有本事的人有联系，而且有资金和能力运用这些本事。我们在下一章会讲到这样的信号。下面这些是我们通过发送信号展现的一些其他属性。

礼仪。在网飞出品的电视剧《王冠》中，温斯顿·丘吉尔哄骗女王取消休假，并且邀请美国总统艾森豪威尔到王宫出席宴会。[13] 女王不情愿地同意了，王宫的工作人员不得不开始紧张地准备。山一样的盘子、玻璃杯、刀叉和勺子从王宫的库房中被取出，然后堆在推车上，需要一个一个被擦亮。每把椅子的红色天鹅绒垫子都被仔细刷干净，一个穿着防护拖鞋的服务人员在与航母着陆区一样又长又宽的餐桌上一边走着鸭子步,一边打圈擦着餐桌,这样就不会留下污渍了。后来由于丘吉尔生病,宴会被取消,没用着的餐具又被送回了库房。

喜欢《王冠》《唐顿庄园》《布里奇顿》这些电视剧的观众大多都会注意到令人惊叹的英式餐桌布置,每一种都有各自的特色。那么多的餐具是怎么回事?或许吃甜点的时候需要换一把叉子是有道理的,不过在吃虾、沙拉和主菜时都用不同的叉子真的有必要吗?专门用一个盘子放面包,还有三四个不同的高脚杯?为什么要不嫌麻烦地购买和存放所有这些餐具,还要学习正确使用餐具所需的各种可笑的规矩?为什么就不能用趁手的餐具吃饭?

让我们通过之前的几个问题来看看餐桌礼仪是不是一种高成本信号,而且如果答案是肯定的,它又是什么的信号。首先我们要问,餐桌礼仪体现了什么?到了本章的这个阶段,你可能忍不住要回答,所有餐具的意义都是为了表明你能买得起它们。这只是一部分意义,而且是一小部分。知道怎么用餐具也很重要。当人们看到你有良好的餐桌礼仪时,他们不仅会推断你有钱,还会觉得你"有教养"。

下一个问题是,餐桌礼仪成本高吗?当然。《唐顿庄园》剧组不得不聘请一位顾问来教演员和工作人员如何正确摆放餐具和附带的礼仪。喜欢乔治·萧伯纳经典作品《卖花女》及其后期改编版的人都知道,希金斯教授并不是一夜之间就把出身低微的伊莉莎·杜利特尔变成了一位贵妇人的。他教了好几个月的课,其中有不少都是关于餐桌礼仪的。在 1990 年由这部戏剧改编的电影《风月俏佳人》中，虽然主人公（由朱莉娅·罗伯茨饰演）的一位从事酒店行业的朋友给她恶补了餐桌礼仪，但还是不够。当她以为要上沙拉而眼前出现的却是开胃菜时，有人发现她为了回想起该用哪把叉子，在数一把叉子的齿。

像这样的搞笑场景不仅突出了学习礼仪的不易，还表现出成年后再学习这些规矩，要比一个出身富裕的孩子付出更多的努力。这说明餐桌礼仪不仅成本高，而且对那些出身普通的人来说成本更高。因此，第三个问题，即它对那些发送信号的人来说成本更低吗？答案就是：是的。

第四个也是最后一个问题是，当其他人通过餐桌礼仪来发送信号变得更加容易时，餐桌礼仪是否有可能不再流行？这个问题是有根据的。在过去的一个世纪里，学习正确的礼仪已经变得更容易了。部分原因是餐桌礼仪已经不足为奇，你可以请教的人变多了；部分原因是各种大众化的渠道，比如优兔，所有能上网的人都可以了解沙拉叉和虾叉的区别。与此同时，正式的餐厅也有点儿过时了。芝加哥的米其林三星餐厅阿利诺（Alinea）是美国最有名和最高档的餐厅之一，那里的餐具很简单，有时食物甚至会被直接放到桌子上。

尽管我们一直在说餐桌礼仪，但礼仪规矩远不止存在于餐桌上。比如，戴安娜王妃在与查尔斯王子订婚后，接受了全面的宫廷礼仪培训，学习的内容包括：称呼王室成员的顺序，称呼他们的方式，可以与他们谈论的话题和列队时行走的顺序，等等。这些规矩以及即便像戴安娜这样受过正规教育的人学起来都很困难的事实，正是电视剧《王冠》不变的主题。当然，其中有些规矩不仅仅是为了显示一个人的教养（比如，女王就应该走在随行人员的前面，参见第 12 章对象征性姿态的论述）。但是其中有些规矩很可能是在发送信号。

葡萄酒鉴赏力。任何一位葡萄酒鉴赏家都会告诉你，要想开发味觉，就要多喝葡萄酒。所以有人可能会再一次天真地以为葡萄酒鉴赏力是另一种财富的信号。但这样说并不全面。鉴赏家不仅比我们其他人更擅长鉴别葡萄酒中的各种味道，还更擅长谈论这些味道。为了学习谈论葡萄酒，鉴赏家不能只是喝很多葡萄酒；他得多和做鉴赏的朋友——或者有可能是哥哥姐姐或父母亲——喝葡萄酒，学习如何谈论自己品尝的味道。因此，葡萄酒鉴赏力表明，鉴赏家不仅能负担得起所有的葡萄酒，还拥有足够高的修养，可以教与他一起谈论葡萄酒的朋友，或者有可能是父母。

我们怎么能确定葡萄酒鉴赏力不仅仅是财富的信号呢？很简单。如果某人走进纳帕一个葡萄园的品酒室，然后说"我只想尝一尝最贵的酒"，你会怎么想？[14] 这个人显然在展示自己不仅有钱，而且没品位。那些买最有名且最昂贵的牌子（比如凯歌香槟），却对比较不为人所知但品质更高的酿造商毫无兴趣的人也是一样。或者还有那些只认纳帕这样的产区，对帕索罗布尔斯表示不屑的人。或者还有那些买了一瓶好酒但说起味道时除了"好"什么都说不出来的人。在上述所有例子中，这些人显然都买得起酒，但缺乏训练——这正是我们评估他们的关键依据。

押韵。来看看下面这段由地下说唱歌手 Big L 写的歌词：

How **come**? You can listen to my first **album**

And tell where a lot of n***as got they whole style **from**

So what you *acting for*?

You ain't *half as* RAW, you need to *practice* more

Somebody tell this n***as something, 'fore I *crack* his JAW

You running with boys, I'm running with men

I'mma be ripping the mics until I'm a hundred and ten

Have y'all n***as like "Dammit, this n***a's done done it again"

歌词中文大意：

为什么？你可以听听我的第一张专辑

看看那些黑人说唱歌手是抄的谁的风格

你们还在假装什么呢？

你们还嫩着呢，还是多练练吧

在我打碎他下巴之前，希望有人能教教他

你们这些小屁孩，别招惹我

就算我 110 岁了也能征服麦克风

你们会说"该死的，他怎么还这么厉害"

我们已经把押韵的单词做了分组，那些加粗的、斜体的、有下划线的、用大写字母写的和浅灰色的都分别是相互押韵的词。

押韵词本质上是受人喜欢的。它们能加强一首歌的节奏，有时能让听众更容易听清歌词。但像 Big L 或者我们之前提到的说唱歌手钱斯勒·乔纳森·本内特、埃米纳姆和 MF Doom，他们创作歌曲的押韵格式非常复杂，让人觉得他们的意图不止于此。[15] 这些复杂的押韵词也是一种高成本信号吗？如果答案是肯定的，那又是什么信号呢？

我们认为是的，这是一种聪明才智的信号，为了加以验证，我们运用了之前提出的 4 个问题，结果有 3 个都得到了肯定的答案：

- **对于以这种方式发出信号的人，人们能推断出他们身上什么有吸引力且原本很难发现的特点吗？** 是的。人们一定会推断像 Big L、钱斯勒·乔纳森·本内特、埃米纳姆和 MF Doom 这样的词作者，当然还有莎士比亚特别聪明，并且富有创造力。事实上，有一个受各种乐迷，尤其是说唱音乐迷喜欢的音乐网站就叫"genius（天才）.com"。

- **这个信号是一种浪费吗？** 复杂的押韵格式是一种浪费，因为它们把说出该说的话这件事变得更难了。词作者不能选择自己最先想到的单词，而是必须先选好相互押韵的几组单词，然后把它们编成歌词。押韵格式越复杂，句子中任何一处的用词越受限，就越难找到可以相互搭配的单词组。

- **这个信号对发送者来说成本不太高吗？** 运用这样的格式对那些没什么经验和天赋的人来说确实成本很高。想象一下，你现在要给别人讲述一天的生活，但必须遵守像 Big L 的歌词那样复杂的押韵格式。不，你实际上不用想象，花点儿时间试试就行了。你要花一点儿时间才能完成，对吗？然而，上面那些歌词是 Big L 匆忙创作的一段即兴说唱，而且那天他两次对录歌的人说自己"很累"。

我们认为，押韵体现了艺术作品中的人为限制有两个作用：在某些方面提升艺术作品的质量，同时为艺术家提供了一种展示聪明才智的途径。这或许也能帮助我们理解我们在视觉艺术中遇到的一些限制，比如坚持使用现成品或者从多个角度展现这个对象。这些限制的作用很可能与人们通常认为的是一样的。使用现成品确实会让人思考艺术是什么，以及谁来决定和帮助我们发现日常物品的美。而从多个角度展现物品确实是一种扩展视角，让画面变得不那么静态的好方法。

但是，对于这些限制为什么受欢迎，高成本信号理论或许会给出另一种原因。它们之所以流行，部分原因可能是带来了新的挑战。你能只用一件偶然发现的现成品表达一个想法吗？你能在对象——被画的东西——被切碎且碎片混在一起的情况下，引起别人的情绪反应或者传达一个想法吗？如果你根本无法参考任何实物，只能借助线条、形状和标准颜色等基本单元，那该怎么办呢？这太难了。

为什么这些人为限制会恰好在 20 世纪初突然猛增呢？可能是因为那个时候写实已经没什么难度了，我们并不是第一个这样认为的。在那之前，艺术家可以通过运用错觉、研究人体结构（达·芬奇）和发明用反射镜和透视镜构成的奇特装置（维米尔应该算吧）等来展现自己的才华——这都是为了让他们的绘画和雕塑尽可能地逼真。欧内斯特·梅索尼埃在创作《1814 法国战役》时，雇用了数量相当于一支军队的马匹和模特，等到下的雪积到合适的厚度时，他让马和模特列队从新雪上走过，这样他就能更准确地画出拿破仑大军脚下的地面。这样巧妙的解决方案很好地展现了艺术家的创造性。但随着照相机的出现,艺术家要寻找新的挑战。这说明有挑战才是最重要的,具体什么挑战或许是次要的。当然,每出现一个新的挑战,都会出现有创造力的新见解,而我们的美学世界也变得更加丰富。

宗教习惯和崇拜。根据犹太教极端正统派哈西德派的分支哈巴德 – 卢巴维奇的官网 [16],教徒醒来后,在起床之前应该说这样一句简短的祷词:"我感谢你,永生的神啊,因为你仁慈地修复了我的灵魂;你的信实何其广大。"之后他们要洗手。这里所说的"之后",要满足很多条件:

在洗手前禁止行走 4 腕尺(根据不同的规定,1 腕尺相当于 18~22 英寸①)的距离。在早晨洗手前,不得碰触自己的嘴巴、鼻子、耳朵、肛门;也不能碰触衣服、任何食物或任何有开口的地方。

如果你觉得这样还不够麻烦,还有 13 条附加教规,明确规定了如何洗手,比如下面这些(来自哈巴德 – 卢巴维奇官网):

- 洗手要按照下列方式:
 a. 用右手拿起装水的容器,然后把它放在左手上。
 b. 先把水倒在右手上,然后倒在左手上。
 c. 重复两次。(每只手总共要洗三次:右、左、右、左、右、左。)

---

① 1 英寸 =2.54 厘米。——编者注

- 水应当被倒至手腕处，除了在禁食日和赎罪日，在这两天水应当只被倒在手指上。
- 洗过手的水不得有其他任何用途，必须被洒在一个人们不会去的地方。

接下来就是有关着装和行走（没错，就是行走）的规定了，一共（只有）12条。我们最喜欢的是："应当小心，不要在两只狗或猪之间行走。而且，两个人不应当允许狗或猪从他们中间穿过。"那样是不对的，几乎和你在禁食日把手腕弄湿一样糟糕。

到目前为止，长达8页的哈巴德派教徒晨间例行事项的教规，我们只读完了3页，而且已经简化了很多。后5页涉及卫生间礼仪、祷告或学习前的清洁、祝祷、晨间祝祷（这里不是写错了——有一页是关于祝祷的，还有一页是关于晨间祝祷的），以及祷告前其他一些不能做的事情。比如，在祷告开始前，虽然可以喝茶或咖啡，但不能加奶和糖，也不能和邻居交谈。而且那上面写得很清楚，8页的晨间例行事项应当全部在黎明前完成，原因自然是祷告应当在黎明前开始。

当极端正统派的犹太教徒在极其忠诚地践行他们的宗教习俗时，世界各地其他宗教的信徒往往也在遵守着大量耗时——有时还很痛苦——的教规。普吉岛的素食主义者要在热油里洗澡，在火上行走，还用锋利的东西在身上穿孔；有的什叶派穆斯林、基督教徒和犹太教徒会鞭挞自己；东欧的东正教徒会在冰水中洗澡；等等。

为什么会有这些烦琐的教规和习俗呢？一个人一旦获准加入某

个团体，就会获得各种各样的好处。信教的人通常更有合作精神和平等意识（对信奉同一宗教的人），因此更加值得信赖，也更信任彼此。[17]尽管这一点已经被实验室实验证明，但生活中也不乏这样的例子：在安息日，信教的人互相邀请对方吃饭，为其他遇到困难的成员提供借款或礼物，以及在短暂恋爱后结婚。这引发了一些搭便车的问题：有些人想要利用团体成员的慷慨，但又不会待足够长的时间去回报这份慷慨。

这里就需要用到理查德·索西斯的高成本信号理论了。[18]为什么会有所有这些教规和习俗呢？对所有想要被接纳为成员的人来说，它们相当于准入费。这些人在获准加入之前，不得不花费时间和精力去学习准则和践行习俗。大部分的投入都集中在前期。极端正统派的犹太教徒必须学习几年的教规，才被许可参加礼拜活动。他们必须买两套锅碗瓢盆——一套放奶，一套放肉。那些中途放弃的人在前期也要付出，却错失了被接纳为成员带来的大部分好处。那些虽然留下来但只是在一个月的某个周末和团体成员去"宾果之夜"闲逛的人也是一样的。尽管他们需要和那些更虔诚的人付出同样多的努力，但获得的好处就不会有那么多了。在均衡状态下，被接纳的人其实是那些能够很靠谱地坚持下来，全身心投入的人。[19]（当然，这一切都不是刻意的！对这些教规和习俗的信仰是真诚且根深蒂固的。）

索西斯以及其他几位人类学家为这个高成本信号理论提供了很多证据。这里简短地列举一些最重要的。

- 在宗教更为多样化的地方，成员更容易被其他的宗教团体挖

第 6 章　高成本信号与美学 ｜ 109

走,所以可能会更严格地遵守宗教习俗。

- 尽管有改信犹太教的人与团体成员享受同等待遇的正式要求,但极端正统派(哈雷迪教派)的犹太教徒在选择结婚对象的时候,特别歧视改变信仰的人。尽管不是公开的,却真实存在。为什么?因为他们往往会怀疑对方是不是真的虔诚。就像索西斯说的那样:"那些出身哈雷迪教派的人似乎认识到加入这个团体的成本非常高,以至缺少早期教化的人是很难负担得起的。"

- 一个团体要求成员履行的义务越繁重,它存在的时间就越长。像以色列的基布兹(社会主义合作社)和19世纪美国的某些群体等类似的团体就能证明这一点。[20] 罗德尼·斯达克还认为,这是减轻入教相关义务的天主教等主流宗教让步于福音运动的一个原因,后者保留了对团体成员的高期望。[21]

- 合作的需求越大,团体要求的繁重习俗就越多。毕竟,如果不需要合作,就算有人还没付出就离开了也没什么大不了的——搭便车也不是什么问题。想要例子?在数十种文化中,参与战争次数越多的团体,其青壮年男性身上留下疤痕的情况就越常见。[22]

- 一个宗教团体要求成员践行的习俗越繁重,这些成员的合作性就越强。当不同基布兹的成员进行公共物品博弈时,贡献更多的成员来自教堂集会出席率高的基布兹。在这里我们能清楚地看到黎明前所有那些麻烦的仪式所带来的好处。对那些为团体奉献的人,而且只是对他们来说,付出得到了回报。康东布莱教在巴西的萨尔瓦多以及过去的奴隶贸易中心的贫民区很受欢迎,蒙特塞拉特·索莱尔在对康东布莱教徒的研究中,也得出了相同的结果。[23]

∴

在这一章,我们见识了各种各样看似很奇怪且奢侈的喜好和习俗,它们有可能是很多不同特质的有效信号。而这很可能就是你自己的很多喜好或者践行的习俗,或者你从别人身上看到且感到迷惑不解的喜好和习俗背后的原因。

如果你想靠自己的力量去发现新的高成本信号,我们给你一个建议,首先要确保高成本信号在发挥作用。针对这一点,我们之前已经给了你一份很好用的清单:发送这个信号会让发送者看起来很好吗?这个信号是一种浪费吗?对一些人来说更奢侈吗?当这个信号变得不那么奢侈的时候,它会消失吗?在确定这个高成本信号发挥作用之后,设法搞清楚它究竟要展现什么。像这样的问题或许能帮到你:什么样的人会觉得发送这个信号更容易或者更难?当其他人看到信号时,他们会做出什么样的推断?在什么情况下人们会大肆宣扬这个信号?这个信号本身从传递某种信息的角度来说是最优的吗?

∴

下一章将重点探讨一种特别令人迷惑的发送信号的方式——发

送更难被发现的理想信号，而且我们认为，这些特别令人迷惑的信号是为了传达：就算这个信号没有被人注意到，发送信号的人也不会特别在意。

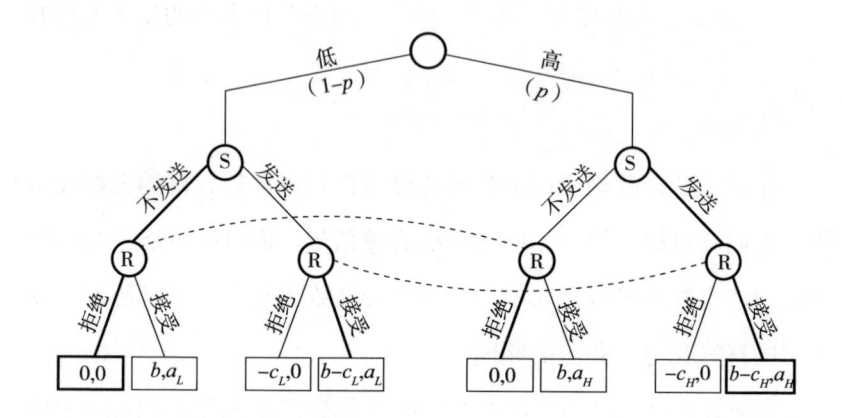

```
                        低              高
                       (1-p)           (p)
                    不发送  发送     不发送  发送
                    R      R         R      R
                 拒绝 签收 拒绝 签收  拒绝 签收 拒绝 签收
                 0,0  b,a_L -c_L,0 b-c_L,a_L  0,0 b,a_H -c_H,0 b-c_H,a_H
```

设定：

- 发送者（S）是高级的概率为 p。否则他就是低级的。
- 发送者要选择是否发送信号。如果他是高级的，那么发送信号的成本 $c_H>0$，而如果他是低级的，那么 $c_L>0$。
- 接收者（R）尽管无法判断发送者的类型，但可以看到信号（也就是说，他无法区分虚线所连接的决策节点）。在看到信号之后，他会选择接受还是拒绝。
- 接收者只希望接受高级的发送者发来的信号。接收者通过接受高级的信号获得的收益是 a_H，而如果接受了低级的，收益就是 a_L，而且 $a_H>0>a_L$。
- 不管发送者是什么类型，他被接受后的收益 $b>0$。

有利的策略组合：

- 当且仅当发送者是高级类型时，他才会发送信号，当且仅当发送者发送了信号后，接收者才会接受他（图中加粗的部分）。这被视为一种"分离"，因为两种类型的发送者会有不同的表现。

均衡条件：

- 对高级而非低级的发送者来说，被接受的收益抵得上发送信号的成本，也就是 $c_L \geqslant b \geqslant c_H$。

说明：

- 在均衡状态下，为了展现个体的类型要浪费一些资源。
- 关键在于，这只会发生在信号对更优秀的类型来说不太繁重的情况下。
- 有点儿违反直觉的是，当信号变得很容易发送时，它可能就不会再被使用了。

第7章
隐藏的信号与谦虚

当迈克尔·斯宾塞最早提出我们在上一章介绍的高成本信号博弈时，他的主要应用之一是，解释为什么高端的雇主喜欢雇用有名牌大学学位的人，即使后者在这些学校里学习的很多东西对工作其实没什么帮助。你已经知道斯宾塞的答案了：这些学位帮助人们展现了很多有用但是很难被发现的事情，比如他们的智力、专注力、社交能力和家庭关系等。

然而，如果你告诉哈佛大学的学生这种高成本信号博弈背后的原理，他们先是会干笑几声，之后必然反驳说，当有人问他们在哪儿上学时，他们会回答"波士顿"，而不会进一步明确，除非对方继续追问："那是哪所学校呢？"如果他们亮眼的哈佛大学学位的全部意义是让他们更容易告诉别人，也让别人更容易发现他们有多么聪明、多么勤奋或者人脉多么广，那么哈佛大学的学生不是把一切都搞砸了吗？

在这一章节中，我们要探讨人们有时为什么会故意隐藏或掩饰某种理想的特质或者令人印象深刻的成就，以及他们为什么会因此受到赞扬。在哈佛大学上学显然是很令人钦佩的，而且是其他人通常想要知道的，那么这些学生为什么要隐藏这个事实呢？第一次约会的时候，为什么那些有钱的成功人士会避免强调自己地位很高的工作或者在法国的庄园呢？同样，这些都是约会对象可能非常感兴趣，但很多人又觉得直接说出来会有些唐突的话题。为什么一个在衣食住行各方面都很朴素的富商会受人尊敬呢？如果他更大方地展示自己的财富和权力，那么对所有人来说不是更简单吗？概括起来就是，为什么让某些相当有用的东西变得更难被发现的谦虚是"美德的颜色"[1]呢？通常哪些人会表现得很谦虚？又是在什么情况下？毕竟，不是所有哈佛大学的学生都会隐藏自己在哈佛大学上学的事实。有的人几乎不管去哪里都穿着哈佛大学的校服。也不是所有的商人都生活朴素，有的就住在能俯瞰第五大道的高级公寓里。

谦虚只是人们隐藏某些优点或骄人成就的一个例子。下面还有一些同样令人迷惑的情况。

匿名赠予

在电视剧《消消气》第 6 季中，主角拉里·戴维为当地一家美术馆捐建了一个新的展厅。拉里去参加落成典礼，看到自己的名字出现在新展厅的入口附近，他一开始感到很兴奋，但当他发现美术馆的另一个展厅是由"匿名者"捐建时，他的热情瞬间就熄灭了。

他忧心忡忡地对妻子谢里尔说："现在看起来我是为了名声才这样做的。"当人们发现匿名者是拉里的老对手泰德·丹森时，情况变得更糟了，所有参加美术馆落成仪式的人都知道泰德就是那个匿名的捐赠者。泰德备受称赞，拉里则完全被抢了风头，沮丧地离开了现场。在回家的出租车上，他告诉谢里尔："没人告诉我可以先匿名然后再告诉大家。我一定会那样做的！"

匿名赠予令人迷惑的原因和表现谦虚是一样的：捐赠者克服困难，慷慨解囊，这都是其他人想要了解的。我们暂时还不清楚捐赠者通过让其他人更难知道这个情况将如何获益，或者为什么其他人会因为捐赠者隐瞒这个有用的信息而仰慕他。我们也不清楚谁在什么情况下会匿名赠予。

过分热情

2012年最热门的歌曲是卡莉·蕾·吉普森的《有空电我》，这是一首"表达盼望自己暗恋的人能回电话……的舞曲"，朗朗上口，贾斯汀·比伯说它"可能是我听过最容易记住的歌曲"。[2]

副歌部分的标志性歌词"call me maybe"委婉地展现出一个令人迷惑的现象：不管我们多么喜欢自己暗恋的人，都会尽全力避免表现得过分热情。当把电话号码留给暗恋对象时，我们会假装满不在乎，然后告诉对方"也许"可以打电话给我们。在得知暗恋对象的电话号码时，我们会等3天再打电话。当暗恋对象打来电话时，我们会强迫自己等一等再回电话，诸如此类。甚至我们有时在认识新朋友的时候也会使出这些小伎俩。

明明我们对自己新的暗恋对象那么感兴趣，为什么偏要掩饰这种兴奋呢？为什么展现出兴奋并不是一件对所有人来说都更好的事呢？那样我们的暗恋对象就会知道我们对他/她很感兴趣，也就不会意外地觉得"他/她只是没那么喜欢我"。

Shibui

在日语中，"shibui"这个词描述的是某些看似普通，同时又很优雅或精致的东西。一件陶器上的釉面也许色彩暗淡，而且使用的是有机材料，但非常协调，令人愉悦。一个房间或花园也许很小，但陈设或布置得很雅致，身在其中或者观赏起来都特别惬意。

虽然英语中没有对应的词，但西方人也能理解和追求shibui体现的对艺术低调或微妙的喜好。比如，古典钢琴家格里戈里·索科洛夫可能并不是一位家喻户晓的人物，但据一些评论家说，他是世界上目前在世的最伟大的钢琴家，他们的赞扬不仅源于他精湛的技艺，还因为他"超越了肤浅的表演和技巧"[3]，而其他更有名的钢琴家，比如郎朗、伊曼纽尔·埃克斯或者叶甫格尼·基辛则"喜欢大师级的炫技"。[4] 你们当中那些喜欢流行音乐胜过钢琴的人可能还记得，20世纪90年代末，当克里斯蒂娜·阿奎莱拉现场破音时，有人批评她太急于展示自己非凡的演唱能力。

我们发现在视觉艺术领域，也有人欣赏这种微妙的风格。相当多的绘画和雕塑在外行人看来就像出自精力充沛的4岁孩子之手，而实际上，创作它们需要高超的技巧和大量的专业知识。我想到了马克·罗斯科在大幅画布上画的彩色矩形。罗斯科死后，美术馆管理员把他的画送到高科技实验室进行分析，希望揭示这位艺术家的隐藏技巧。"他们的研究表明，罗斯科用的材料远远超出了艺术家会购买的传统范围，他改变了油画颜料的性质，使其达到他所需的流动性、干燥时间和颜色。"[5] 这可不是一个4岁的孩子能完成的。

为什么像罗斯科或索科洛夫这样的艺术家不让别人更容易地看到他们的精湛技艺呢？为什么他们隐藏自己的精湛技艺反而会提升作品的质量呢？

我们的解释

谦虚、匿名赠予、不露声色或欲擒故纵以及 shibui，这4种令人迷惑的行为有一个共同点，那就是它们都需要把一些好的东西隐藏起来，而不是到屋顶上大声喊出来。这似乎与我们根据高成本信号模型得出的结论完全相反。在那个模型中，信号越明显，对发送者来说就越好。那么，我们该怎样用高成本信号理论来解释这些新的谜团呢？

答案其实相当简单。这次我们不会详细地解释整个模型了[6]，但基本的思路是：隐藏本身就是一种高成本信号。是什么信号呢？它表示你能承担得起有人看不到你的一些理想信号的后果。[7]

当然，在这种情况下要想达到均衡状态，和标准的高成本信号模型一样，隐藏必须是有成本的（这点已经确认了），但对更优秀的发送者来说成本不太高，或者更配得上最后的收益。什么时候会出现这种情况呢？

这里是一些可能的情况。

很多积极的信号。第一种可能性是，某些发送者有很多正面属性——庄园、很好的工作、真正的慈善工作者、稳定的家庭和可爱的狗狗等等。这样的发送者能承担得起隐藏积极特质的后果，因为至少有其中一种会被发现。如果有一种被发现了，接收者就能推断出这个人一定还有很多积极特质，这本身就会给人留下深刻的印象。

"你说过春假的时候你要出去，要去哪里呢？"

"哦，嗯，我们家在香槟地区有一处房产。"

"那一定很漂亮。你在那儿的时候会做什么呢？"

"嗯，我在离我家不远的一个慈善组织工作。我整个星期都会在那里做志愿者。"

"你的家人为什么会选择香槟地区呢？"

"唔，嗯，没人知道，我们家祖祖辈辈都住在那里。"祖祖辈辈，啊？

相比之下，只有一个很特别的成就或优点的人会觉得这样的策略成本太高了。如果对话始终没有朝着正确的方向进行会怎么样呢？在你还没给接收者留下深刻印象的时候，对方就走了。

发送者能够发送很多信号，以至能承担得起某些信号被隐藏的后果的可能性，这或许能解释索科洛夫和罗斯科等艺术家以及他们的粉丝喜欢的那种不易察觉的高超技巧。或许这些艺术家技艺十分精湛，以至能够产生很多的隐藏信号，而且知道某些信号不会被发现。索科洛夫的演奏水平确实很高，能承担得起隐藏某些信号的后果。他16岁就在世界上最负盛名的钢琴比赛上获奖了，之后就有了追随者。罗斯科也是一位训练有素的天才型画家，早年就展现出多种风格的熟练的绘画技巧。

长期关系。还有第二种可能性，或许有的发送者打算和接收者交往一段时间，所以愿意等待接收者发现有关庄园、工作或慈善机构的情况。如果这次接收者没有发现某种特定的积极特质，因为他们一直在狗公园聊狗狗的事情，那也没什么大不了的；接收者在第二天、下一周或几个月后就会发现这种特质。这样的发送者不需要直接说自己有一个庄园，她能等得起。而且通过这样做，她也发送了信号，表明自己是愿意等待的类型。

相比之下，我们来看看那些"搭讪艺术家"是怎么做的吧。遇到女性时，他们马上会进行所谓"展示高价值"的环节，讲一些提前准备好的话，以突出自己的良好素质。和喜欢长期关系的发送者不同的是，搭讪艺术家需要不断地自我吹捧，因为如果等待，在他们愿意为这个目标投入的很短的时间内，接收者有可能发现不了他们的优点。

其他选择。第三种可能性是，也许发送者有其他选择，比如其他求婚者或者很多其他可以做的有意思的事情等等，所以不是特别渴望与这个特定的接收者配对。如果接收者发现了庄园的事，当然很好，但如果没发现也没什么大不了，发送者还可以和其他人聊天，或者去做其他的事情。更为迫切的发送者是等不起的。如果他们没能打动这位接收者，那么在接下来的几个月里，他们就只能孤独地借酒浇愁了。

忠实粉丝。尤其是当谈到艺术的时候，我们认为情况往往是下面这第四种可能性：艺术家可能已经深受喜爱，有很多追随者，所以即使他隐藏了一个信号，一些狂热的粉丝也会在某个地方发现它。因此，隐藏的作用就是为了展示你优秀到可以拥有狂热的粉丝。

如果索科洛夫在看似简单的莫扎特奏鸣曲中加入不易察觉但很难弹的装饰乐段，那些重复播放他作品的忠诚的钢琴学习者就一定会发现。对罗斯科来说应该也一样，他在艺术界已经有了相当的地位：他的老师和同学都是伟大的艺术家，在把注意力转向创作新颖的色块画之前，他就已经在俄勒冈州的波特兰和纽约办过个人画展了。

因此我们可以预见，随着艺术家变得越来越有名，他们会隐藏更多的信号。这个预测至少看起来是没问题的。尽管背后可能有很多原因，但越成熟的艺术家确实会变得越发含蓄。2019年《纽约时报》的一篇评论文章赞美以前花哨又"没品位"的郎朗成熟了，不再依赖显而易见的高超技巧。在最近的巡回演出中，他演奏的曲目开始有了索科洛夫的味道：肖邦、柴可夫斯基和拉赫玛尼诺夫等浪漫主义作曲家为迎合大众喜好创作的声音大、节奏快且充满激情的作品被莫扎特和贝多芬"细腻精致"的作品取代。

特定的观察者。这是第五种也是最后一种可能性。尽管很多艺术家都希望自己的作品被尽可能多的人认可，但有的艺术家可能更专注于打动少数几位同行、评论家或鉴赏家。或许他们的目标除了商业上的成功，还希望通过引领艺术发展趋势和未来一代又一代的艺术家来延续自己的影响力。或者，他们有可能确实需要内部人士（经销商、评论家）的支持，从而把画卖给出手阔绰的收藏家，或者在著名的画廊举办画展，罗斯科和几位好朋友组成的画家团体"十人团"就是这么做的。

这些艺术家能通过隐藏信号获得收益：如果信号没被发现，他们的同行、评论家和鉴赏家就知道他们追求的并不是广泛的知名度，而是这少部分观众在意的东西。

与这个观点一致的是，索科洛夫和罗斯科都有意回避名声和人气。索科洛夫拒绝进录音棚或者在美国巡演，尽管这两件事都能极大地拓宽受众（和他的经济来源）。罗斯科则公开抨击艺术的大众化：

在民主的整体概念下，认为其文化功能的实现必须以大众为基础是最严重的错误之一。这样的观点会把我们已经建立好的考察艺术品的价值观全部搞乱。它能解决教育方面的一个问题，因为它会考虑到所有人都可以欣赏的文化，但在实现这一切的过程中，文化本身也荡然无存了。

相比之下，有些格调没那么高雅的艺术家似乎对吸引尽可能多的观众感到很兴奋。托马斯·金凯德凭借创作"舒适安逸的村舍、乡村教堂和从绚烂的丛林中款款流过的河水组成的……梦幻的田园风光"而成为畅销画家，当有人指责他的作品低俗时，他毫无顾忌地回应道："所有人都能接受芳香花园、落日之美、大自然的宁静和温暖舒适的小屋。"[8]留着长发的科克·哈梅特是金属乐队的主音吉他手，当被问到他如何看待有人指责乐队违背了初心（sold out）时，他回答说："Sold out？我们当然 sold out（指演唱会门票销售一空）了。上次巡演，我们几乎所有的场次都是满座。"重要的是，就连格调高雅的艺术家和评论家通常也勉强承认金凯德和哈梅特技艺高超。技艺不仅高超，还显而易见。

如果艺术家隐藏的动机是非常想打动其他艺术家、评论家和鉴赏家，那么我们可以预见，他们会通过艺术家、评论家和鉴赏家比普通观众更有可能发现的方式去隐藏。情况几乎一定会是这样的。当音乐家的手指移动得很快或者当一幅风景画看起来很逼真或很吸引人时，任何人都能看出来，但只有那些有经验的人才知道把缓慢轻柔的乐段弹好其实相当困难，或者才会去深入探究艺术家绘画的方式。所以这就是艺术家不仅会不厌其烦地做一些很酷的事，还要让大多数人都很难发现它的原因。

发送者主要想打动特定观察者的可能性或许也是匿名赠予的动机。有的人在向慈善机构或博物馆进行捐赠时，关心的是去博物馆的普通人会不会把他们的名字和慈善行为联系在一起。有的捐赠者身处一个关系密切的团体，所以更注重发展与团体中其他人的关系。比如，泰德·丹森似乎主要是想打动即将成为拉里前妻的谢里尔，他知道谢里尔会出席美术馆展厅的落成典礼，而且很可能从其他出席者的低语中发现"匿名者"的身份。（事实上，泰德并没有坐以待毙，而是自己告诉了她。）

再比如，几个世纪以来，由新英格兰地区的几个家族组成的

"波士顿婆罗门"都是波士顿慈善组织以及美术馆和交响乐团等机构的主要支持者。"婆罗门"因高度重视保密而著称，几乎一直是匿名捐赠。在最近一篇关于"婆罗门"的文章中，只有少数几个人同意接受采访。当屡屡受挫的作者最终询问原因时，对方礼貌地告诉她："'婆罗门'成员应当只在出生、结婚和去世时才出现在报纸上。"家族间的关系也是出了名地密切。有一首老歌这样唱道："这就是古老的波士顿，豆子和鳕鱼的故乡，罗威尔家的人只和卡伯特家的人说话，而卡伯特家的人只和上帝说话。"

"婆罗门"对保持匿名的坚持表明，虽然波士顿那些去博物馆和听音乐会的普通人不知道他们的慷慨之举，但正如泰德·丹森证明的那样，这并不意味着这个信息不会被熟人知道。假如像罗威尔家族这样的"婆罗门"真的想打动其他"婆罗门"，比如卡伯特家族，后者是一定会发现的，所以没有得到波士顿普通民众称赞的代价其实并不是很大。

· · ·

隐藏信号和我们在上一章讨论的其他高成本信号一样，有特定的形式，从而让我们了解被传递的信息是什么以及谁会从传递信息中获益。不管你是有忠实的粉丝，很多其他的选择，还是只对长期关系感兴趣，隐藏你的信号都是传递特定信息的最佳途径。

在下一章，我们会探讨一种截然不同的信号——证据。

第8章

证据博弈与粉饰

在这一章，我们会先描述人们粉饰证据的三种方式：倾向性披露、倾向性搜索和验证性试验。然后我们会介绍三种相关的模型，来帮助我们理解什么情况下会出现这些粉饰的行为，以及它们为什么会持续存在。

倾向性披露

玩过照片墙的人都知道，照片墙的第一准则就是只发布自己最好的照片。随意浏览一下这个全球第三大社交网络推送给你的内容，你就会发现用户都在严格遵守这一准则。平台上全都是异国情调的旅游胜地、令人垂涎欲滴的食物照片和我们最好看的自拍照，完全看不到脏乱的卧室、烧煳的晚餐或者秃斑（少数情况下有人发布不好看的照片，通常都是为了搞笑或讽刺）。甚至有应用软件可以利用机器学习能力来帮助你选出最好看的自拍照。

当人们只展示好的而拒绝展示坏的时，我们把这种行为称为倾向性披露。

倾向性披露当然不会降低照片墙的地位。当介绍自己的朋友和同事时，我们会突出他们最优秀的特质（比如瑞恩烤的面包特别好吃），省略那些不太招人喜欢的地方（我们不会碰他烤的面包，因为那家伙小便之后从来不洗手）。在填写网络交友信息时，操作指引公然倡导倾向性披露，会告诉你"一定要强调自己的优点"。[1]在写简历的时候，操作指引同样非常直白，告诉迫切的求职者要"集中展示自己的成就"，还有"你排除的内容和你写在简历中的内容一样重要"。[2]

时政新闻是倾向性披露盛行的另一个领域。2018年下半年，美国各大有线电视新闻网上都是有关大批移民正在靠近美国边境的报道。在微软全国广播公司（MSNBC）和美国有线电视新闻网（CNN）上，对移民的报道主要集中于从黑帮暴力和政治压迫中逃离的家庭。福克斯新闻台的报道则主要针对可能会危害美国的年轻移民。事实上，在移民潮中既有家庭也有年轻人，但电视台可以有选择地展示最符合它们偏爱的记叙风格的群体，然后直接省略其他人。[3]

大约在移民潮占据各大新闻头条的同一时间，佛罗里达州一个名叫小塞萨尔·萨约克的人进行了一项恐怖活动，将简易爆炸装置邮寄给知名人士和政府官员。他的犯罪规律很快就被弄清楚了。这些目标（前副总统和未来的总统约瑟夫·拜登、参议员科里·布克、前国务卿希拉里·克林顿、罗伯特·德尼罗、参议员卡玛拉·哈里斯、前总统巴拉克·奥巴马、乔治·索罗斯）都是知名的民主党人，或者是直言不讳地批评过唐纳德·特朗普的人。萨约克并不是一个犯罪天才，没过几天，警方就查明了他的身份，将他拘留。几天之后，警方还扣押了他的车——一辆贴着支持特朗普贴纸的白色面包车。在福克斯新闻台报道了这件事后，推特上有很多人指责福克斯新闻台对贴纸做了模糊处理，从而向观众隐瞒萨约克是特朗普支持者的证据。[4]

从各个电视台新闻报道的词频统计结果能够看出有线新闻倾向性披露的程度。在特朗普总统任期的前半段，美国有线电视新闻网和微软全国广播公司集中报道了对特朗普竞选期间是否与俄罗斯勾结的调查，所以使用"米勒""弗林""普京""克里姆林宫""莫斯科""俄罗斯""妨碍"的频率要比福克斯新闻台高很多，后者则持续关注希拉里·克林顿及其丑闻，所以常用词多为"铀""班加西""服务器"等。[5]

政治家和报道他们的电视台一样，也是倾向性披露的高手。以国情咨文为例——哪一年的都可以。2015年，奥巴马总统在开场白中骄傲地告诉国会，"我们在阿富汗的战斗任务已经结束"，却没有提在阿富汗还有数以千计的美军士兵，并且仍然没有撤军计划的事实（2021年拜登总统最终撤回了军队）。10年前，布什总统在他2005年国情咨文的开篇，把美国的海外纷争描绘得同样美好：

随着新一届国会的成立，我们所有当选的政府部门工作人员都感到莫大的荣幸：我们是由我们所服务的人民投票选出来的。今晚，与我们共享这份荣光的还有阿富汗、巴勒斯坦地区、乌克兰和一个自由且完全独立的伊拉克新当选的领导人。

布什也省略了很多相当重要的细节，你不觉得吗？好吧，至少我们已经发现了民主党人和共和党人能达成共识的一件事，那就是最好不要说坏消息。

听一听企业高管做的任何一次推介展示，你都会听到倾向性披露。要想找到可靠的例子，不妨看看收益报告（高管每季度向投资人汇报公司收益状况的报告）的文字稿。你在 Seeking Alpha 或者 The Motley Fool 这样的投资网站上就能在线看到它们。点击你选择的报告文字稿，满眼都是"自信的""兴奋的""有史以来最好的""坚实的基础"这样的字眼。像"担忧的""失望的""表现不佳"这样的词根本不会出现。苹果公司的首席执行官蒂姆·库克在 2019 年 7 月 30 日的收益报告中说：

今年第二季度是有史以来收益最好的一个季度，这得益于服务部门创纪录的收入、可穿戴设备的加速发展、iPad（苹果平板电脑）和 Mac（苹果个人计算机）的优秀表现以及 iPhone（苹果手机）明显提升的流行度。我们所有的地区分部在这几个方面的表现都很好，所以我们对未来很有信心。2019 年下半年将会是一段令人兴奋的时期，我们将在所有的平台上推出重大产品、新的服务和几款新产品。

他并没有提苹果公司最重要的产品 iPhone 的收入下降了 12%，超出大多数分析师的预期。没错，2019 年第二季度确实是苹果公司"有史以来收益最好的季度"，但只增长了 1%。有趣的是，库克先生省略了这个细节。[6]

倾向性披露非常普遍，可以算得上第二天性了。而且我们很清楚它的存在。我们都知道大家会在社交媒体上发布自己最好看的照片，或者在简历中写下最令人印象深刻的成就。我们都知道美国有线电视新闻网、微软全国广播公司和福克斯新闻台会选择要报道的内容。我们都能看出政治家的粉饰行为（就像那个老笑话说的，我们只需要检查一下他们的嘴是否在动就可以了）。公司和高管在粉饰？我们把那叫作公关。

倾向性搜索

另一种常见的粉饰方式是广泛搜索有利的证据，同时确保切断任何搜索不利证据的渠道。

迈克尔·伊斯科夫和大卫·科恩合著的《傲慢》（*Hubris*）一书讲述了布什政府为发动伊拉克战争寻求支持的过程。在这本书的开头，伊斯科夫和科恩就描述了布什政府如何在副总统迪克·切尼的领导下，与美国中央情报局（CIA）合作，提供萨达姆·侯赛因拥有大规模杀伤性武器并且支持恐怖主义的证据。尽管官方称这是一次情报搜集行动，但访谈和文件均显示，"布什和他的助手在寻找的不是引导其政策的情报，而是推销其政策的情报。这些情报不会是发动战争的依据，而是会成为推销战争的依据"。

布什政府坚持不懈地寻找支持其入侵伊拉克的证据：

切尼执着于……巴格达方面与恐怖分子的联系，特别是萨达姆与基地组织之间有关联的指控。对于副总统反复提出的问题，美国中央情报局会把整理好的答案送到他办公室，结果通常是几乎没有证据能证明切尼对萨达姆与奥萨马·本·拉登军事结盟的恶意揣测。但切尼和他顽固的幕僚长 I.路易斯·利比（绰号"滑板车"）却始终不满意，继续要求得到更多的情报。美国中央情报局行动指挥处副处长迈克尔·苏里克后来说："他们似乎希望我们找到文件中隐藏的一些东西或者带回来一个不同的答案。"

但是，对于不利的证据，布什政府却视而不见，并阻止进一步的搜索：

毫无疑问，政府内外的情报分析师或其他专家提供的反驳或不支持要推翻萨达姆的那些人假设的情报，都遭到了无视和贬低。

这是一个可悲的故事，部分原因是有关情报困境的内部说明都认为，情报专家和政府官员实际上对伊拉克的武器装备，巴格达方面与基地组织之间所谓的联系和战争会带来的困境都做出了正确的判断。但这些说明，他们要么没有在内部的官僚混战中占据上风，要么就被一心想对萨达姆发动战争的白宫政府忽视了。

切尼和布什并不是最先为国家宣传服务，集中搜索有利证据，同时尽可能阻止搜索不利证据的政治家。500年前，英格兰国王亨利八世决定迎娶安妮·博林，导致英格兰与天主教会决裂，拉开了宗教改革的序幕，亨利八世可靠的首席国务大臣托马斯·克伦威尔招募了几位英格兰最有才华的神学家，来帮助他们找到支持国王而非教皇才是英格兰教会元首的证据。这些神学家在各地游历，从修道院图书馆布满灰尘的文稿中搜集有帮助的趣闻逸事，然后把它们编纂成长篇巨著，而对占绝大多数的主张或者认为教皇理应拥有最高权力的文稿干脆只字不提。

最近，围绕布雷特·卡瓦诺被提名为美国最高法院大法官的争议让我们看到了活生生的倾向性搜索。当卡瓦诺被指控性侵时，国会中的共和党人把指控者调查了个底儿朝天，甚至还与大约25年前她读研究生时约会过的男性面谈，希望能挖掘出一些罪证。[7]与此同时，美国联邦调查局（FBI）受命调查针对卡瓦诺的指控，但力度不能太大——调查的范围受到特朗普的严格限制[8]，后者显然不希望再调查出卡瓦诺什么新的罪证。

这里还有一个大多数在美国长大的读者都会认可的倾向性搜索的例子。在小学阶段，美国学生都学过用五段法写作文。下面的维基百科词条描述了五段式作文中每一段的作用：

> 引言的作用是告知读者文章的基本前提，然后是陈述作者的论点或中心思想……在三个主体段落中的每一段，要探讨一个或多个确定的证据或事实等等。在结论部分……要分析和总结全文。[9]

选择一个立场，在第一段加以说明，然后在你的阅读材料中搜索支持你观点的证据，用它们填满接下来的三个段落。你觉得你也能很轻易地找出支持相反观点的证据吗？不要担心——那并不是作业。五段式作文是得到老师批准的粉饰。

验证性实验

除了倾向性搜索和披露，我们还会通过以相当有倾向性的方式创造证据来粉饰：不管事实如何，证据似乎都是有利的。

2015年，由阿尔·戈尔资助，旨在推行气候变化教育的非营利组织"气候现实项目"在其网站上发表了一篇文章，揭露了气候变化否认者粉饰气候变化事实的常用伎俩。他们最擅长的一种伎俩是选出特别热的一年，比如1998年，然后和随后的几年进行比较，你瞧，看来地球并没有变暖。另一种常用伎俩是兴奋地把某个特别冷的日子或寒潮当作地球没有变暖的"证据"。[10]这显然既忽视了天气的多变性，也忽略了随着平均气温升高，温差将增大，极寒天气可能变得更为常见的事实。

没错，气候变化否认者所选时段的气温变化趋势与他们认为地球没有变暖的观点是一致的。但检验是否存在呈现出这样一种趋势的起始年份是评估地球是否变暖的最佳方式吗？显然不是。而且，与倾向性披露和倾向性搜索一样，问题在于：为什么在下一次寒潮袭来的时候，气候变化否认者还是会兴奋地发一条否认气候变化的推特，完全不理会我们都知道这样做并没有公正平衡地反映气候统计数据的事实呢？

择优挑选只是我们为了验证而创造证据的一种方式。特朗普2020年连任竞选期间的一项调查则让我们看到了另一种方式,当时他们提出一个问题:"你会如何评价特朗普总统到目前为止的执政表现?"受访者可以从以下几个选项中进行选择:非常好、好、还可以和其他。[11]当这样的调查结果被公布之后,没错,对特朗普是有利的。但有可能会是相反的结果吗?不会的。这样的结果对我们来说有什么太大的指导意义吗?也没有。还有一个很典型的例子:英国首相托尼·布莱尔在看到证明萨达姆·侯赛因拥有大规模杀伤性武器的证据相当薄弱后,提出"暗中策划一种萨达姆会拒绝新的大规模杀伤性武器检查人员的情况"——不管萨达姆是不是真的拥有大规模杀伤性武器,他都会拒绝检查。

你知道谁出人意料地会犯制造验证性证据的错误吗?是科学家。我们会采取的一种方式是进行既符合我们支持的理论,也符合另外一种理论的实验。另一种方式是:从21世纪第二个十年初以来,社会科学就一直饱受争议。一小群统计学专家主动站出来证明,很多著名的结果是站不住脚的——它们都是侥幸得出的结果,你把同样的实验再做一遍,是复制不出这样的结果的(这通常被称为复制危机)。(几年前,医学研究也受到过同样的争议。)这怎么可能呢?研究人员会运用各种技巧一直搜寻下去,直到发现自己要找的结果为止。他们可以研究一个实验的几种变体,但只公开那些得出结果的实验。他们可以进行几种不同的统计学检验,然后只公开得出最佳结果的检验过程。他们可以在实验效果一具有统计学意义的时候就终止实验。你投入了足够的时间和金钱,就会得到你想要的结果，尽管这样的结果既不能复制，也没有太大的指导意义。而这就是问题所在。[12]

• • •

倾向性披露、倾向性搜索和验证性实验是众多粉饰方式中的三种。现在，我们要分析一下它们是如何在均衡状态下持续存在的。

博弈理论

要解决这些问题，我们要建立三个简单的博弈模型，实际上是一个博弈模型的三种变体。这几个模型的目的是展现当某个人（发送者）的目标是说服其他人（接收者）接受某些信念并且可以用特定的工具去影响这些信念的时候，他会如何表现。他的关键工具是对证据的控制，这就是这些博弈被称为证据博弈的原因。

在讨论具体的模型之前，我们先花一点儿时间粗略地谈谈我们在提到"证据"和"说服"这样的词时要表达的意思。

状态、先验、后验和说服

让我们先来定义"状态"。状态就是发送者想要让接收者相信的事情。求职者可能想让招聘人员相信他能胜任这份工作。被告可能想让陪审团相信他不是凶手。这两个例子以及我们在本章会讲到的所有例子，都只有两种状态，我们称为高状态和低状态。

每当提到状态时，我们还需要告诉你它们发生的概率。我们会假设高状态发生的概率为 p。这是**先验概率**，也就是在证据出现前大家认为的概率。比如，求职者能胜任的概率可能是 0.3。或者接受谋杀案审判的被告有罪的概率为 0.65。

接收者并不清楚是什么状态。他一开始只有前面提到的先验，并且最终会根据他看到的证据和他的预期把这种先验更新为一种后验信念。[13] 要解释接收者是如何形成这种后验的，需要花一些时间。眼下的重点是，这种后验信念将决定发送者的收益。

然而，发送者的收益并不取决于接收者的信念是否正确，也不取决于证据甚至状态。事实上，不管实际状态如何，发送者都希望尽可能让接收者认为是高状态。也就是说，不管求职者能否胜任，他都更希望招聘人员认为他能胜任，不管被告是否犯谋杀罪，他都更希望陪审团认为他不是凶手。当说"说服"的时候，我们要表达的就是这个意思，也就是如果接收者认为是高状态，那么发送者的收益会提高。

证据

接下来，我们来谈谈证据。证据的关键作用是提供有关潜在状态的信息。表明求职者是优秀毕业生的证书是证明他优秀的证据。被告壁橱里的凶器是证明他是凶手的证据。

然而，我们还希望证据有一些附加特性。第一，一件具体的证据，比如表明某人是优秀毕业生的证书，要么存在，要么不存在。

求职者要么有这样的证书，要么没有。凶器要么在被告的地盘上，要么不在。第二，如果证据存在，我们很轻易能验证它的存在，求职者可以给面试官展示这样的证据。他可以把证书扫描一下，然后用电子邮件发过去，或者告诉面试官他在哪里获得了这个证书，面试官可以打电话给学校，证实他是优秀毕业生。第三，我们不能很轻易地验证证据不存在。比如，我们不能轻易地证明没有凶器被藏匿在某个地方。第四，求职者无法轻易地伪造证据——或者伪造证据而不受惩罚。没错，他可以伪造一张表明他是优秀毕业生的证书。但这需要专门的设备。而且面试官可能会打电话给学校，要求核查记录。那么接下来面试官可能会打电话给报社，甚至有可能会报警。所以，在我们的模型中，我们会假设伪造证据是不可能的。

在给证据建模的时候，我们要做的第一件事是分配每种状态下证据存在的概率。在高状态下证据存在的概率为 q^h，而在低状态下证据存在的概率为 q^l。所以如果优秀的求职者获得优秀毕业生荣誉的概率是6%，而糟糕的求职者获得优秀毕业生荣誉的概率是0.1%，那么 q^h=0.06，q^l=0.001。

假设 q^h 和 q^l 是已知的（后面我们会改变这个假设），并且假设如果证据存在，总有人会看到它（我们也会改变这个假设），那么在一个人看到证据之后，要更新他的信念就相当简单了。这里要用到贝叶斯法则——一个会告诉我们在看到证据时高状态发生概率的方程式。当你有证据的时候，贝叶斯法则认为这个概率等于 $pq^h/(pq^h+(1-p)q^l)$，当你没证据时，则等于 $p(1-q^h)/(p(1-q^h)+(1-p)(1-q^l))$。在我们的例子中，这意味着如果你看到一张优秀毕业生的证书，那么你会认为求职者能胜任的概率是0.96（表明了大多数优秀毕业生都能胜任的事实）。但是，如果你没看到证书，那么你会认为求职者能胜任的概率就是0.28，虽然比我们的先验概率0.3要低一点儿，但也没什么差别（这是讲得通的，因为还有很多不是优秀毕业生但能胜任的求职者）。[14]

证据的特性

我们想重点讲讲在我们的分析中被证明很重要的证据的三个特性。

当证据增强了你对状态的信心时，我们说这个证据是支持性的或有利的。优秀毕业生证书就是这样一种证据，因为看到它会让面试官更有可能认为获得证书的人能够胜任（当面试官看到证据时，他的后验概率是0.96，而先验概率只有0.3）。贝叶斯法则告诉我们，如果证据在高状态下产生的概率高于低状态，也就是$q^h > q^l$，这个证据就是有利的。请注意，即使q^h很小，但只要大于q^l，证据也是有利的。事实上，在我们刚才那个例子里就是这种情况，虽然q^h只有0.06，但还是比0.001的q^l大很多。也就是说，虽然大部分能胜任的求职者都不是优秀毕业生（毕竟，只有少数人能获此殊荣），但优秀毕业生的荣誉还是会提高面试官认为求职者能胜任的后验概率。

如果q^h和q^l都高，那么证据产生的可能性就高或者比较常见，如果q^h和q^l都低，证据就不太常见。这与证据是否有利毫无关联。在我们的例子中，大多数求职者都不是优秀毕业生。事实上，一共只有$0.3 \times 6\% + 0.7 \times 0.1\% = 1.87\%$的求职者是优秀毕业生。这种证据相当不常见（却非常有利！）。

如果看到证据会显著改变你的后验信念，那就可以说这个证据是判断性的，或者信息量很大。q^h 和 q^l 之间的差距越大，后验概率变化的幅度就越大，因此证据的判断性就越强。在最极端的例子中，比如 $q^h=1$ 而 $q^l=0$（或者 $q^l=1$ 而 $q^h=0$）的情况，在看到证据后，你完全了解情况，不管你先前的看法是什么，你都确切地知道现在是什么状态。这也是我们最有把握预期后验信念会更新的情况。另一种极端情况是当 $q^h=q^l$ 的时候，在这种情况下，一个人看到证据的后验概率和先验概率 p 完全相等，也就是说这个人没有受到证据的影响。还需要注意的是，证据是否有判断性与它产生的可能性高不高或者是否有利无关。

接下来的内容是：在第一个模型里，我们要研究发送者会选择共享什么样的证据。然后，我们会探究发送者会花费精力去搜索什么样的证据，以及最终想要生成什么样的证据。

模型1：披露

在这个模型中，我们假设如果证据存在，发送者会看到它，并且可以决定是否向接收者透露这个证据。接收者只有在发送者选择与他共享的时候才能看到证据。当接收者没看到证据时，他不知道这是因为证据不存在还是因为发送者选择不共享。为简单起见，我们假设在已知 q^h 和 q^l 值的前提下，发送者一次只对一件证据做出决定。尽管这个设定非常简单，但它精准地抓住了我们之前强调的证据的一些关键特征。尤其要注意的是，如果发送者获得了证据，他可以通过传递证据来进行验证。但是另一方面，发送者不能伪造证据或者证明自己没有获得证据。

我们关注的问题是：对于给定的 q^h 和 q^l，发送者是会披露还是会隐瞒证据呢？你能看得出来，发送者对披露内容的选择可能是 q^h 和 q^l（还有 p）的函数。理论上，发送者可以有很多种选择，比如只在证据不常见或者非常有判断性的时候才共享。[15] 或者他可以在先验概率足够低的情况下共享证据。[16] 在实践中，我们只会特别关注一种策略，那就是当且仅当 $q^h > q^l$ 时，发送者才会披露证据，换句话说，当证据有利时，他会披露证据，而当证据不利时，他就会隐瞒证据。我们把这种做法称为有利披露策略。

接下来，我们看看接收者是怎样建立信念的。我们对这个过程的假设，要考虑到接收者对发送者行为的预期和他看到的东西。为了让你清楚我们是什么意思，不妨假设接收者认为发送者采用了有利披露策略，而且和我们之前提到的优秀毕业生的例子一样，$p=0.3$，$q^h=0.06$，$q^l=0.001$。

当接收者看到证据时，计算其后验概率是很简单的——根据之前的计算，结果是 0.96。当接收者没看到证据时，会认为是发送者没有获得证据（因为证据是有利的，所以发送者要是有证据就会披露）。我们之前也计算过，得到的后验概率是 0.28。

要是我们选择另一种证据不利的情况，比如 $p=0.3$，但 $q^h=0.001$ 且 $q^l=0.06$，会怎么样呢？现在接收者预计发送者不会披露证据，所以如果没看到证据，就不会受到任何影响。真的什么都没有——接收者的后验概率和先验概率一样，还是 $p=0.3$。

如果接收者确实看到了证据，虽然实属意外，但其还是会更新自己的后验概率（变成了 0.007！）。

下面的时间线总结了博弈模型的全部机制，希望对你有帮助：

1. 状态是确定的。高状态出现的概率为 p。之后就能确定证据是否存在。如果是高状态，它存在的概率是 q^h，如果是低状态，它存在的概率就是 q^l。

2. 发送者会看到证据是否存在。如果证据存在，他要决定是披露还是隐瞒证据。这个决定可能取决于 p、q^h 或 q^l。

3. 如果证据存在且发送者披露了证据，接收者就会看到它。否则，接收者什么都看不到，也不知道这是因为证据不存在，还是存在但被隐瞒了。接收者会根据自己看到的东西和对发送者行为的预期来更新自己对状态的看法。

4. 发送者获得的收益取决于接收者的信念（当接收者认为是高状态时，发送者的收益一定会增加，但和状态以及证据是否存在或者被共享完全无关）。

我们的主要结论是：有利披露策略是这个博弈模型唯一的均衡状态；也就是说，在均衡状态下，当且仅当证据有利时（当且仅当 $q^h > q^l$），发送者才会披露证据。[17] 接收者建立信念的过程如上所述，特别是，当其没看到不利证据时，不会受到太大影响，因为接收者知道发送者无论如何都不会披露证据。[18]

为了说明这为什么是纳什均衡，我们可以采用标准步骤：看看发送者是否能通过改变策略而获益。由于发送者在没有获得证据的时候什么都做不了，所以我们只需要检验两种可能的偏离：隐瞒有利证据或者披露不利证据。

隐瞒像优秀毕业生证书这样的有利证据并不是特别有帮助。接收者认为发送者会披露这样的证据。当没看到时，接收者会以为发送者没有获得证据，并且下调自己的后验信念。在我们之前的例子里，$p=0.3$，$q^h=0.06$，$q^l=0.001$，从披露有利证据转变为隐瞒有利证据，接收者的后验概率从 0.96 直接降到 0.28。通常，只要 $q^h>q^l$，这样的披露就会导致后验概率降低，进而导致收益降低。

如果披露不利证据会怎么样呢？现在，在偏离之前，接收者认为发送者不会披露这样的证据，所以当没看到证据时，其后验和先验保持不变。然而，如果不利的证据被披露出来，接收者虽然会感到惊讶，但还是会将证据融入自己的信念中。由于证据是不利的，所以会导致其信念下滑。比如，当 $p=0.3$，$q^h=0.001$，$q^l=0.06$ 时，其后验概率会从 0.3 降到 0.007。提及壁橱里的凶器并不是让陪审团站在你这边的好方法。

请注意，在均衡状态下，接收者知道发送者会选择性地隐瞒证据，并且对披露的内容给出相应的解释。不过发送者还是会尽力做到最好。

第一个模型就讲到这里。接下来，我们要证明，发送者同样也只会搜索有利的证据。

模型2：搜索

在上一个博弈模型中，我们假设如果证据存在，发送者就自然会看到。在这个博弈模型里，我们要探究当发送者需要花费精力去寻找证据的时候，会发生什么。这个模型的关键假设是：接收者看不到发送者花费了多少精力去搜索证据。这意味着接收者如果没有看到证据，就不知道这是因为证据不存在，还是因为发送者没有努力去搜索。

为了建模，我们的第一步还是和之前一样。还是有两种状态（高状态和低状态，而且高状态出现的概率为 p），参与者无法直接看到是哪种状态。此外，证据不一定存在。它在高状态下存在的概率为 q^h，在低状态下存在的概率为 q^l。

发送者是否会获得证据不仅取决于证据是否存在，还取决于他搜索证据的努力程度。为简单起见，我们只认可两个搜索级别：最小限度的搜索和最大限度的搜索。如果证据存在，当发送者以最小限度去搜索时，获得证据的可能性为 f_{min}，当以最大限度去搜索时，获得证据的可能性为 f_{max}，而且 $1 \geq f_{max} > f_{min} \geq 0$。这或许是理所当然的，但如果证据不存在，发送者不管多么努力地搜索，都找不到证据。

发送者要想更努力地搜索证据，必须付出代价。最小限度搜索的成本为 0，最大限度搜索的成本 $c>0$；比如，c 有可能代表美国中央情报局的特工翻阅卫星照片、通话记录或者访谈资料所花费的时间。

重要的是，接收者无法直接观察到发送者努力的程度。我们并不知道美国中央情报局的特工花了多少时间去挖掘证据。

从现在开始，事情的发展就和模型1的情况差不多了：如果发送者获得了证据，他会选择要不要与接收者共享。然后，接收者会根据自己看到的东西和对发送者行为的预期形成后验信念。最终，发送者的收益会随着接收者后验信念的改善而提高。

和上一个模型一样，发送者的选择可能取决于q^h、q^l和p，而且至少在理论上，他可以有很多种选择，比如只最大限度地搜索特别有判断性的证据，然后披露他找到的全部证据，或者只在先验概率特别低的时候才搜索，但绝对不披露证据。然而在实践中，我们这次还是只关注一种策略，那就是他最大限度地搜索所有有利的证据，只要找到就披露出来，同时最小限度地搜索所有不利的证据，并且绝对不披露。也就是说，当且仅当q^h>q^l时，发送者才会最大限度地搜索和披露证据。我们可以把这种策略称为有利搜索。你可能已经猜到了，有利搜索策略将被证明是这个证据博弈模型唯一的纳什均衡。

当预料到发送者会采取有利搜索策略的时候，接收者会怎样建立信念呢？我们还是用和之前那个例子一样的参数（$p=0.3$，$q^h=0.06$，$q^l=0.001$）。我们假设当发送者以最小限度搜索时，在证据存在时获得证据的可能性为$f_{min}=0.05$，当发送者以最大限度搜索时，可能性为$f_{max}=0.95$。由于这个证据是有利的，所以接收者预计发送者会最大限度地去搜索证据，而且如果接收者获得了证据，就会披露。如果接收者看到了证据，其后验概率和之前一样，是0.96。[19] 如果接收者没有看到证据，其后验概率是0.288。[20] 这个后验概率考虑到了发送者以最大限度搜索证据的事实。要是接收者预计发送者会以最小限度去搜索，其后验概率还是会降低，但只降到0.299。也就是说，当接收者预计发送者会更深入细致地搜索时，如果没有看到证据，其后验信念会降低得更多。

汉斯·布利克斯是伊拉克战争爆发前联合国调查伊拉克大规模杀伤性武器项目的负责人，他反对入侵伊拉克，并且强调了联合国搜查的细致程度："进行了大约700次检查，我们从未发现大规模杀伤性武器。"他的目的很可能也是想让听众降低他们的后验信念，也就是鉴于联合国进行的最大限度的搜索，更坐实了证据不足的结论。

下面是完整的时间线，希望对你有帮助：

1. 状态是确定的。高状态出现的概率为p。之后就能确定证据是否存在。如果是高状态，它存在的概率是q^h，如果是低状态，它存在的概率就是q^l。

2. 发送者会选择是要以0成本进行最小限度的搜索，还是以$c>0$成本进行最大限度的搜索。这个决定可能取决于c、p、q^h或q^l。接收者看不到发送者的决定。如果证据存在，当发送者以最小限度去搜索时，找到证据的可能性为f_{min}，当以最大限度去搜索时，找到证据的可能性为f_{max}，而且$1 \geq f_{max} > f_{min} \geq 0$。

3. 如果证据被找到，发送者会选择是否披露证据。

4. 接收者信念的更新要考虑她预计发送者是会以最小限度去搜索，还是以最大限度去搜索。而且如果接收者认为是高状态，那么我们认为发送者的收益是会增加的。

我们已经说过，这个证据博弈模型唯一的均衡状态就是在搜索成本不太高的条件下，发送者采取有利搜索策略。（如果搜索成本太高，发送者永远不会去搜索。）成本太高意味着成本 c 与更努力地搜索和找到证据后提升接收者信念带来的预期收益相当。[21]

与此同时，接收者会预测发送者的行为，当发送者经过最大限度的搜索没能找到有利的证据时，接收者的后验信念下降得会比发送者以最小限度搜索的时候更多，而且和之前一样，从未看到不利证据的事实不会对她产生什么影响。

尽管如此，发送者也无法通过改变策略而获益。转而以最小限度去搜索有利证据的策略只有痛苦，没有收获：尽管这样会降低向接收者展示有利证据的可能性，但接收者会继续预计发送者在以最大限度去搜索，当接收者没看到证据时，会在这种假设下建立后验信念。选择更努力地搜索不利证据，当然也是徒劳的，因为发送者只是在为获取他从来不想披露的证据而付出更多。

模型3：试验

在我们的第三个博弈模型中，我们要研究发送者可以决定做什么试验，进而得出什么样证据的情况。

在这个过程中，我们要让发送者对 q^h 和 q^l 有一定的控制权。具体来说，我们允许他从一些可用值中选择 q^h 和 q^l 的值。[22] 由于我们已经知道发送者不愿意检验不利证据，因此我们可以只关注对有利证据的检验（所以q^h总是大于q^l）。接收者知道q^h和q^l的可用值有哪些，但看不到发送者选择的特定组合。在发送者做出选择后，根据状态和发送者选择的q^h和q^l的值就会产生证据。从这个时候开始，一切就和之前的模型一样了：发送者还是会选择是否将产生的证据透露给接收者，而接收者还是要根据自己看到的东西和预计发送者会选择的试验来更新后验信念。

比如，假设p=0.3，而且有两个试验可供发送者选择。两个试验的q^h=0.06，但一个q^l=0.01，而另一个q^l=0.001。在这个例子中，更有判断性的试验是那个q^l=0.001的，因为在这个试验中，q^h和q^l之间的差距是最大的。假设接收者预期发送者会选择q^l=0.001的试验，那么接收者的后验概率就是我们已经计算过的：如果看到了证据是0.96，如果没看到就是0.28。与此同时，另一个试验——q^l=0.01——则更有可能得出证据：虽然在高状态下获得证据的可能性是一样的，但在低状态下获得证据的可能性要更高一些。然而，这个试验不太有判断性，因为q^h和q^l之间的差距要小一些。接收者的后验信念会反映出这种判断性的不足。假设接收者预计发送者会选择这个试验，如果接收者看到了证据，后验概率是0.72，如果没看到就是0.29。接收者在看到证据时不会那么重视，在没看到证据时后验信念也不会下降太多。

为了帮助你理解这个模型，下面这个例子就是它在现实世界的映射。假设你是发送者，设计了一项有关公民对总统执政表现满意度的调查。你可以决定调查中包含的问题，调查对象可以选择的答案，把问卷发给谁，发多少份，等等。这些决定中的每一个都会通过影响 q^h 和 q^l 而影响证据的特性。为了说明这一点，假设高状态代表公众对总统执政表现满意的状态：q^h 和 q^l 分别代表你的调查在高状态和低状态下获得正面反馈的可能性。你可以选择只把问卷发给总统最热情的支持者。这样，即使总统平时不怎么受欢迎，也有很大一部分调查对象会说他干得不错。所以 q^h 和 q^l 就都会很高（你已经选择了一项没有判断性的试验）。或者，你可以问涉及总统成败得失的各种问题，让人们可以去选择表达满意和不满意的回答，并且把问卷发给有代表性的调查对象。这样，如果总统确实很受欢迎，你很可能会得到正面的反馈，而如果他不受欢迎，你会得到负面的反馈；也就是说，q^h 会很高但 q^l 会很低（一项判断性的试验）。不管你选择哪种试验，虽然其他人都能看到调查结果，也能看出来这些结果对总统来说是不是有利，但他们必须深入挖掘才能找到确切的调查方法。不过，他们或许有足够的经验或手段猜到你所用的方法，从而影响他们对结果的理解。

下面是整个博弈模型的时间线：

1. 状态可能是高状态或低状态。（高状态的概率为 p。发送者和接收者都不知道是什么状态。）

2. 发送者从一些可用值组合中选择 q^h 和 q^l 的值，而且 $q^h > q^l$。发送者可以根据 p，而不是实际的状态做出选择。接收者看不到发送者选择的结果，却知道备选的可用值。证据可能存在或不存在，其概率由状态和发送者选择的 q^h 和 q^l 决定。

3. 其余的部分和模型 1 一样。如果证据存在，发送者要选择是否披露证据。接收者根据自己看到的东西，和自己预计发送者会选择的 q^h 和 q^l 形成后验信念。发送者得到的收益会随着接收者后验信念的改善而增加。

在均衡状态下，发送者会尽可能增大 q^h 和 q^l。准确地说，他会尽可能增大获得证据的可能性，$pq^h+（1-p）q^l$，然后披露他找到的全部证据。这种验证性试验策略既保证了获得有利证据的可能性，也降低了证据的信息量。

预料到这一点，接收者知道不能过于看重证据，其后验信念变化的幅度也没有其他情况下那么大。这正是我们在上面的例子中看到的情况：当接收者预计发送者会选择 q^l=0.01 的试验时，不管看没看到证据，其后验信念变化的幅度都变小了。

而且，和之前的两个博弈模型一样，发送者无法通过选择更有判断性的试验来获得更大的收益。如果他选择了更有判断性的选项——比如在上面的例子中选择了 q^l=0.001 的试验，接收者不会知道被选择的是更有判断性的选项，所以还是会认为证据产生于那个没有判断性的 q^l=0.01 的试验：如果接收者看到了证据，其后验概率还是 0.72，而不是在知道被选择的试验时的 0.96，如果没看到证据，接收者的后验概率也不会改变（毫无收获！）。与此同时，发送者还降低了接收者看到证据的可能性（只有痛苦！）。

或者，回到我们调查的那个例子：在发送者看来，最佳的调查方案是只问支持者非常有诱导性的问题，从而尽可能提高反映总统支持率的有利结果的可能性。看到这些结果的其他人不一定知道调查方案的细节，但会猜测调查是验证性的，所以不会太相信它。尽

隐藏的博弈 | 150

管如此，总统身边的工作人员也不会希望采用更有判断性的调查方案，除非他们有办法证明自己确实这样做了，因为其他人会继续认为调查是有倾向性的。

・・・

尽管我们刚才研究的三种证据博弈模型所针对的粉饰形式略有差异，但还是有很多共同点。我们要讨论其中一些共同点，同时再次检查我们所做的假设是否合理。

私有信息。私有信息是不一定要与所有参与者共享的信息。它是我们三个证据博弈模型的核心。在第一个模型中，只有发送者知道自己手上有什么证据。在第二个模型中，只有发送者知道自己搜索得有多努力。而在第三个模型中，只有发送者知道自己选择了哪个试验。在每种情况下，这都产生了一种发送者忍不住要利用的诱惑。在第一个模型中，只有发送者才知道自己有没有获得不利证据的事实，这让他有了隐瞒不利证据的机会。在第二和第三个模型中，只有他才知道自己搜索得多努力，或者他采用了什么试验的事实，这意味着他可以做出能最大限度提高获得有利证据可能性的选择。

当然，在所有这些情况中，接收者都预计发送者会利用自己的私有信息，但预计并不等于观察到。在第一个模型中，接收者知道发送者有可能获得了不利的证据，但在这种特别的情况下，接收者仍然看不到发送者实际有没有获得不利证据。在第二和第三个模型中，接收者虽然预料到发送者的选择，但是如果发送者试图改变策略，接收者是看不到的，因此也就不能让发送者获得相应的回报。

假设发送者拥有私有信息符合实际吗？我们认为是的。照片墙用户知道自己拍了什么照片，而粉丝只看到了他们发布出来的。首席执行官比他们的投资人更了解公司的经营状况。切尼比我们其他人都更清楚美国中央情报局在忙什么。研究人员比研讨会的与会者更了解他们的数据，也更清楚他们可以做哪些试验。总之，发送者往往确实比其他人拥有更多的信息，他们知道自己获得了什么证据，也知道自己是如何获得的。

发送者可以冒险掩盖信息，但不可能成功地伪造信息。 在我们的模型中，我们还假设发送者有些事可以冒险做，有些事不能做。我们假设他可以冒险隐瞒证据，隐瞒自己搜索得有多努力，并且隐瞒他利用的试验。但我们认为他不可能成功地伪造证据。如果发送者会因为隐瞒信息而受到足够的惩罚，他就不会这样做了，而如果他能伪造证据并逃脱惩罚，他就会这样做。

不可否认，我们的假设很极端。在现实生活中，隐瞒信息有时可能会给你带来麻烦，而有时你或许能成功完成一次彻底的造假。我们的极端例子只是想要体现，冒险做一些事（即隐瞒信息）通常比做另一些事（伪造）更容易。首先，造假比隐瞒更容易被发现。比如，要验证求职者是不是谎称自己是班里的优秀毕业生，面试官只需要打电话给对应的学校就可以了。要验证求职者在简历中是不是隐瞒了犯罪记录，面试官需要打电话给求职者上过的每一所学校、以前的雇主、求职者志愿参与过的所有组织等等。此外，如果被发现，因伪造（犯罪）受到的处罚要比隐瞒信息（掩盖）更严重。在后面的章节我们会讨论为什么会这样，但现在，我们只想说，情况通常就是这样的。在照片墙上，上传不是你自己拍的照片是绝对不可以的（在很多情况下是完全违法的），但如果你没有把自己倒霉的照片发布出来，是没有人会生气的。伪造证据的首席执行官，比如安然公司的杰弗里·斯基林和血液检测公司Theranos的伊丽莎白·霍姆斯，都丢了工作，甚至还有人进了监狱；但那些粉饰得很高明的人，比如史蒂夫·乔布斯或埃隆·马斯克，则很少会因此受到处罚。如果要说有什么，他们会因此获得回报。对学者来说情况也差不多。哈佛大学的马克·豪泽在被发现伪造数据后丢了工作，后来当他试图通过出版著作东山再起时，还是失败了。与此同时，几乎没有社会科学家因为进行验证性试验而面临过严重的后果。在所有这些例子中，伪造受到的惩罚要比隐瞒更重，这个假设似乎反映了现实。

接收者会根据发送者的行为进行调整。 在这三个博弈模型中，接收者在对状态建立信念的过程中，会表现得精明而老练，要识破发送者的诡计，还要假装若无其事地利用贝叶斯法则进行计算。

在第一个模型中，当把接收者对待缺乏有利证据的态度和对待缺乏不利证据的态度进行对比时，我们会发现接收者根据发送者的行为所做的调整是最明显的：求职者在简历上没写自己是优秀毕业生，会让面试官非常确信他不是学校的优秀毕业生，但未透露自己有凶器的被告却不会让陪审团改变对他是否有罪的判断。

第二个模型也是类似的情况。当发送者提供不出证据时，接收者考虑到对方搜索的努力程度，会做出调整——对发送者已经相当努力搜索的有利证据的采信度会降低很多。在第三个模型中，相对而言，这种调整体现在对验证性证据的轻视上。

现实世界的接收者会按照我们模型中的要求去理解发送者的行为吗？当别人没能提供有利证据，尤其是当我们认为他们已经广泛搜索过的时候，我们似乎确实会做出负面的推断。我们知道，其他照片墙用户不会在网上发布自己过得不好的内容。我们甚至知道，如果某个人有一段时间没有发布动态，就有必要去看看他，因为他很可能过得不太好。我们同样能预料到第一次约会的人会隐瞒自己的某些事情，不会过分强调他从未志愿参与过任何活动的事实。投资者知道，如果蒂姆·库克在收益报告中没提 iPhone，那么 iPhone 很可能没有什么发展。历史学家或记者同样不会简单地认为，某位消息人士没有说糟糕的事就代表这样的事情不存在。联合国安全理事会在科林·鲍威尔那次臭名昭著的发言之后，并没有站在布什政府一边，考虑到全世界规模最大、财力最雄厚、技术也最先进的情报机构花了几个月的时间去搜索，安理会很可能会认为缺乏有利证据是相当确凿的事实。大部分审稿人也知道，如果研究者没有给出一个明确的数字、表格或统计检验，那么很可能是因为它看起来并不是那么站得住脚。

同样，有时我们能凭直觉知道证据不太有判断性。当有人滔滔不绝地讲着碰巧从1998年开始的气候统计数据时，我们很清楚这并不是一次随机的选择，所以知道要持怀疑态度。人们往往无法确切地知道其他人是怎么让试验具有验证性的，却知道他们很可能这样做了，于是会有所保留地去看待证据。如果特朗普的竞选团队公开我们之间嘲讽的那项调查的结果，尽管大多数人都不会确切地知道他们是怎么得出 95% 的执政满意度的，但是凭直觉也知道他们要么没有问最有判断性的问题，要么就是故意不把问卷发给可能持反对意见的人。简言之，尽管我们的博弈模型对现实世界的接收者要求很高，但这些接收者似乎能胜任这项任务——不仅能胜任，还能参与其中。

当然，现实世界的接收者并不总是能完全考虑发送者的行为。在没有充分了解发送者能力和动机的情况下，他们可能不会根据发送者的倾向性行为做出全面的调整。比如，他们可能会低估重新做另一个试验或者让更多的美国中央情报局特工去挖掘符合所需情节的采访资料和照片的容易程度。或者他们可能会认为发送者其实没有倾向性——只是为了告知，但实际上他就是想要说服别人。倘若没有这些信息，接收者就无法根据发送者的粉饰行为做出适当的调整。但这不会让发送者变得不想粉饰或者改变他要选择的粉饰方式。事实上，这只会让粉饰的后果更加具有破坏性：除了搜集或共享了错误的信息（我们的模型也存在这个问题），接收者最后还会建立起有偏见的信念（我们的模型不存在这个问题）。

还有一个例子，体现了人们可能不会根据眼前的粉饰行为做出全面的调整：当他们参与骗局的时候。比如，当我们看政治新闻时，我们可能就是媒体试图说服的人。或者我们可能在搜集自己的证据以说服别人，而媒体就是我们搜集证据的渠道。在这些情况下，我们不会忽视媒体呈现的内容，因为我们不是接收者——事实上，我们是发送者。这与我们的模型并不矛盾，只需要谨慎一些。

尽管接收者表现出怀疑，发送者也无法通过改变策略而获益，而且在均衡状态下，粉饰会持续存在。尽管接收者察觉到发送者的倾向性行为并做出了调整，但继续这样的行为仍然是发送者最好的选择。隐瞒有利证据或者披露不利证据都不会有什么帮助。更公正无私地去搜寻或者制造证据也不会有什么帮助，因为其他人会继续以发送者没有这样做的前提去评判他们看到的东西。

也就是说，我们想知道为什么照片墙用户、首席执行官、迪克·切尼和学者们在别人很清楚他们在做什么的情况下，还是要参与倾向性披露、倾向性搜索和验证性试验。我们的模型给出的答案是：对他们来说这样做才能达到均衡状态，也是唯一的均衡状态！前提是他们想去说服别人，而且只有他们知道自己掌握了什么证据以及获取证据的方式。

...

最后，我们来看看通过打破模型的一些假设的惯用手法能不能获得更深刻的理解。

到目前为止，在我们讨论的发送者中，有的想让接收者相信他们能胜任某项工作或者自己不是凶手。有的发送者想让接收者相信萨达姆有大规模杀伤性武器。而有的则想让接收者相信特朗普是一位受欢迎的总统。关键是，不管这些事情是不是真的，发送者都希望接收者相信它们。简言之，他们都想去说服别人。

让我们打破这个假设。毕竟，有很多发送者只是想告知而非说服接收者的情况。比如，考虑撮合两位朋友的发送者当然希望他们最终能爱上对方，而不是在没有如他所愿的时候让他们认为应该爱上对方。（这样做会失去两位朋友。）同样，情报机构或许并不是在为战争提供理由，而是在帮助总统和公众针对一个国家的大规模杀伤性武器力量建立起准确的认识。或者那些不为竞选服务，只希望用户能获得公众对总统尽可能纯粹的评判的调查公司又是怎么回事？这样的发送者在我们的三个博弈模型中会如何表现？他们会继续只披露和搜索有利证据吗？即使在低状态下，他们也会继续采用尽可能提高获得有利证据可能性的试验吗？不会的。在这三个博弈模型中，想要告知接收者和想要说服接收者的发送者表现得截然不同。

在第一个模型中，发送者从现在开始会披露自己能获得的全部有利和不利的证据。"杰夫工作勤奋，富有创造力，是一位成功的商人。去年，他的净资产增加了900亿美元！他有时会没完没了地讨论太空，通常会表现得有点儿严肃。我还应该说明的是，虽然他不太高，还完全秃顶，但他坚持锻炼，我觉得他看起来非常棒，尤其是作为一个科技富豪来说更是如此。如果你愿意，我可以给你看他的照片？"

在第二个模型中，发送者从现在开始会搜索两种证据，而不是只搜索有利的。他不仅会把资源投到了解基地组织新成员来自伊拉克的情况上（正如当初美国中央情报局发现的那样），还会去搞清楚有没有可以为伊拉克开脱罪责的解释。他会投入精力去研究萨达姆有没有亲自参与（我们最终知道答案是否定的），来自邻国的新成员是不是和来自伊拉克的一样多（我们最终知道答案是肯定的）。当然，这正是情报机构的常规做法，根据迈克尔·伊斯科夫和大卫·科恩的说法，美国中央情报局当时也在努力这样做，直到切尼阻止他们追查有关不利证据的线索。

那么第三个博弈模型呢？别忘了，想要说服别人的发送者即便在低状态下，也会尽全力提高获得证据的可能性，比如，通过只调查总统的支持者或者只提供"非常好、好、还可以和其他"这样的反馈选项。想要告知接收者的发送者绝对不会这样做。事实上，发送者会设计最有判断性的试验，这意味着要尽可能降低低状态下获得有利证据的可能性。我们已经探讨过他可能的做法：同时问涉及总统失败经历的各种问题，提供表达满意和不满的反馈选项，把问卷发给尽可能多的人，要包含那些来自敌对阵营的人，等等。这确实是那些不为宣传服务的民意检测机构的做法。

当发送者想要说服而不是告知接收者的时候，倾向性披露、倾向性搜索和验证性试验就会出现，所以这些行为可以在我们不确定的情况下帮助我们弄清楚发送者的动机。一个想为你牵线但只告诉你对方优点的朋友并不是在真心撮合两个合适的人——他只是一心想着无论如何要让你们约会一次。一位威胁要解雇搜索不利证据特工的副总统（据说切尼就这么做过）并不想揭露有关伊拉克大规模杀伤性武器项目的真相，他执行的是一项宣传任务，另一个潜在的意图是要开战。一位机械地重复精心筛选的气候统计数据的政治家很可能获得了埃克森美孚公司的捐赠，诸如此类。倾向性披露、倾向性搜索和验证性试验是说服有效的识别特征。

接下来，我们来打破第二个假设：发送者可以证实自己传递了获得的证据，但不能证实自己没有获得证据。我们已经探讨过，这个假设通常大概率是成立的。首席执行官可以轻松地介绍反映公司运营状况的某个数据，但很难去证明没有投资者应该担心的数据。对情报机构来说，共享获得的证据比较容易，但要证明自己在搜索中拼尽了全力则比较困难。研究人员可以毫不费力地展示某次回归分析的结果，却很难证明自己进行了所有相关的回归分析并且得出了同一个结论。

但有的时候，发送者是有可能证明他们没有获得证据的。如果雇主将犯罪记录视为一个人不能胜任某项工作的证据（对有前科的人来说很不幸的是，他们常常会这样做），那么我们预计有犯罪记录的求职者会隐瞒这个不利证据。然而，没有犯罪记录的求职者可能只是口头说一下，而未来的雇主可以通过背景调查来验证他们的说法。正因如此，即使某些求职者试图隐瞒不利证据，雇主最终也能掌握全部的信息。事实上，这是诺贝尔奖获得者保罗·米尔格罗姆现代经典研究结论的一个特例，他证明在均衡状态下，当证据核实不受限制的时候，接收者最终会掌握全部的信息。[23]

最后一点，有时我们可以让遗漏变得比隐藏更难。采取预先登记制度的社会科学和医学科学领域应该就是这样的情形，研究人员要在实际开始统计分析之前公开自己计划采用的分析方法。预先登记让大家都能看到研究人员是否遗漏了某些他承诺会完成的有判断性的试验，从而让研究人员不敢这样做。通过让遗漏变得比隐藏更难，粉饰行为减少了，科学进步了。希望这样的做法能多一点儿。

我们介绍的三种博弈模型是为我们在本章开篇提到的三种粉饰行为——倾向性披露、倾向性搜索和验证性试验——量身定制的。不过，人们当然还有很多其他的粉饰方式。比如，在交友网站OkCupid上，男性身高比美国平均水平高出2英寸，而且身高恰好6英尺的人多到难以置信。女性身高比美国平均水平高出整整1英寸。他们有这么高吗？最有可能的解释——而且，如果你相信那些博客帖子和论坛讨论，OkCupid用户通常自己会认为的原因——是很多OkCupid用户稍微夸大了自己的身高。[24]

　　这种粉饰行为在我们介绍的三种模型中均未体现，因为在我们的模型中，发送者会获得证据然后将其传递给接收者。然而在OkCupid上，身高是由用户本人填报的。不需要证据，也没有证据。

　　不过，我们的三个证据博弈模型的共同点也出现在这个例子中。比如，存在说服的动机（人们通常更喜欢个子高的伴侣）和私有信息（OkCupid用户的身高）。在哪种谎言会被发现并受到惩罚这个问题上，不对称性也存在（小幅的夸大和遗漏一样，都更难被发现或证明）。在均衡状态下，发送者只能有限度地撒谎（把自己的身高明显夸大了2英寸），接收者也知道他们在撒谎（并且在博客和论坛上表达自己的失望），但是发送者无法通过改变策略而获益：如果接收者预计发送者会把自己的身高夸大2英寸而发送者没这么做，那么接收者认为的身高会比发送者实际的身高低2英寸，发送者最终得到的约会机会就更少。此外，具有讽刺意味的是，发送者的潜在伴侣对其身高的估计实际上也没那么准确。

重点是，尽管模型细节会因不同的粉饰行为而发生变化，但我们希望这个解释能涵盖我们在上文提到的所有的核心共同点。

...

在下一章，我们会看到我们的证据博弈不仅能解释说服别人时的一些奇怪行为，还能解释说服自己（也就是心理学家所说的动机性推理）时的一些奇怪行为。

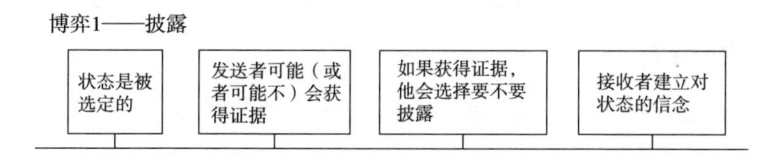

博弈1——披露

| 状态是被选定的 | 发送者可能（或者可能不）会获得证据 | 如果获得证据，他会选择要不要披露 | 接收者建立对状态的信念 |

设定：
- 环境的状态要么是高状态，要么是低状态。
- 发送者有说服别人的动机，我们假设当接收者的后验信念认为是高状态时，他的收益会增加；发送者的收益不取决于其他任何因素。
- 发送者可能会或可能不会获得"证据"。两种情况的可能性取决于状态：在高状态下他获得证据的概率是 q^h，低状态下概率是 q^l。当证据在高状态下时更有可能被获得，即在 $q^h > q^l$ 时，我们说这个证据是"有利的"。

第 8 章　证据博弈与粉饰　| 161

- 如果发送者获得了证据，他会选择要不要披露证据。
- 无论接收者是否预计发送者会披露证据，也无论发送者实际的做法是什么，接收者都会根据 q^h 和 q^l 更新自己的信念。请注意，接收者不做任何选择，也没有任何收益；接收者只更新自己的信念。

有利的策略组合：
- 当且仅当证据有利时，发送者才会披露证据。
- 接收者预料到这一点，会相应地调整自己的信念。当有利的证据没有被披露时，接收者会认为发送者没有获得证据。但是当不利的证据没有被披露时，接收者不会推断发送者有没有获得证据，接收者知道自己是看不到不利证据的。

均衡条件：
- 这种策略始终是该博弈模型唯一的均衡状态。

说明：
- 什么时候我们会看到人们有倾向性地提供证据呢？当存在说服动机，而且隐瞒证据比伪造证据更容易的时候。
- 怎样才算是"有利"呢？在发送者希望别人认为的那种状态下，更有可能产生的证据就是有利的。

博弈2——搜索

| 状态是被选定的 | 发送者会选择搜索证据的努力程度 | 发送者可能（或者可能不）会获得证据，如果获得证据，他会选择要不要披露 | 接收者建立对状态的信念 |

设定：

- 环境的状态仍然要么是高状态（概率为 p），要么是低状态，发送者更希望接收者认为是高状态，而且在高状态下产生证据的概率是 q^h，低状态下概率是 q^l。
- 发送者要选择是以最小限度还是最大限度去搜索证据。如果他以最小限度搜索，他付出的成本为 0，当证据存在时，他获得证据的概率是 f_{min}。当他以最大限度搜索时，他付出的成本 $c>0$，当证据存在时，他获得证据的概率 $f_{max}>f_{min}$。如果他获得证据，他会选择要不要披露证据。
- 接收者观察不到发送者有没有进行搜索，却能看到获得的证据。接收者会根据自己是否看到证据、q^h 和 q^l 及其对发送者搜索的努力程度的预期建立起高状态的信念。

有利的策略组合：

- 发送者绝对不会去搜索不利证据，而且总是会去搜索有利的证据。
- 接收者会考虑发送者的倾向性搜索。当接收者看到有利证据时，会认为发送者是以最大限度去搜索的，所以其后验信念的改变不如发送者不那么努力搜索的时候大。

均衡条件：

- 只有当 c 相对于更努力的搜索对接收者信念的预期影响来说很小的时候，发送者才会去搜索有利证据。[准确的条件是：$c \leq (f_{max}-f_{min})\Phi(\mu^1-\mu^0)$，其中 $\Phi=pq^h+(1-p)q^l$ 是获得证据的无条件概率，$\mu^1= pq^h f_{max}/(pq^h f_{max}+(1-p)$

$q^l f_{max}$）是接收者看到证据时的后验概率，而 $\mu^0 = p(((1-q^h)+q^h(1-f_{max}))/(p((1-q^h)+q^h(1-f_{max}))+(1-p)((1-q^l)+q^l(1-f_{max})))$ 是在接收者预计发送者会以最大限度去搜索的情况下，没看到证据时的后验概率。请注意，为简单起见，我们假设发送者的收益随接收者的后验概率呈线性增长。]

说明：

- 只要搜索证据的成本不太高，发送者就会去搜索有利证据。然而，他绝对不会去搜索不利的证据。
- 我们什么时候会看到人们以这种倾向性的方式去搜索呢？当存在说服的动机，而且搜索过程的细节比搜索的结果更容易隐瞒的时候。

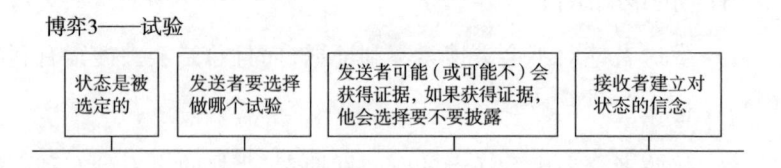

博弈3——试验

| 状态是被选定的 | 发送者要选择做哪个试验 | 发送者可能（或可能不）会获得证据，如果获得证据，他会选择要不要披露 | 接收者建立对状态的信念 |

设定：

- 环境的状态要么是高状态，要么是低状态，而且发送者更希望接收者认为是高状态。
- 发送者在不清楚状态的情况下，要选择一个"试验"。每个试验用从某些可用值的集合 Q 中选出的一对概率（q^h, q^l）来表示，对 Q 中的每个试验，都有 $q^h > q^l$。
- 如果 q^h 和 q^l 都很大，也就是不管状态如何，发送者都有可能获得证据，我们会说试验是"验证性的"。如果 $q^h > q^l$，也就是在高状态下产生证据的可能性更高，我们会说试验是"判断性的"。

- 在选定试验后，证据的产生取决于状态和所选的试验。如果产生了证据，发送者将自动获得证据，然后选择要不要向接收者披露。
- 接收者看不到状态，也不清楚发送者选择了哪个试验，但知道可用的试验集合 Q。接收者只会看到发送者有没有把证据透露给自己。接收者会根据自己是否看到证据、预计发送者会从 Q 中选择的试验以及对发送者是否会披露证据的预期建立起高状态的信念。

有利的策略组合：

- 发送者会选择 q^h 和 q^l 尽可能大的试验，也就是验证性的而非判断性的试验。特别是他会选择 Q 中使得 $pq^h + (1-p)q^l$ 尽可能大的 q^h 和 q^l，其中 p 是高状态的概率。然后只要产生了证据，他就会披露。
- 接收者预计发送者会选择验证性的试验。因此，在看到证据的时候，接收者后验概率的变化幅度可能不会太大。

均衡条件：

- 这种策略始终是该博弈模型唯一的均衡状态。

说明：

- 发送者什么时候会进行"验证性试验"？当发送者有说服的动机，而且试验的细节比试验结果更难被发现的时候。

- 想要说服和想要告知的人设计出的试验看起来有什么区别呢？不管真相如何，想要说服的人都希望尽可能提高出现有利结果的可能性。而想要告知的人只希望在高状态下获得有利的证据。
- 和之前一样，没必要假设发送者或接收者是"非理性的"。

第9章
动机性推理

在上一章，我们关注的是发送者在试图说服别人时会如何粉饰证据。但是，照片墙用户、首席执行官和政治家最终秉持的信念与他们说服我们接受的信念相比，被歪曲的程度往往有过之无不及。我们会通过给上一章介绍的模型增加一个简单的变化（很大程度上要归功于罗伯特·特里弗斯、比尔·冯·希佩尔和罗布·库尔茨班[1]）来解释这种现象，那就是我们常常会把自己的粉饰行为内化。利用这个变化和上一章的模型，我们就能解释自己的很多有偏见的信念，以及大量的心理学文献都提到的动机性推理。

我们要先描述动机性推理相关文献中一些关键的发现。然后我们会讨论内化，以及如何利用它和我们在上一章讨论的内容来解释动机性推理。在本章的最后几页，会提供证据证明考虑动机性推理——或者至少是其中有意义的部分是很有帮助的。

· · ·

过分自信。人们眼中的自己总是比实际的更健康、更聪明、更有吸引力和更擅长开车等等。下面这个经典的试验就证明了这一点。

看看下面这些特质，用 1~7 来评价自己的符合程度（1 代表完全不符合，7 代表非常符合）。

势利的

有合作精神的

体贴的

无特长的

无自控力的

恶意的

沮丧的

可信赖的

严厉的

大胆的

容易相信人的

古怪的

不听话的

足智多谋的

有礼貌的

亲切的

现在把这个步骤重复一遍，但评价的对象是你们学校或单位的人。平均而言，他们与每种特质的符合程度是多少呢？

你应该猜到了，人们往往认为自己与积极特质（比如有合作精神的和可信赖的）的符合程度要高于同龄群体的平均水平，同时认为其他人与消极特质（比如无特长的和无自控力的）的符合程度更高。如果你觉得自己避开了陷阱，那么你得知道，大多数人都觉得他们在这项任务中表现出的倾向性没有一般人那么严重。[2]

不对称更新。如果对发送者来说只提供有利证据是最佳选择，那么对发送者来说有倾向性地更新自己的信念就是最佳选择，也就是针对有利证据而非不利证据来更新。为什么要把自己不想提供的不利证据内化呢？完全没有必要，而且特里弗斯等人提出，更糟的是，这可能会导致不利证据被意外披露。

事实上，这种不对称更新是动机性推理相关文献的重要基础。行为经济学家贾斯廷·拉奥和戴维·埃尔通过一项研究（老实说有点儿刻薄）很好地证明了这一点。[3] 在刚开始的时候，受试者被要求对自己的智力和吸引力水平进行评价。然后，他们会接受智商测试，而且一个由异性组成的小组会对他们的吸引力进行打分。最后，受试者收到自己的分数，并被要求更新他们对自己智力和吸引力水平的评价。就像我们说的那样，有点儿刻薄。

一个完全理性的人应该会将自己的智力和吸引力分数纳入自我评价。如果他收到了好消息，也就是分数高于他最初的自我评价，他应该会提高对自己的评价，反之亦然。拉奥和埃尔分析试验数据的时候，发现受试者确实会把好消息纳入自我评价。但当收到坏消息时，他们几乎不做什么调整。这个结果在其他研究中已经被证实了，通常被叫作不对称更新。

不对称搜索。如果你打算相信有利证据，而非不利证据，那么你会搜索什么样的证据？有利的？当然。不利的？根本不会。人们

就是这样做的。丹·吉尔伯特这样描述道：[4]

当我们的体重秤显示出了不好的结果时，我们会跳下来，然后再上去，只是为了确认我们没有看错读数，或者给一只脚施加了太大的压力。当体重秤显示出好的结果时，我们会笑着去洗澡。通过不加鉴别地接受让我们开心的结果，在事与愿违时提出更多的要求，我们不动声色地在让局面变得有利于自己。

在一项经典的研究中，彼得·迪托和戴维·洛佩斯假借研究"心理特征与身体健康之间的关系"的名义，邀请受试者来到实验室。[5]迪托和洛佩斯要求受试者填写一份问卷，然后告诉他们要进行一个简单的医学测试，看看他们有没有在晚年可能导致各种胰腺疾病的维生素 B_1 乙酰酶缺乏症。真是可怕。幸运的是，维生素 B_1 乙酰酶测试很简单，因为有人研发了一种全新的试纸条，可以测出唾液中的维生素 B_1 乙酰酶。所有的受试者都要把唾液吐在杯子里，取试纸条，然后把它在唾液中放置几秒，试纸条就会显示出他们是否注定会过早地在痛苦中死亡。（这当然是瞎扯。维生素 B_1 乙酰酶缺乏症是一种编出来的病，试纸条也只是普通的纸条。）

精彩的部分来了。迪托和洛佩斯告诉一半的受试者，如果他们有缺乏症，试纸会变绿，而告诉另一半受试者，如果他们没有缺乏症，试纸会变绿。然后，他们偷偷录下了受试者进行测试的过程。

被告知如果有缺乏症试纸会变绿的受试者很快完成了测试。他们把试纸浸在杯子里，看到颜色没变化，就开心地停下来。那些被告知如果没有缺乏症试纸会变绿的受试者则不是这样。他们多花了几乎 30 秒的时间才完成测试，而且反复将试纸浸在杯子里的人是另一半受试者的 3 倍。再次引用丹·吉尔伯特的话："好消息虽然可能传得很慢，但人们还是愿意等待它的到来。"

为了证明他们的结果不是只针对医学测试，迪托和洛佩斯在完全不同的背景下设计了一个类似的实验。他们把一摞索引卡放在受试者面前，空白的一面朝上。每张索引卡的另一面印着据说是他们的一位同学已经完成的一道考题（这还是虚构的），而且都被批改过了。尽管题目相当简单，但显然这位同学把大部分的题都答错了。受试者一开始要回答一份问卷，其中包含一个关于他们是否喜欢这位同学的问题。然后他们被要求去翻阅那一摞索引卡。只要能对这位同学的智力做出评价，他们就可以停下来。说喜欢自己同学的受试者翻看了几乎一半以上的卡片，希望在彻底放弃和做出评价之前找到能挽救朋友形象的证据。

尽管我们只提到迪托和洛佩斯的研究，但他们是为了证明不对称搜索的现象其实非常普遍，也就是努力搜索有利证据（证明某个人很健康或者某个人的朋友不是笨蛋的证据），而尽可能少地去搜索不利证据（证明某个人有病或者某个人的朋友确实是笨蛋的证据）。

态度极化。 在 20 世纪 70 年代末，心理学家查尔斯·洛德、李·罗斯和马克·列佩尔邀请受试者来到实验室，参加一项由两部分构成的展现态度极化的研究。[6] 在第一部分，他们要求受试者阅读下面这篇对死刑的简短介绍：

第 9 章 动机性推理 | 171

科罗纳和菲利普斯（1977）对比了 14 个州在采用死刑前一年和后一年的谋杀率。在其中的 11 个州，采用死刑后的谋杀率都降低了。这项研究证实了死刑的震慑作用。

在看过介绍之后，受试者要回答他们是否认为死刑有助于遏制犯罪问题。

接着，在研究的第二部分，受试者会看到其他研究人员对这项研究的评论，以及作者对这些评论的反驳。最后，受试者被要求对这项研究是否成功以及它是否提供了证明死刑有助于遏制犯罪的有力证据做出评价。

三位心理学家发现，在第一部分说自己认为死刑有助于遏制犯罪的受试者，在第二部分也倾向于认为这项研究很成功且有说服力。事实上，他们说自己更坚定地认为死刑有助于遏制犯罪。与此同时，说自己认为死刑不会遏制犯罪的受试者尽管看到了完全一样的证据，却得出了不同的结论。他们抓住这项研究的缺点，说它既不成功，也没有说服力，而且现在他们更坚定地反对死刑。换句话说，虽然受试者看到了完全一样的证据，却对他们的信念产生了相反的影响，这取决于他们一开始在争论中的立场。

三位心理学家都是谨慎的实验主义者，他们又做了一遍实验，但采用的是一项结果不支持死刑的"研究"（这些研究和对应的评论其实都是编造的）。他们还是发现，根据受试者是支持还是反对死刑，相同的证据会对他们的信念产生相反的影响。

这是态度极化首次进入心理学研究领域，在此后的 40 多年里，它更频繁地成为实验室研究的主题，而且偶尔会出现在公众对时事的讨论中。一些读者可能还记得一条传播很广的视频，里面有一群来自卡温顿高中的学生，戴着唐纳德·特朗普标志性的MAGA小红帽。这些学生似乎是在一场抗议活动中不断骚扰一位名叫内森·菲利普斯的美洲原住民。视频刚一出现，就在自由主义者中引起了公愤，但事实证明，情况比看上去的要更含糊。这起事件由仇恨狂热者黑色希伯来以色列人的成员引发，他们当时也在场，并且对卡温顿高中的学生高声进行种族侮辱。这些学生一开始什么都没做，但最终在监护人允许的情况下，他们开始喊出为学校加油的口号。喊到一半，菲利普斯走进学生们围成的圈里，开始对着一个男孩敲鼓。视频（只）拍到了这个混乱的时刻，当时学生们在用假笑和口头攻击回应对方。[7]

在更多的细节被披露之后，保守主义者迅速开始保护这些高中生，谴责那些在社交媒体上批评他们的自由主义者。但是很多自由主义者还在一边深挖，一边继续指责高中生们，有时候甚至比之前还要激烈。

内化说服

想象一下，你在参加面试，想让某人相信你会成为一名好员工。或者你有可能在约会，想让对方觉得你会是一个好恋人。

现在假设你自己并不这样认为。出于各种各样的原因，这很可能是一个问题。你可能不会用心去面试或约会,因为你觉得最后的结果不会太好。你可能会说一些表明你不太适合这份工作或这段关系的话。即使你说话很小心,对方或许也能看出来你其实对这份工作或这次约会并不感兴趣。你可能在说话前显得不太情愿,或者你的面部表情已经出卖了你。这体现了少数几位研究人员,包括我们之前提到的三位,罗伯特·特里弗斯、比尔·冯·希佩尔和罗布·库尔茨班提出的一个观点:当人们相信某件事情时,别人才有可能发现这件事。

这告诉我们,即使不是这份工作或这段关系的一个好的选择,你也一定要相信自己是,要对自己的合适程度过分自信。但是你应该有多么过分自信呢?针对你的信念会随证据如何变化的问题,我们能给出一些更精确的预测吗?这里就要用到我们在上一章所做的分析。它会告诉我们,面对证据,人们会如何根据自己预计的利用证据的方式来改变自己的信念。

比如,你的信念应该体现有利证据吗?是的,当然!人们预计你会提供这个证据。如果你没有把这个证据纳入你的信念,你就不可能提供出来,所以他们会认为你根本没有获得这个证据。

那要是不支持你观点的证据呢?为什么要冒险让别人知道你发现了这样的证据?最好无视它。那么,对于你带有倾向性地搜索证据,或者发现你找到的有利证据并不是特别有判断性的事实,该怎么办呢?你的信念应该体现出这一点吗?别想了。为什么要承认你没必要承认的事情呢?为什么要冒险退出博弈呢?

如果你在获得有利证据时会更新信念,而在获得任何更负面的信息时都不更新信念，那么你最终自然会显得过分自信。但是请注意，你的过分自信只体现在特定的方面：你的过分自信反映的是你能找到的所有有利证据，而不是你搜索的努力程度、你可能隐藏起来的东西或者证据实际上有多么站不住脚。

此外，你更新信念的方式也符合我们之前提到的动机性推理的特征。你更新的方式是不对称的，也就是回应好的，无视坏的。要是你遇到的证据模棱两可该怎么办呢？你会以尽可能有利的方式去解读证据，然后通过其他方式把这种解释纳入自己的信念。如果另一个有不同目标的人和你看到了同一件模棱两可的证据，她会以对她有利的方式去解读证据，那么你们的对立程度最终会比一开始更严重。

但是等一下，那要是谎言呢？你应该从一开始就相信自己是优秀毕业生或者返校节国王或女王之类的谎言吗？可能不应该，因为谎言被识破的可能性和成本都相当高，很难侥幸逃脱惩罚。而如果有人试图指责你无视不利证据，或者以倾向性或验证性方式去制造证据，发生的状况则完全不一样。你会有很多逃避的方法——各种借口。可能你忘了，没看见，不知道自己应该检验什么，不理解，等等。

一些证据

现在，我们要把多条证据编织在一起来证明我们所认为的内化说服能很好地解释动机性信念的说法。我们先要考虑信念是否会随着说服动机的变化而变化。

化石燃料巨头埃克森美孚公司的前首席执行官雷克斯·蒂勒森后来出任美国国务卿，他并不否认气候变化。他只是说人类对此无能为力。2021年1月，在他不再担任埃克森美孚首席执行官近5年后，他说："至于我们影响气候变化的能力，我觉得这仍然是个没有定论的问题。我们对影响气候变化能力的判断基于一些非常非常复杂且会产生各种结果的气候模型。"[8]这种看法当然是与科学共识相矛盾的，后者认为我们可以通过减少二氧化碳排放来影响气候变化，也就是少燃烧和购买由他以前的公司以及沙特阿拉伯和俄罗斯的盟友生产的石油和天然气。事实上，这与埃克森美孚公司的内部文件也是相矛盾的，后者在1982年承认，气候变化可以通过大力减少化石燃料消耗来缓解。

蒂勒森先生拥有工程学学位，有几十年的阅读科技文献的经验。他知道如何评估风险和不确定性——这是从事石油和天然气贸易必备的素质。他能接触到气候变化的前沿研究，如果他打电话给某位顶尖的气候学家，对方会放下手头所有的事情为他提供指导。他甚至知道，他自己的公司一手炮制了很多所谓的反对气候变化的"科学"文献。那么为什么蒂勒森先生对气候变化的看法（或者至少是他自称的立场；我们很难知道这些看法被内化的程度）和那些顶尖科学家相差如此之大？

当然，一旦考虑到蒂勒森先生的说服动机，我们也就不会对他的看法感到意外了。作为为化石燃料辩护的发送者，蒂勒森先生很可能会提出与科学家完全不同的论点和证据,而科学家的目的尽管有可能不太纯粹,但更倾向于告知。认为减少使用化石燃料是徒劳的,这正是这样的发送者会说出的话。

当然,蒂勒森先生并不是唯一一个信念(或者至少是他声称自己相信的那些观点)与其动机令人怀疑地相互匹配的人。其他首席执行官,比如史蒂夫·乔布斯、埃隆·马斯克和伊丽莎白·霍姆斯,都因不拘泥于现实而闻名。乔布斯的一位合伙人曾说,乔布斯受到了"空想乐观主义"的影响。这些高管说服人的能力也是出了名的;人们有时会调侃他们周围有一个"现实扭曲力场"。[9]有的推销员同样会在对自己公司产品的热爱中脱离实际。如果你有朋友参加过Cutco刀具或玫琳凯化妆品的多层次营销,你可能会发现他们自己也在使用这些产品——很好地表明他们已经把公司的宣传内容内化了,而且往往在退出项目后的很多年里还在继续使用。但是,并没有权威的刀具或化妆品专家推荐过这些产品。

当把目光投向一家公司内部面对不同动机的人时,我们会发现说服动机在塑造信念中的作用将变得更加明显。如果你和公司法律顾问办公室的律师,或者其他负责评估风险的人交谈过,你可能会发现这些人——他们的职责是降低同事让公司面临的风险——比你和公司里的大部分人都更厌恶风险。甚至有一个老笑话说,法律顾问办公室就是提案的坟墓。

法律顾问办公室并不是公司里风险偏好反映其动机的唯一部门。能回想起英国石油公司在墨西哥湾的深水地平线钻井平台爆炸事故的读者或许还记得,在后续调查中,人们是如何发现英国石油公司的管理层和他们的承包商瑞士越洋钻探公司为图方便，认为没必要进行某些测试和预先防范的，最广为人知的是在爆炸当天，一位来视察的英国石油公司高管命令工作人员用比较轻的海水替换通常用于平衡井下压力的重泥浆。这些面临安全事故风险的工作人员——其中6人最终死于爆炸事故——并不像管理层那样不负责任。他们强烈抗议这种图方便的做法，而且在爆炸发生前几个月由瑞士越洋钻探公司委托进行的调查中，他们抱怨管理层只重视开采，而不重视维护和安全。尽管工人们的担心最终被证明是合理的，但双方的信念也反映出了他们的动机：瑞士越洋钻探公司管理层的信念反映出公司因安全问题拖延该项目要付出的成本，而工人们的信念则反映出他们更想要规避的风险。

在上面的例子中，动机并不是随机分配的，我们也无法确定信念被内化的程度。也就是说，从我们目前举的例子中，还有我们在现实生活中容易碰到的大部分例子中，我们看到的都是人们的动机和他们的看法，或者至少是自称的立场之间的关联。然而，我们很难判断人们是否真的把这些信念内化了。幸运的是，接下来的这个实验将证明，心理学家和实验经济学家能用巧妙的方法同时展现出这两点。

参加过法庭审判的人可能会发现，原告方律师对被告有罪的确信程度似乎要高于辩方律师。尽管事实是，辩方律师比原告方律师能接触到更不利于被告的事实（如果有）。这也是一个双方内化的信念反映出他们动机的例子。

琳达·巴布科克、乔治·洛温斯坦、塞缪尔·伊萨卡洛夫和科林·卡默勒想要证明这是一种因果关系——双方动机的不同导致他们的信念不同，还想确定这些信念是真的被内化了。[10] 研究小组邀请了芝加哥大学和得克萨斯大学奥斯汀分校法学院的学生来到实验室，然后随机分配他们在谈判中代表原告或被告，来解决一起摩托车事故的案件。双方都有同样的长达 27 页的证词、警方报告和案件相关的地图，这些内容都是以一起真实案件为基础的。在学生们两两搭配，开始谈判之前，他们被要求报出自己认为合理的赔偿金额，并且猜一猜在真实案件中法官判定的赔偿金额；如果他们的猜测与法官实际判定的金额相差不到 5 000 美元，他们就会获得一笔奖金。如果能够回忆起案件中的各种事实，他们也会获得奖励。由于他们对这些问题给出的答案不会成为谈判的一部分，所以很适合用来考察受试者的内化信念。

即使在被随机分配了说服动机仅仅几分钟后，受试者也展现出了非常有倾向性的信念。和被告方的受试者相比，原告方的受试者提出的赔偿金额平均高出 17 709 美元，并且猜测法官会判定的赔偿金额也要高出 14 527 美元。双方所记得的有利于自己的事实也比有利于对方的事实要多，平均多出 1.5 个。这些正是我们预计受试者根据自己在谈判中被分配的角色进行不对称更新和不对称搜索时，会出现的有倾向性的信念。此外，考虑到建立信念的方式（如果受试者猜得更准且记得更多的事实，那就能获得更多奖励），我们可以相当确信这些信念被内化了。

巴布科克等人证明的快速内化现象也出现在高中辩手身上，他们往往能真心接受自己被随机分配进行论证的观点。在另一项有趣的研究中，彼得·施沃德曼、埃贡·特里波迪和乔尔·范德维尔以各种方式让辩手建立起对自己被分配的观点的信念。比如，给他们钱让他们准确猜出真相，或者询问他们是否愿意把从研究中获得的一部分收入捐给分别与双方立场一致的慈善机构，这也是考察内化信念相当可靠的手段。研究人员会在辩论中的多个时间点采用这些手段：辩手被分配立场之前、分配结束但辩论开始之前和辩论之后。研究人员发现，辩手的信念虽然一开始不太明确，但辩护一旦被分配了立场，这种信念就会马上出现分化，并且一直保持下去，甚至会持续到辩手有机会在辩论中听到对方的观点之后。[11]

人们的信念不仅会随着他们想要论证的观点而变化，也会随着他们当下要论证的观点而变化。唐纳德·特朗普把这种现象展现到了极致。2009年，特朗普在《纽约时报》印有敦促立法以对抗气候变化的整版广告上签了名，但是到2016年他竞选总统的时候，他在气候变化方面的立场变成了"我不相信"或者"我认为不存在谎报，我确实认为发生了变化，但我不知道这是人为的"。是什么改变了他呢？2009年，特朗普还是纽约自由派精英中的一员。[12]而2016年，他要取悦右翼的气候变化否定论者。到了2021年，特朗普一边坚称自己赢得了2020年大选，是这个国家的合法总统，一边又说自己是"普通公民"，所以不能被弹劾。他的立场取决于他想表达的观点，"我赢了！"或者"我无罪！"。

尽管特朗普自己骗自己的倾向有些极端，但其实我们都在做相同的事情。想想当刚刚遇到一段新恋情时你会对自己说什么，然后想想分手后你对这个人的看法又是什么。当然，在中间这段时间你已经对你的伴侣有了一些了解。但事实是，在这段关系刚开始的时候，你在向朋友和家人介绍自己伴侣的时候，会尽可能弱化伴侣的缺点。但是当想推卸分手的责任，并且确保朋友和家人（或许还有分配监护权的法官）都站在你这边的时候，你就需要提到这些缺点了。

我们现在要讨论证明内化说服能很好地解释动机性信念的第二条线索：相对于我们追求准确的动机来说，我们的信念会随着要说服别人的动机的强度而变化。

我们可以用几种方法来研究这个线索。一种是问问人们在不仅有说服的动机而且涉及钱的时候是什么想法。尽管埃克森美孚公司的前首席执行官在气候变化问题上的立场可能失之偏颇，但在评估自己项目——比如在北极开采——的时候，这家公司居然很尊重科学。1992 年，一份内部报告指出，融化的极地冰不仅会增加勘探成本，还会导致海况变得恶劣，危害到公司的一些基础设施。我们在投资者中也看到了类似的现象，他们通常是原本否认气候变化却坚决不这样做的保守派：他们使用最先进的气候模型（它们都能预计气候会发生变化）来为芝加哥商品交易所的天气期货定价。我们甚至在疫苗问题上也能看到这种现象。在新冠病毒感染疫情期间，反疫苗的观点虽然传播很广，但其中大多数都是 60 岁以下的人，他们的患病风险要低很多。[13] 这关系到老年人的切身利益，所以老年人对疫苗的信念就反映出了这一点。

弗洛里安·齐默尔曼用一些很好的实验证据证明了当受试者有更强的动机去力求准确时，会变得不那么有倾向性。[14] 在他的研究中，受试者接受了智商测验，并被告知他们相对于其他受试者的排名。一个月后，受试者回来，被要求回忆起自己的排名。这个实验包含三个小组。对照组不知道为什么一个月之后要回来。当他们回来的时候，往往是排名靠前的人能记得，排名靠后的人就忘了，建立的信念相当有倾向性。另两个实验组的人则有更强的动机去力求准确。在一个实验组，他们被提前告知如果能准确回忆起自己的排名将获得奖励。在第二个实验组，他们虽然一开始什么都不知道，但当他们回来的时候，能准确回忆起自己排名时获得的奖励要比前一组多得多。这是两种不同的提高受试者准确性动机的方法。不管是哪种方法，实验组中排名靠后的人都不会那么容易忘记自己的排名，因此也就不那么有倾向性了。

另一种展现人们的信念会随说服动机（相对于准确性动机）的强度而变化的方法，是看看当我们引入说服动机时会发生什么。比如，彼得·施沃德曼和乔尔·范德维尔让受试者与其他三位受试者一起接受智商测验，然后让他们猜猜自己的表现能否在4个人中排到前两名。[15] 不过在猜之前，有一半的受试者被告知他们会与一位老板配对，而且如果他们能让老板相信他们的表现排到前两名就能获得15欧元。虽然两组人都有点儿过分自信，但老板组的受试者说自己排在前两名的可能性比对照组的受试者高7%。其他的研究团队也进行了类似的研究，随机分配一些受试者去说服别人，结果还是发现，那些获得报酬的人展现出了更有倾向性的信念。

其他的解释

在开始下一章（关于重复博弈和利他性）之前，我们想讨论一下我们提出的假说之外的另外两种假说。

日瓦·孔达在她经典的综述论文中，把动机性推理描述成"倾向于找到一种有利于我们**想要相信**的结论的论据，而不是我们**不想相信**的结论的论据"。[16]（我们对关键词进行了强调。）比如，人们希望自己真的聪明或好看。认为自己聪明又好看的感觉很好！所以人们会这样认为。这种解释（我们将其称为享乐主义入侵）可以说是最受心理学家、经济学家和政治学家欢迎的对动机性推理的解释。它和我们提出的解释截然不同：我们说的是说服动机被内化，而不是哄骗自己感觉良好。

有些时候享乐主义入侵是有可能发生的。我们确实能从认为事情进展很顺利中获得快乐，或许有时还能利用我们的智慧入侵自己的享乐系统，就像我们可以吃抗抑郁药或者给我们未来有一天会从追忆中获得快乐的东西拍照。比如，我们或许会因为精心准备自己永远负担不起的一次度假而感到开心，或者喜欢幻想自己成为亿万富翁的样子——以至让我们想去买一张彩票。我们为什么不能也哄骗自己想象我们的恋人有多棒，或者我们的工作前景有多好呢？这看起来很合理啊。

但是，我们之所以认为在解释动机性信念时享乐主义入侵并不是首要理论，是因为以下几个问题。一个问题是，享乐主义入侵可以通过学习来克服,进化压力随时会让错误的信念产生代价惨重的后果,而且并不会带来相称的收益(就初级奖赏而言)。比如,过分自信是有代价的。它会让我们变得过于苛刻和激进,高估自己换一份工作后能获得的薪水或者吸引到另一位伴侣的容易程度。这可能会导致我们失去朋友、工作和恋人。为了让人们不纠正过分自信,必定会有一些非享乐主义的真实收益,和我们一直在讨论的说服带来的收益差不多。

享乐主义入侵理论的另一个问题是,我们并不总是会哄骗自己相信我们希望是真相的事情。比如,如果你随机给受试者分配立场,他们都会认为自己被分配的观点是正确的,那么他们不可能都相信自己希望的是正确的。此外,有很多我们希望是真的但不会哄骗自己相信的事情。迈克尔·塞勒已经证明,我们不会对自己希望是真的但不会让别人相信我们很好的事情过分自信。[17] 他让受试者把人类看作一个整体,询问他们对好事和坏事的看法,比如癌症存活率。我们希望这些数字很低,却没有任何特殊的理由去让别人相信它们很低。他发现人们对这类事情不会表现得过于乐观,从而进一步表明,说服才是倾向性信念的关键驱动因素。

有时候,我们甚至会哄骗自己,相信我们显然不希望是真的但在说服别人时能带来帮助的事情。想想那些受指派去支持核武器禁令的人,他们会证明不受限制的核武器必然会导致毁灭性的战争。这些人真的希望我们踏上通向毁灭的道路吗?同样,法律顾问办公室的律师也不希望真的出现风险。美国保守派高估了奥巴马总统任期内犯罪率的增长情况,难道是因为他们希望有更多的犯罪吗?

在我们看来，把这样的例子解释为人们相信他们想让别人接受的观点会更好：那些赞成核限制的人想让别人明白限制核武器的重要性，法律顾问办公室希望说服别人降低风险，而保守派则希望让别人支持减少移民的主张，或者认为民主党人不会成为好总统。糟糕的是，我们也不是一直都过分自信。当我们试图让别人相信我们不构成威胁或者需要他们帮助的时候，我们更有可能突然充满怀疑甚至自怨自艾。我们认为，用说服理论来解释我们可能会变得缺乏自信的事实要比用享乐主义入侵理论更好。

享乐主义入侵理论的第三个问题是，它并没有说清楚我们哄骗自己的方式。动机性推理涉及某些明显的不对称，比如关注搜索的结果而不关注搜索的程度。为什么我们会如此容易忽略后者而不是前者？说服理论对这种不对称的解释，基于**其他人**想知道或者容易发现的东西以及会对我们处以惩罚的情况。但如果你只是想愚弄自己，那么你为什么要知道自己发现了什么，而不是你搜索得有多努力？

享乐主义入侵理论的这三个问题合起来，就会让我们相信，尽管它不时会带来倾向性的信念，但它并不是动机性推理的首要驱动因素。

除了享乐主义入侵理论，我们最常遇到的对动机性推理的解释都和人们的动机无关。比如有的认为人们很懒[18]，或者即便努力也领会不了贝叶斯的伟大理论。或者人们其实很懂贝叶斯的理论，但他们能获取和相信的信息其实很单一。他们脸书上的订阅源都是回声室效应的产物。他们身边的所有人都只听福克斯新闻，并且坚持认为美国有线电视新闻网在胡说八道。

和享乐主义入侵理论一样，这些非动机性的说法都是乍一看很有趣，而且确实能解释我们遇到的一些倾向性信念，但我们认为它们不能完全说明问题，必须把内化说服考虑在内。

在我们看来，非动机性的解释有一个最大的缺陷。即使人们能获取（或者相信）各种信息源，你也希望他们最终会发现自己的信念有偏差，然后进行纠正。他们为什么不在遇到观点不同的人或者获取不同信息源的时候更新自己的信念呢？存在分歧的事实能提供很多信息，那么为什么他们不会对这些信息做出反应呢？这个论点是由诺贝尔奖获得者罗伯特·奥曼在《不一致的达成》一文中提出的，约翰·吉纳考普劳斯和赫拉克利斯·波尔马卡基斯在《我们不可能永远意见不一致》一文中做了进一步阐述。对我们来说，这是非动机性解释的致命缺陷。在某个时刻，你还是需要一些动机性理论来解释信念没有更新的事实。

换句话说，非动机性解释的另一个缺陷是，它们也没有说清楚人们更新信念的不对称方式：他们会在获得有利证据而不是没能获得不利证据的时候更新信念，或者他们会在找到有利证据时更新，而不会因为搜索的努力程度而更新。为什么人们很擅长吸纳有利证据，却应对不了缺乏不利证据或搜索程度不同的情况呢？一个懒人应该会像忽略获得证据的方式那样忽略有利证据。掌握贝叶斯理论的人下调后验信念的可能性应该和上调的可能性是一样的。而且，如果接收者更努力地搜索或择优挑选，那就降低了自己成果的价值。

一谈到设计能把这些非动机性解释与内化说服理论区分开来的实验，情况马上就会变得很麻烦。问题在于，任何与某人的先验相悖的信息源都很可疑。迈克尔·塞勒在另一项研究中试图解决这个问题。[19] 塞勒先问了受试者一些问题，比如，在奥巴马任期内犯罪率上升了多少？和白人相比，黑人被通知参加新一轮面试的可能性有多大？我们之前提到的数据——保守派比自由派更有可能认为犯罪率在奥巴马任期内上升了——就来自这项研究。塞勒还发现，自由派比保守派更有可能认为黑人被通知参加新一轮面试的可能性要低于白人。

后来，塞勒证明了受试者更新信念的方式是不对称的，而且不能用他们对某个信息源的怀疑程度来解释。他的做法是这样的，在受试者回答了他的问题之后，塞勒给他们看了一条信息，告诉他们正确答案比他们的猜测高或低。然而，有一个隐藏的不利因素是：这条信息为真的可能性是50%，为假的可能性也是50%。塞勒告诉了受试者这一点，然后让他们猜一猜这条信息是真的还是假的。如果他们猜对了，塞勒会给他们一笔奖金。熟悉贝叶斯理论的人会说可能性是一半对一半。毕竟，接收者已经给出了最好的猜测，应该预计真相高于或低于其猜测的可能性是一样的。但是，当这条信息对受试者信念的影响与他们的观念相左时，受试者更有可能认为信息是假的：如果信息称保守派高估了奥巴马任期内的犯罪率，那么保守派更有可能认为这条信息是假的；而如果信息称自由派低估了黑人参加新一轮面试的比率，那么自由派更有可能说这条信息是假的。多亏了塞勒巧妙的设计，我们才能确信这种倾向是由于受试者的说服动机，而不是他们对信息源可靠性的先验信念。非动机性的理论是很难解释这个结果的。

所以，我们的结论是：至少在很大程度上，动机性信念与内化说服有关。尽管可以用非动机性理论或享乐主义入侵理论解释的现象可能是我们一些倾向性信念的来源，但内化说服理论仍然不可或缺。

第10章

重复囚徒的困境与利他性

（单次）囚徒的困境是城里人最爱玩的游戏。在这个游戏中，两名玩家同时选择是要合作还是背叛。尽管合作是有成本的，但给另一位玩家带来的好处要大于成本；如果成本是 c，那么给对方带来的好处 $b>c$。虽然双方合作对所有人来说都更好，但背叛才是优势策略——不管对方怎么做，每位玩家始终选择背叛都是更好的结果。这就让双方背叛成了唯一的均衡状态。

囚徒的困境是展现个人利益与集体利益之间区别的最简单的方法，它证明了两个人不一定要一致。在博弈中，唯一的纳什均衡并不是社会层面的最优解。两位参与者本来都能获得 $b-c$，但事实上，他们什么都没得到。

但是，人们确实经常在合作。他们对彼此很好，也会相互帮助。为什么会这样呢？

一种常见的答案是，博弈论是错误的。人是非理性的，他们没有自私的倾向。人们合作是因为他们相互关心。但愿看到这里的你能和我们一样，认为这并不是最令人满意的解答。没错，人们确实会关心别人。但从根本上说，这种关心是有原因的。我们能利用博弈论来更好地理解它的来源和运作原理吗？

　　要找到答案，我们需要对重复互动进行建模。在单次囚徒的困境中，玩家只互动一次，然后游戏就结束了。他们无法通过合作来以任何方式重新获得收益。这与现实的情况不符。人们通常不会脱离现实只互动一次，他们往往还有可能再次意外相见，而这次互动会被别人看到，或者这个消息会被传开。这能对合作行为（以及相应的利他观念和道德直觉）起到激励作用吗？如果答案是肯定的，那么这是怎么做到的呢？这需要什么呢？

　　为了回答这些问题，我们需要一个模型。准确地说是两个。我们先讨论重复囚徒的困境——二元互动（相同的两位参与者之间的互动）的经典模型。之后在下一章，我们会从两个个体重复互动拓展到对一群个体进行分析。

重复囚徒的困境

　　重复囚徒的困境（RPD）的运作方式是这样的，在从第一回合开始的每一回合，玩家都按照之前普通囚徒的困境的规则。他们要选择是否合作，并且获得收益。之后，他们得知了对方的选择，然后再玩一次。每一个新的回合会以 δ 的比例折损。δ 习惯上被认为反映了明天的收益（比如金钱）不如今天的收益值钱。不过它也可以被视为体现了博弈是否会重复的不确定性。

　　重复囚徒的困境的重点是描述进行中的二元关系（两个人或两

个紧密团结的群体之间的关系），参与其中的人偶尔能从搭档的一点儿帮助中获得好处。他们或许是一对猎人，有时一个人失败了，而另一个人则好运不断。他们或许是一对同学——一个擅长数学而另一个擅长历史，所以能互相帮助对方更好地理解一些知识。他们或许是一对神经症方面的共同执笔者，偶尔能在对方的帮助下评估新想法，编辑文章，分析一些数据，或者草拟著作中的一个章节。如果他们的互动预计会持续很久，也就是 δ 接近 1，或者双方从相互合作中获得的收益（即 b 与 c 的比）足够高，那么合作有可能持续下去。但要想明白这一点，我们需要先讲一讲如何分析这样的博弈。

重复博弈（比如重复囚徒的困境）中的策略必须明确说明参与者在任意给定的回合中的行为——合作（用 C 表示）或背叛（用 D 表示），前提是要考虑之前回合中的所有情况。以下是博弈中一些可能的情况：参与者可以在每个回合都背叛，而不管之前发生过什么（这种策略有时被称为 ALLD）。参与者也可以不管之前发生过什么，在每个回合都合作（ALLC）。他们还可以只在某些预先确定的回合（比如，双数的回合）中合作。或者他们可以采用条件性策略，根据当前情况进行调整。下面是两种很有名的条件性策略，我们之后会做进一步的讨论：

- 冷酷触发：在第一回合合作，然后只要你和你的搭档都没有背叛，那就继续合作。如果有人背叛，就触动扳机，从此开始选择背叛。
- 以牙还牙（TFT）：在第一回合合作，然后从那时候开始，完全复制你的搭档在上一回合的做法。

重复囚徒的困境的均衡状态

有一种简单的方法可以检验双方的策略是不是纳什均衡。我们只需要检验任意一位参与者是否能改变一次策略，此后一直遵守预设的策略而获得收益。如果没有"单次"偏离能让他们获益，那就没必要检验更复杂的偏离了。

让我们用这种单次技巧来看看之前提到的策略——ALLD、ALLC、以牙还牙和冷酷触发——是不是纳什均衡，先从 ALLD 开始。

如果另一位参与者一直在背叛，你能通过合作获益吗？不能，你只是在付出代价 c，而另一位参与者永远不会在意；他无论如何都是要背叛的。背叛是你最好的选择。由于对另一位参与者来说也是一样的道理，所以你瞧，ALLD 就是一种均衡状态。

现在，假设你和参与者 2 都选择策略 ALLC。要是你在某个回合选择背叛而不是合作，会怎么样呢？在那个回合你省下了 c。与此同时，之后的一切都不会改变：你的对手选择了 ALLC，所以不管你做了什么，他都会选择合作。我们找到了能带来收益的单次偏离，这并不是纳什均衡。

接下来，我们来试试冷酷触发。首先，我们要检验一下当你们都选择冷酷触发且不偏离的时候会发生什么：在第一回合，你们都选择合作；在第二回合，因为没人背叛，所以你们都选择合作；第三回合也是一样，以此类推。如果你随便挑一个回合，然后在那个回合选择背叛，会有什么变化吗？在那个回合你省下了 c。但是，你和你的搭档都触动了扳机,此后会一直选择背叛,这意味着你永远放弃了合作带来的总计$(b-c)(\delta+\delta^2+\delta^3+\cdots)$的收益。你会从这次偏离中获益吗?如果$c \leq (b-c)(\delta+\delta^2+\delta^3+\cdots)$就不会。经过一点儿代数变换,这个条件将简化为$\delta \geq c/b$。这是我们关键的均衡条件。如果重复互动的可能性$\delta$与合作的相对成本(也就是相对于其收益)$c/b$相比足够大,那就可以持续合作。

那么以牙还牙策略呢?如果你们都坚持这种策略,那么在第一回合,你们都会合作。在第二回合,你们也都会合作,因为对方在上一回合就是这么做的。第三回合也是一样,以此类推。我们还是会看到持续合作的结果。如果你随便挑一个回合进行单次偏离,选择背叛,之后继续实施以牙还牙策略,会发生什么呢?在你偏离的那一回合,你会获得c。在下一回合,你会合作而对方会背叛——对你以牙还牙。之后他会合作,而你会背叛。你们会永远这样摇摆下去。我们再一次看到了和采用冷酷触发策略时一样的局面:虽然现在背叛,你马上就省下了成本,但之后它会给你带来损失。事实上,如果计算一下,你就会发现还是只要$\delta \geq c/b$,这次偏离就会让参与者的状况变得更糟。

子博弈完美均衡

博弈论学家在讨论像囚徒的困境这样的重复博弈时经常会谈到子博弈完美均衡,所以我们想花点儿时间介绍一下这个概念。

子博弈完美均衡和纳什均衡类似，但要更严格一点儿。它要求参与者既无法从改变预设的策略中获益，也无法在意想不到的事件发生后从改变预设的策略中获益。比如，如果你们俩都选择以牙还牙策略，你们都预计对方不会背叛。正如我们所看到的，当 $\delta \geq c/b$ 时，你们都无法从偏离中获益。但如果有人背叛了，你会从改变以牙还牙的策略中获益吗？是的。如果忽略那次背叛，你会获得更多收益（还是假设 $\delta \geq c/b$），因为你们可以重新回到每一回合双方都合作的状态，而不是不断地在合作和背叛之间摇摆。以牙还牙策略是一种纳什均衡，但不是子博弈完美均衡。

　　另一方面，冷酷触发和 ALLD 都是子博弈完美均衡。对于冷酷触发策略，我们检验的方法是看看你该如何应对不该发生的背叛。忽略它对你来说更好吗？不是的，因为只要发生背叛，不管你怎么做，你的搭档都会一直选择背叛。对于 ALLD 策略，我们要检验你该如何应对同样不该发生的合作。你应该转而选择合作吗？没用的，因为不管你怎么做，你的搭档都会很快选择继续背叛。

　　还记得我们在解释为什么要引入纳什均衡时，提到进化和学习过程往往会造就纳什均衡。这个逻辑就是，当你不处于纳什均衡状态的时候，有人会从偏离中获益（而且这样他或他的追随者或后代将学会这样做，或者进化出这种行为）。但如果一种策略组合是纳什均衡，那就不会存在进化或学习促使偏离的状况了。

　　对于子博弈完美均衡也可以做出类似的判断。我们只需要承认世界很喧闹，所以参与者偶尔会发现自己身处原本预计不会发生的事件中（比如，当一个采用以牙还牙策略的参与者在搭档上一回合没有背叛的情况下不小心选择了背叛）。只要参与者在这样的情况下面临要达到表现最佳的压力，他们就会达到一种既是纳什均衡也是子博弈完美均衡的状态。[1]

我们在这一章要提到的所有观点都基于纳什均衡，而不是子博弈完美均衡，所以我们暂时不会再讲二者的区别了。但是你很快还会发现，子博弈完美均衡带来了很多新的见解。我们在下一章和第14章涉及正义感的某些特征时会主要用到它。

合作的必要特征

尽管我们只分析了重复囚徒的困境中的一小部分策略和均衡状态（其实多到数不清），但我们已经能够识别出所有能维持合作的策略组合的一些重复出现的特征。这些特征是理解利他性实际运作方式的关键，也将体现在我们下一章要讨论的模型中。而且从相对近端或者主位的角度是很难解释这些特征的。

δ 必须高。我们在之前分析的两种能维持合作的均衡状态（冷酷触发和以牙还牙策略）里都看到了这一点。对比 $\delta=0$ 的极限情况，也就是单次囚徒的困境也能看出这一点，因为那种情况下双方背叛是唯一的均衡状态。最后，我们还可以从你每次合作付出的代价 c 来理解这一点。为了让你无法通过改变策略获益，后续必须有一些收益才行，但只有 δ 足够高的时候，这些收益对你来说才是有意义的。

互惠。回想一下我们对 ALLC 策略的分析，它并不是一种均衡状态。双方无条件合作的事实虽然（从近端来说）很感人，但（从远端来说）他们并没有继续这样做的动机。这种动机是以威胁的形式出现的，那就是当另一位参与者背叛时，合作就停止了；或者只有在另一位参与者合作时，合作才能继续。我们在以牙还牙和冷酷触发策略中都看到了这样的情况。这个特征往往被称为互惠或互惠利他性，有时也被称为条件性合作。

预期很重要。我们已经看到，重复囚徒的困境有很多种均衡状态。有些涉及合作（如冷酷触发和以牙还牙），有些则不涉及（如 ALLD）。有些比其他情况更需要宽恕（冷酷触发策略就相当无情，以牙还牙策略则会忽略你在不止一个回合的所作所为）。参与者要如何知道自己该怎么做呢？他们必须有一些评估其他人选择的均衡状态的方法。这意味着，和我们在鹰鸽博弈中看到的情况很像，人们的行为会极大地受到任何能改变他们共同预期的因素的影响。

高层级信念很重要。这是合作性均衡状态的最后一个特征。想想你和你的搭档在玩重复囚徒的困境，你们都选择了某种支持在均衡状态下合作的策略，比如冷酷触发。假设几个回合之后，你注意到虽然你搭档的意图是合作，但是他不自觉地选择了背叛。你会按照预设的冷酷触发策略，触动扳机，此后一直选择背叛吗？不会的。你最好假装什么都没发生。因此，不仅是你的第一层级信念（你是否认为其他参与者背叛了）很重要，你的第二层级信念（你是否认为对方觉得他自己背叛了）也很重要。对更高层级的信念来说亦如此：如果你认为对方察觉到他自己背叛了，但你也觉得他认为你以为他没察觉到，那么你也有动机无视对方的背叛。

一些证据

在这一章剩余的部分，我们会针对上面列出的前两个特征——高 δ 和互惠，集中提供一些证据。在后面的章节中，我们再讨论有关预期和高层级信念很重要的证据，因为很多最有意思的证据都不是只对应二元互动的情况。

我们先来讨论证明要想有合作，δ 必须高的证据。在《合作的进化》中，罗伯特·阿克塞尔罗德通过一个（现在很有名的）例子说明了当 δ 很高时，利他性是如何产生的，而且是在最无情的环境——第一次世界大战的战壕中。考虑到当时可供军方使用的技术，战壕成了阻止部队前进的有效方式，通过战壕的最佳方式是绕过去。所以，在战争刚开始的时候，双方都疯狂地挖出越来越长的战壕，这就是后来著名的"海岸竞赛"，最终形成了一个从比利时的北大西洋地区向南延伸到阿尔卑斯山脉的战壕网。之后战事就陷入了僵局，军队都驻扎下来，为注定漫长而残酷的决战做准备。

但是很矛盾的是，僵局意味着同样的两支部队每次要相互对抗好几个月。这反过来表明 δ 很高，也就打开了对立双方之间合作的大门。果然，在很多地方，双方真的不再战斗了，而是通过故意反复攻击同一个地方来假装狙击和轰炸。这既能让士兵避免被长官训斥，同时还能让他们的"敌人"很轻易地避免受到伤害，并且从相同的待遇中获得好处。甚至曾有士兵冒着极大的个人风险，为在意料之外的时间向某个地方开火而道歉。

只有当双方指挥官最终发现真相，开始轮换部队，让一支部队在同一个地方不会待太久的时候，合作关系才会结束。这种做法会降低 δ，导致合作破裂，战争再一次变得激烈。

接下来我们看看，在实践中利他性是不是有条件的——我们是不是更有可能和那些过去和我们合作的人合作。

体现有条件的利他性最有名的例子之一并不来自人类，而是来自吸血蝙蝠。吸血蝙蝠如果连续几个晚上都没有捕猎成功，就会挨饿，但它们总是会相互帮助。当一只蝙蝠成功捕猎回来时，它有时会把自己吸到的一部分血反刍到捕猎不成功的蝙蝠口中。杰拉尔德·威尔金森在一系列研究中随机选择蝙蝠，然后让它们挨饿，他证明了先前挨饿的蝙蝠会急切地在帮助过它的蝙蝠挨饿时回报对方。[2]（他还煞费苦心地通过用文献证明吸血蝙蝠的群落很稳定，来说明它们群体的 δ 高到足以支持合作。有些蝙蝠会在同一个群落中待近 10 年。）

罗伯特·阿克塞尔罗德相当有力地证明了，交战双方在一战战壕中的合作既感人，也有高度的条件性。士兵们声称，如果对方真的射击或轰炸，他们就会以 3 倍于对方的火力进行反击。他们还很明确地表示，惩罚会很有杀伤力。狙击手会准确地朝着墙上的一个点反复射击，直到把墙打穿为止，从而明确地告诉对方，如果他们瞄准的是士兵而不是墙会发生什么。

⋯

我们还有一些需要深入挖掘的特征，不过在那之前，我们要把分析的对象扩展到二元关系以外。

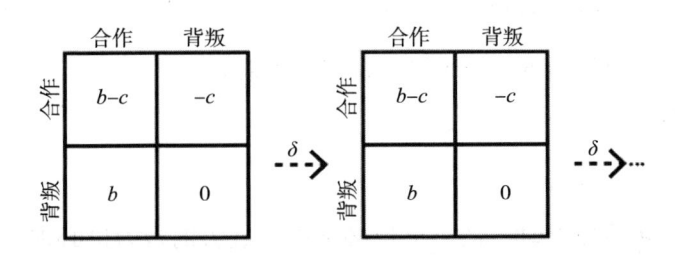

	合作	背叛
合作	$b-c$	$-c$
背叛	b	0

$\xrightarrow{\delta}$

	合作	背叛
合作	$b-c$	$-c$
背叛	b	0

$\xrightarrow{\delta}$ ⋯

设定：
- 有两位参与者。在每个回合中，他们都进行一次囚徒的困境博弈。他们在下一阶段继续进行的概率是 δ。否则博弈就终止了。
- 在囚徒的困境中，参与者要在两个选项中进行选择：合作（C）和背叛（D）。如果他们合作，付出的成本是 $c>0$，而对方的获益是 $b>c$。如果他们背叛，那就不用付出什么，而对方也得不到什么。
- 在这个模型中，参与者能观察到之前发生的一切事情。

有利的策略组合：
- 以牙还牙：在第一回合，选择合作。在后续的每一回合，都选择合作，除非另一位参与者选择背叛，那就也选择背叛。

- 冷酷触发：在第一回合，选择合作。在后续的每一回合，都选择合作，除非有人选择背叛，那就选择背叛。
- 一直背叛：不管过去发生什么，在每一回合都选择背叛。

均衡条件：

- 像以牙还牙和冷酷触发策略这样的合作性均衡状态，只有在 $\delta \geq c/b$ 的时候才能维持。
- 一直背叛的状态可以一直维持下去。

说明：

- 为了维持合作：
- "重复互动"的可能性必须高，过去的行为也必须是完全"能看得见的"（两者在模型中都用 δ 表示）。
- 现在的合作必须在未来产生一些收益，比如之后别人更有可能与你合作（互惠）。因此，合作行为需要有条件：人们不可能只是不加选择地合作，就像他们可能与亲属合作，或者他们有直接的动机去提高别人的收益。
- 因为有很多种均衡状态，特别是总有一种参与者始终选择背叛的均衡状态，所以对预期、环境和框架等任何影响预计合作能否带来回报的因素，人们都会很敏感。

第11章
规范执行

重复囚徒的困境遗留了一个重要的问题。这个博弈只有两名参与者,因此非常适合用于理解两个个体或群体——朋友、同事,甚至第一次世界大战中对立的两支部队之间的合作。我们如何利用它去理解怎样才能让人们去做一些将更广泛地造福社会的事情,比如慈善捐赠、志愿服务和资源保护等?

为了回答这个问题,我们要引入一个简单的规范执行模型。[1]

这个模型有 n 个参与者,其中 n 不小于2,且无上限。在博弈的第一回合,随机选择一位参与者做出选择:服从或者逃避。服从要付出一些个人成本 C。它通常会被认为是有益于群体的,但也不一定。[2] 它代表了像给教堂捐款,给博物馆捐款,在教堂施食处做志愿者,重复使用毛巾,或者帮助一位老太太过马路,以及歧视外群体成员或在安息日不开车这样的事情。

我们进入第二回合的概率是 δ。在第二回合中,所有参与者被随机配对,每个人都必须选择要不要惩罚与他们配对的参与者,这涉及要付出代价 c 对对方造成伤害 h。然后,我们会以 δ 的概率进入下一回合,在这一回合中,参与者还是被随机配对,并且可以付出代价去惩罚对方，以此类推。为了简单起见，我们假设每个人都知道所有人之前的行为。

就像 ALLD 策略是重复囚徒的困境的（子博弈完美）均衡状态一样，这个博弈的均衡状态是，参与者在第一回合不服从，而且在之后的回合中绝对不选择惩罚。毕竟，如果没有人会因为你不服从而惩罚你，那么你为什么要服从呢？而且，惩罚要付出代价，既然没有人会因为你没有惩罚别人而去惩罚你，那么你为什么要惩罚呢？

现在想一想下面这种涉及服从的替代策略组合：

- 在第一回合，选择服从。
- 在第二和之后的所有回合中，只惩罚那些在第一回合没有选择服从或者在前一回合没有惩罚原本应该被惩罚的参与者的人。

只要 δ 足够高——严格来说，只要它大于 c/h 和 C/h，这种策略就是子博弈完美均衡。我们是怎么知道的呢？像往常一样，我们要检验假设在没有其他人改变策略的情况下，是否有人可以通过偏离获益（现在一定还要检验某人发现自己处于意外状况的情况）。那么，你想在第一回合选择逃避吗？如果你这么做了，你会获得 C，但是在下一回合，别人会惩罚你，对你造成伤害 h。只要 δ 足够高，即使在被折损之后，这种伤害也会超过你从逃避中获得的收益。好吧，但要是你发现自己（意外地）和一个选择逃避或者在该去惩罚的时候没去惩罚别人的人配对了，那该怎么办？你应该去惩罚她，对吗？你可以通过不惩罚来省下 c，但这意味着你反过来会受到惩罚，你要为此付出代价 h。同样，只要 δ 足够大，即使在被折损之后，这种伤害也会超过节省下来的 c，从而让你的处境更糟糕。你瞧，我们让自己处在了一个子博弈完美纳什均衡状态中。

• • •

规范执行博弈的这种均衡状态告诉了我们规范的两个需要留意的特征。

第三方惩罚。第一个特征是第三方惩罚。在规范执行博弈的第一回合中选择服从，是受到未来几个回合中惩罚威胁的激励。进行惩罚的参与者是第三方，之所以这么说，是因为当第一位参与者未能遵守规范时，即便他没有受到直接伤害，也会进行惩罚。

高层级惩罚。第二个特征是高层级惩罚。为了确保规范执行博弈中的某种均衡策略是子博弈完美均衡状态，我们不仅需要鼓励服从，还需要惩罚。这要通过更高层级的惩罚来实现，也就是惩罚那些在本应该惩罚别人的时候没有去惩罚的人。

除了规范的这两个特征，我们在上一章看到的一些特征仍然发挥着重要作用。

可观察性。如果人们观察不到你的不端行为，他们就肯定不能因此惩罚你。如果行为足够隐秘，或者社交网络没有严密到足以鼓励持续的监控和执行，那就可能发生这种情况。从广义上讲，你可以认为所有这些因素都与 δ 有关，也就是说，很高的 δ 不仅意味着再次互动的可能性很高，还意味着那些与我们互动的人将会知道过去发生了什么，而且他们有足够的动力去关心这件事。

预期。与重复囚徒的困境一样，规范执行博弈也有很多种均衡状态：有些涉及服从，有些则不涉及，有些执行的是一种规范，而有些执行的是另一种规范。因此，你会想评估一下你所在的群体希望你遵守和执行哪些规范——以及什么时候遵守和执行。

高层级信念。就像在重复囚徒的困境中参与者不愿去惩罚无意的背叛一样，规范执行博弈中的参与者也不愿去惩罚只有自己亲眼看到的违反规范的行为，因为这样她不必承担惩罚的代价，也不用冒着因此受到惩罚的风险。

· · ·

我们来看一些证据。我们会先讨论这个列表中规范执行模型所特有的两个特征的证据——第三方惩罚和高层级惩罚，然后讨论列表中其他特征的证据。

第三方惩罚。人们真的会以第三方的身份去惩罚那些违反规范但并没有直接伤害他们的人吗？这里有一些例子可以证明他们确实如此。

在第一个例子中，我们想请你为了科学做一个实验。下次在公共场所的时候，你当着某个人的面把一张糖纸扔在地上。说真的，不要这样做——摩西在他还是个顽皮少年的时候已经帮你试过了。那么结果如何呢？一个身材魁梧的第三方在人行横道中间停下了他的皮卡车，然后下来告诉摩西应该把糖纸捡起来。值得一提的是，这个身材魁梧的第三方并没有直接受到摩西扔的垃圾的影响。当时是在一条公共街道上，而且那个第三方只是刚好开车经过。（摩西吸取了教训，并从此养成了不乱扔垃圾的习惯。）

在第二个例子中，我们要看由恩斯特·费尔和乌尔斯·费施巴赫设计的一些真实的实验。[3] 在这些实验中，第一个受试者和第二个受试者进行最后通牒博弈。然后，第三个受试者被问，他是否愿意付钱来减少第一个受试者的支出。费尔和费施巴赫发现，得到的答案是肯定的：当第一个受试者在最后通牒博弈中没有慷慨地给予时，完全没有受到前者自私行为影响的第三个受试者还是会愿意付钱去惩罚他。类似的实验表明，受试者愿意惩罚那些没有为公共利益做出贡献的人，比如往罐子里存钱的实验，实验者会让罐子里的钱加倍，然后分给团队里的每个人。[4]

乔·亨里奇率领的一个大型研究团队运用费尔和费施巴赫的实验来探究第三方惩罚有多么普遍。[5] 他们招募的受试者来自不同的文化背景——东非和亚马孙地区的游牧和半游牧部落，巴布亚新几内亚、塔希提岛和密苏里州的农民，以及埃默里大学的学生。在所有这些地方，他们都让受试者用他们提供的一整天的工资进行费尔和费施巴赫的第三方惩罚博弈。

亨里奇和他的团队发现，第一个受试者对第二个受试者的慷慨程度和第三个受试者愿意进行第三方惩罚的程度都有相当大的变化。然而，这种变化并不是随机的：第一个受试者慷慨的地方，也正是受试者进行第三方惩罚的地方。此外，他们还发现，即使在最没有合作精神的地方，也有相当比例的受试者受到了第三方的惩罚（由此可见，相当一部分受试者愿意分享他们的工资）。

第三个有关第三方惩罚的例子来自图尔卡纳，一个东非的游牧民族部落。通过细致的人种学研究，萨拉·马修和罗伯·博伊德证明了第三方惩罚在鼓励图尔卡纳人参与牲口抢夺方面的作用。考虑到在抢夺中死亡的男性占所有死亡男性的五分之一，在抢夺过程中逃跑是比较普遍的，但并没有你想的那么普遍。这是因为，惩罚逃兵的方式包括当众责骂、罚款，在极端情况下，逃兵会被绑在树上，受到同龄人的当众鞭打。卢克·格洛瓦茨基在另一个东非部落乃加汤族也发现了类似的习俗。[6]

第四个也是最后一个例子来自种族歧视的美国南方。历史学家克莱夫·韦布写道，在这一时期，美国南方的移民商人往往并不是特别偏向黑人，而且虽然要从他们身上获益，但还是坚持奉行种族主义。韦布引用了1920年一位店主的话："我是来谋生，不是来斗争的。"他还说那些不谨慎的人会面临"经济报复，社会抨击，甚至是暴行。1868年8月15日，一个叫S.A.比勒菲尔德的年轻俄裔犹太人被三K党成员抓走并枪杀。比勒菲尔德与在他店里购物的黑人交好，得罪了田纳西州一个叫富兰克林的白人。14个月后，在佛罗里达州的玛丽安娜，一个名叫塞缪尔·弗莱施曼的犹太五金制品商在几乎相同的情况下被谋杀了"。[7]最重要的是，实施这些暴行的白人都是第三方，他们没有直接受到店主额外销售或者友好往来的影响。

高层级惩罚。更高层级的惩罚真的会导致第三方惩罚吗？通常是这样的。这里有一些证据。

罗布·库尔茨班、彼得·德西奥里和埃林·奥布赖恩已经证明，人们更有可能在知道有人看着自己的时候进行第三方惩罚，因为被人看着可以触发可能会受到更高层级惩罚的感觉。[8]他们把受试者带到实验室里进行了包含两个部分的实验。在第一部分，两名受试者被要求进行囚徒的困境博弈的一种变体，受试者依次选择要不要合作，首先受试者 1 决定是合作还是背叛，然后受试者 2 再做决定。和往常一样，受试者如果背叛了选择合作的搭档，获得的收益是最高的。在这种情况下，他们可以赚 30 美元！在实验的第二部分，他们引入了第三个受试者，并且告诉他其他受试者在第一部分的表现。然后，受试者 3 得到了 10 美元，而且要决定出多少钱去惩罚受试者 2。他每投入 1 美元用于惩罚，受试者 2 的收益就会减少 3 美元。当然，大家的预期是，如果受试者 2 背叛了选择合作的受试者 1，那么受试者 3（才）会去惩罚受试者 2。

库尔茨班、德西奥里和奥布赖恩将第二部分的受试者分为三个实验组。第一组在完全匿名的情况下完成了实验。就连实验者也无法确定谁做了什么决定。第二组的决定只有实验者知道，但是对其他受试者保密。在第三组，受试者 3 被告知他们在实验结束时要站起来，向其余的受试者宣布自己的决定。果然，匿名程度越低，进行第三方惩罚的受试者就越多。当实验过程完全匿名时，平均惩罚金额为 1.06 美元。当实验者能知道他们的决定时，受试者 3 平均会出 2.54 美元进行惩罚。当其他受试者知道他们的决定时，受试者 3 平均会出 3.17 美元进行惩罚。当一个受试者发现其他人会知道他是否进行了惩罚，并且至少在理论上可以对他进行更高层级的惩罚时，他就会想要进行更多的第三方惩罚。

第 11 章　规范执行 ｜ 207

在最近的一项研究中，吉莉安·乔丹和努尔·克泰利重现了库尔茨班等人的实验，但做了一点儿改动。[9]他们用一个背景故事取代了实验的第一部分，在这个背景故事中，他们

给了受试者一个支持群体组织者的机会，这些组织者试图惩罚一名被指控性骚扰的大学教授。受试者了解到，组织者"拿着扩音器在（教授的）办公室和私人住宅外游行示威，目的是向他的朋友、家人、邻居和职业网络揭露他的行为，并（向他所在的大学）施加压力，对他采取行动"。然后，受试者要决定是否通过给组织者捐钱去惩罚教授，还要（在连续量表上）报告他们为支持这些组织者投入的金钱以及他们个人对惩罚依据的道德评价。

和库尔茨班等人的做法一样，乔丹和克泰利也针对受试者的惩罚决定是否会被看到的问题设置了多种情况。关键的改动是，他们还针对受试者有多大把握认定教授确实做错事情的问题设置了多种情况。他们是这样描述的：

我们可以操纵惩罚的道德依据的不明确性。我们给受试者看了一篇报道这些指控的新闻文章，以及与指控的可信性和严重性密切相关的各种重要细节。在明确的情况下，指控是非常严重的，而且很可能是真的（例如，最严重的指控是强奸未遂；教授没有否认指控；有6名指控者）。在不明确的情况下，指控相对不那么严重，也往往不太可能是真的（例如，最严重的指控是相对轻微的不必要

的触碰；教授否认了指控；有两名指控者，且两人都有潜在的不可告人的动机；有人为教授的品行做了担保）。

在这两种情况下，受试者都知道，尽管有这些重大的差异，但组织者还是采用了相同的（比较严厉的）惩罚方式。

在依据明确的情况下，乔丹和克泰利的发现与库尔茨班等人的发现很像：当被别人看着的时候，受试者更有可能进行惩罚。

乔丹和克泰利还发现，正如预期的那样，在不确定的情况下，受试者惩罚的次数往往会大大降低——大约降低了 3/4。不过他们还是发现，当被别人看着的时候，受试者惩罚的次数更多："这充分体现了声誉的激励力量，在不明确的条件下，受试者对我们声誉操纵行为的敏感度并没有降低。"高层级惩罚的潜在威胁如此之大，以至受试者会克服自己的保留意见去进行惩罚，这的确很惊人。

所以，人们确实会由于受到更高层级惩罚的威胁而进行第三方惩罚。但是人们会进行更高层级的惩罚吗？他们真的会只是因为人们在原本该去惩罚别人的时候没有去惩罚而去惩罚这些人吗？这个问题的答案也是肯定的。

萨拉·马修在对图尔卡纳人的调查中探究了这个问题，她在调查中设置了 4 种不同的情况。[10] 第一种是惩罚了逃兵的人，第二种是没有惩罚逃兵的人，第三种是惩罚过度的人，而第四种是惩罚不公正的人，也就是说，他们惩罚了没有逃跑的人。然后她问图尔卡纳人："这个人错了吗？你对他不满意吗？他的行为是无用的吗？你会批评他吗？你会惩罚他吗？你会拒绝帮助他吗？"对于第一种情况，也就是这个人惩罚了逃兵，图尔卡纳人很少会回答说这个人是错的，或者对他不满意，等等。然而，对于其余的情况，他们会相当频繁地这样说，而且多次表示会惩罚他。惩罚那些没有惩罚逃兵的人，却不惩罚惩罚了逃兵的人，这正是规范执行模式所要求的。

杰基·罗宾森加入布鲁克林道奇队后，打破了美国职业棒球大联盟中所谓的"种族界限"，这激怒了一些种族主义倾向严重的球迷，其中最有名的是圣路易斯红雀队的球迷。当然，罗宾森首当其冲，遭到了他们的反复虐待——既有言语上的也有身体上的。他的非暴力回应最终成了民权运动的动力来源。罗宾森的队友也受到了攻击，尽管他们与雇用罗宾森的决定没有任何关系，甚至有些人是反对这个决定的。但是，在种族主义球迷看来，他们继续留在道奇队就表明，他们没有在应该进行惩罚的时候去惩罚，因而获得了更高层级的惩罚。[11]

基督徒和犹太教徒都有将成员逐出教会的做法（在犹太教中，被称为 herem，指革除教籍）。某个团体成员如果行为不端，就会被宗教领袖逐出教会，这意味着不仅他被禁止参加团体活动，而且任何与他有关联的人都有可能被逐出教会。例如，13 世纪第四次拉特兰会议就规定，神职人员有权驱逐那些自己行为端正但帮助过行为不端的人的成员。[12] 在以色列上中学的时候，埃雷兹就目睹学生们实施了一种非教区形式的 herem。当一个学生做出特别严重的失礼行为时，他或她的同学就会宣布进行 herem。然后，其他人如果违反了最初的 herem，哪怕是和被驱逐的同学说话，他们也会遭受 herem。令人惊奇的是，参与其中的孩子大多不信教，他们可能从未听说过教区里成年人的 herem，也就是他们自己的 herem 的名字的来源。

心理学家凯莉·哈姆林、卡伦·温、保罗·布卢姆和妮哈·马哈詹已经证明，即便是婴儿也会有看似更高层级惩罚的行为。[13] 这个团队用袜子玩偶——大象，驼鹿和鸭子——表演了两个场景。在第一个场景中，一个玩偶会表现得很友好（它帮助另一个玩偶打开装有玩具的盒子）或者很刻薄（它砰地关上了盒子）。然后，当这个玩偶自己也需要帮助时（它在玩球的时候把球弄掉了），另一个玩偶出场了，要么把球还给它，要么把球拿走。最后，婴儿们可以选择一个玩偶玩。5 个月大的婴儿会普遍选择把球还给第一个玩偶的玩偶，不会顾及那个玩偶在第一个场景中表现出刻薄还是友好。但是 8 个月大的婴儿会进行第二层级惩罚。他们会选择对友好的玩偶表现友好的玩偶，以及对刻薄的玩偶表现刻薄的玩偶。

• • •

接下来，让我们看看规范执行博弈中的合作与重复囚徒的困境中的合作共有的三个特征的一些证据。

可观察性

我们要检验的第一个特征是可观察性，也就是当人们的善行更有可能被观察者发现,而且他们也更在意那些观察者时,他们往往会表现得更无私。

我们要思考的第一个证据来自一个简单的实验室实验,这个实验经常被用于研究利他性,被称为独裁者博弈。在独裁者博弈中,受试者会得到几美元,并且要回答他们愿意分出多少钱给另一个受试者,然后就结束了,这就是整个实验。在这个简单的实验中,许多受试者分出了一半,但有的人给得更少,还有的人则选择独吞。

和我们预测的一样,受试者给出的金额取决于实验的匿名程度。如果受试者知道彼此的身份,那么他们往往会分出去很多。如果其他受试者不知道他们的身份,他们就会变得不那么慷慨。如果实验是双盲的,也就是其他受试者和实验者都不知道他们的身份,他们就会变得更小气。如果实验者采取了特殊措施进一步保护受试者的身份,并且突出这些措施——让受试者知道这个实验的匿名程度有多高,这样到最后,他们几乎什么都不会分给对方。结论就是,可观察到的事物越多,受试者给予的就越多。[14]

除了独裁者博弈,研究利他性的另一个常见的实验范例是公共物品博弈。这个范例和独裁者博弈有些类似,但同时参与的受试者要更多。和独裁者博弈一样,受试者同样会得到一笔钱。这一次,他们要回答愿意捐出多少钱放入公共池中,不管他们捐出多少,公共池中的钱都会加倍,然后被分给所有受试者。和在独裁者博弈中一样,研究人员通常会发现,受试者会捐出相当一部分钱作为公共资金。

在由约翰·李斯特、罗伯特·贝伦斯、阿洛克·布哈拉和乔·科克夫利特所做的一项实验中,他们让对照组的受试者玩一个与我们刚才描述的公共物品博弈类似的游戏,询问受试者是否愿意将自己20美元的报酬捐给学校的一个研究中心。实验组的受试者也玩了相同的游戏,只不过在他们做出决定后,一些人会被随机选择出来,被要求在所有受试者面前公开宣布自己的决定——真是一种很有效的操纵可观察性的方法!果然,实验组的受试者捐赠的比例大约是对照组的两倍。[15]

为了获得更多的证据,我们要离开实验室,去田野里看一看。在英国一项对水果采摘者的研究中[16],研究人员发现,当他们给水果采摘者提供一种相对薪酬方案,也就是采摘者获得的奖金取决于他们相对于其他人的表现时,采摘者会放慢速度,以避免迫使同伴工作得太过辛苦。但是,这种情况只发生在采摘者在田地里干活时能看见彼此的时候。对某些种类的水果来说,这是不可能实现的:

2型水果生长在茂密的灌木上,树高平均6~7英尺。和1型水果相比,在采摘2型水果时,工人无法观察到附近几排的采摘者采摘水果的数量。因此,2型水果的物理特征确保了在同一天劳作的工人无法相互观察。

对于2型水果(我们认为有可能是树莓,但是作者没说),采摘者没能合作,结果工作得更辛苦了。

我们的可观察性预测其实是非常有用的。在我们自己的一篇论文中,我们运用这项发现来提高黑视预防项目的参与度。[17]我们发现，当我们使用的报名表会让邻居都知道大家的身份时，人们报名参与这个项目的可能性是使用匿名代码报名时的3倍！其他人也发现，可观察性在鼓励献血、守法纳税，以及为国家公园捐款等方面有类似的惊人效果。[18]

预期

我们需要检验的规范执行博弈模型的下一个特征是，人们对别人是否会与自己合作的信号很敏感。约翰·李斯特对独裁者博弈做的改动就能很好地说明我们的意思。在标准版的实验中，独裁者只能选择通过分享战利品来帮助自己的同伴。在李斯特的版本中，独裁者可以选择帮助或者伤害自己的同伴：他们可以把自己的一部分收益分给同伴，或者拿走同伴的一部分收益。在这种情况下，只有很少的受试者会给同伴分钱，不过和在常规版本中一样，也很少有人会做出最自私的选择，把同伴的钱拿走。[19] 受试者似乎会从可用的选项中推断出，如果希望被视为一个公平或正派的同伴，他们应该如何表现。

还有别的例子吗？各种实验已经发现，只是改变用于描述实验的词语就能影响受试者的行为。在瓦尔达·利伯曼、史蒂文·塞缪尔斯和李·罗斯进行的一个经典实验中，参加最后通牒博弈的受试者在该博弈被称为"合作博弈"时比在它被称为"华尔街博弈"时更愿意给予，也更有可能拒绝不公平的出价。[20] 在瓦莱里奥·卡普拉罗和安德烈亚·万佐最近的一项研究中，受试者参与了独裁者博弈的一种变体，当可用的行为被标记为"不偷"和"偷"，而不是"不拿"和"拿"的时候，他们的慷慨程度会加倍。当行为标签变为"给予"和"不给予"时，受试者会变得更加小气。对于标签改变参与者行为的结果，有一个可能的解释是，它们改变了受试者对自己应该有多么慷慨的预期。[21]

如果想看到预期在现实生活中是如何发挥作用的，你不妨看看有关"助推"的行为经济学文献。比如，在21世纪初，诺厄·戈尔茨坦率领一个研究团队与一家酒店合作，来测试请求旅客重复使用毛巾的信息——这个小小的不便会为酒店节省资金，而且有助于节约能源和水。研究人员一开始使用了像"你可以帮助拯救环境"这样的信息，却发现当他们加入了像"和其他客人一起加入拯救环境的行列。在受邀参与我们新的资源节约项目的客人中，近75%的人重复使用了毛巾"这样的信息时，重复使用率上升了9个百分点。当研究人员告诉旅客和他们住过同一个房间的其他旅客重复使用过毛巾时，这样的信息会更有效。[22]这种通过强调其他人在此情形下选择合作的事实来帮助传达预期的信息被称为描述性规范。酒店的旅客会问自己："在这种情况下，其他人会选择合作吗？在这种情况下，像我这样的人会合作吗？"然后他会给出肯定的答复，合理地得出自己也应该合作的结论。

社会心理学家和行为经济学家已经发现了很多更巧妙的方法去影响人们的预期，从而影响他们的利他程度。一种常见的方法是去调查人们认为正确的事情（你觉得有人跳过旋转栅门逃避支付公共交通费用的做法公平吗？），然后报告结果（超过85%的纽约人达成了共识：逃票是不公平的！）。这样的信息被称为指令性规范，它们也能有效地表明预期。

还有更多其他的例子。要想从源头上研究这些例子，可以去看看理查德·塞勒和卡斯·桑斯坦的《助推》。但我们还是忍不住想再举一个例子。在过去，纽约大都会艺术博物馆是免费的，但是在进去之前，你必须排队取一枚小的金属徽章别在你的衣服上。当走近柜台的时候，你就会发现它看起来和收银台差不多。桌子上方的标识牌上写着建议的捐款金额——有针对普通参观者的，还有针对儿童、老人和学生的。你可以一直说你当天不想捐款，但是该博物馆默认的捐款清单却设定了相反的预期——这是一种很有效的策略。

· · ·

现在，让我们把目光转向规范执行这些特征背后的一些有趣的含义。我们要先讨论可以通过规范执行完成的事情所受到的一些限制。

对可强制执行事项的限制

在新型冠状病毒感染大流行期间，我们大多数人都限制了自己的出行，避免与朋友和家人在室内聚会，与他人保持6英尺以上的社交距离，外出时佩戴口罩。当跨州出行时，在与任何人见面前我们都需要获得新型冠状病毒测试的阴性结果。尽管这些限制有很多都被写入地方和国家的官方指南，而且在某些情况下，违反规定会被处以罚款，但大多数地区都极力避免实施这些惩罚措施。事实上，这些地区依靠当地居民通过优良的规范执行传统来鼓励这些行为。虽然遵守情况并不完美，而且各地的情况也不尽相同，但是大多数美国人还是戴上了口罩，即使不是完全不出行，也有意识地限制了自己的出行，甚至还在可以获得疫苗时接种了疫苗。规范执行的效果还是很不错的。

由于接种过疫苗的人感染和传播新型冠状病毒的可能性很低，所以有人会认为自己不再需要戴口罩。然而，这样的规定却花了几个月的时间才被取消，而且在此期间，接种疫苗的人还是要和其他人一样遵守规定。卫生部门给出的官方理由（即他们还不知道接种过疫苗的人是否会传播病毒）总是很可疑。直到更多数据证实，接种过疫苗的人几乎不传播新型冠状病毒，他们才放弃了这个理由，但仍没有解除限制，所有人仍然被要求暂时佩戴口罩。

我们需要接种过疫苗的人继续戴口罩的真正原因可能是，我们仍然需要未接种疫苗的人戴口罩，而执行所有人都戴口罩的规范要容易得多。对于这样的规范，实施第三方惩罚会相对容易一些。没有戴口罩？第三方可以随便说些什么，他们知道其他人（更高层级的惩罚者）会站在自己这一边。很好！但是要求一些人戴口罩，另一些人不需要戴口罩，会让第三方惩罚者很难发声。所以，虽然要求接种疫苗的人戴口罩有点儿愚蠢，但这比发现自己无法鼓励任何人戴上口罩要强多了。

这个例子说明了关于规范的一个更普遍的问题：通过第三方或更高层级的惩罚，有些事情会更难执行。这些事情将变得很难维持，实际上，我们最终执行的结果可能会走样。就口罩而言，这没什么大不了的。所以，要是有人在不需要的时候戴了口罩该怎么办？

在接下来的两章中，我们会认真地研究高层级信念，我们将看到对可强制执行事项的限制是非常有意义的。例如，我们会看到规范必须是限定类别的，这会让某些理想的规范变得很难执行，比如那些反对在战争中造成不公平伤害的规范。事实上，我们会坚持执行绝对禁止酷刑或者使用某些类型武器的规范，而这些都是不完美的替代品。同样，我们可能想要一个能鼓励人们给好的慈善机构捐款的规范，但我们做不到。事实上，我们会奖励那些向慈善机构捐款的人，不管他们的钱是会带来有意义的改变还是被浪费了。我们还会看到，规范对行动或不行动是否会造成伤害是非常敏感的（比如，你是杀了那些犹太人还是只想让他们死掉？），但事实不完全是这样的。目前我只能说，虽然规范很强大，但并非所有的规范都很强大，并且在某些时候，这一点很重要。

实用的建议

规范执行方法的优点是，它提供了鼓励人们遵守规范的可行方法。

- **提高可观察性**。如果个体可以私下违反规范，第三方就很难对其进行惩罚。只要有可能，应该设法让行为更容易被其他人观察到，就像我们不用热线电话而改用报名表那样。
- **消除看似合理的借口**。与纽约大都会艺术博物馆不同，泰特美术馆只是在馆内不同地方放置了捐款箱，而不要求参观者排队进入。这就为"我没看到箱子"或者"我忘了"等看似合理的借口留下了很多余地，使得第三方惩罚者很难完成其任务。毕竟，他们不仅要关心自己是否认为规范被违反了，还要关心其他人——更高层级的惩罚者——是否认为规范被违反了，而且无论他们有多确定某位参观者是故意不捐款的，也无法确定高层级惩罚者与他们的意见是否一致。只要有可能，就应该尽量消除这些借口。这就是纽约大都会艺术博物馆的做法。在那里，任何试图不捐款就走的人都可能被第三方惩罚（"嘿，排队！"），后者也不用担心更高层级的惩罚者会认为这样做很过分。
- **沟通预期**。由于人们对自己在特定环境中是否应该遵守特定规范的信号很敏感，所以在他们应该遵守的时候，就给他们这样的信号。正如我们刚才看到的，这些信号能够表明，其他很多人都在遵守这项规范，或者其他人认为遵守这项规范是好的，尤其是当遵守规范的人恰好就是制定或执行规范的人的时候。

这个清单对促进亲社会行为很有用，比如慈善、捐赠、节约资源、洗手和抗生素依从性。它也可以用于破坏种族主义等不良规范。

要做到这一点，把建议反过来就行了：让违反规范的行为更难被观察到，提供更多的借口，并且提供混杂的预期信息！

有一次在做文献综述的时候我们发现，基于这些建议的实际干预措施在促进利他行为上的作用大大超过了其他方面的努力。提高可观察性特别有效，比其他干预措施的效果要好得多。沟通预期也很有效——这一结果在其他综述中已经得到证实。（在我们做综述的时候，还没有足够多的消除看似合理借口的干预措施供我们评估。）相比之下，那些只是试图让利他行为变得更容易，或者以某种物质方式——奖金、马克杯、T 恤——对其进行奖励的干预措施往往会导致不温不火的结果。[23]

我们已经讲过我们是如何在努力推进黑视预防的过程中运用这些建议的。这里还有另外一个例子，我们与一家新兴的数字健康公司合作，来提高肺结核治疗的依从性。大多数西方人并不了解的肺结核是世界上最致命的传染病，每年会夺去 200 多万人的生命——比因艾滋病和疟疾死亡的人数的总和还多。令人震惊的是，事实上，70 年前我们就已经有治疗肺结核的方法了。

然而，委婉地说，结核病治疗是一项令人畏惧的挑战。它要持续 6 个月或更长时间，需要定期去诊所，并且每天服用的抗生素剂量很大，会让患者感到恶心。许多患者很早就停止了治疗，希望自己已经痊愈。我们的目标是阻止他们停止治疗，这样他们就不会再次生病，也不会传染给其他人，或者发展成治疗起来非常困难的耐药性肺结核。

所以，以下就是我们解决这个问题的方法。每天，我们都会给患者发短信提醒他们吃药。但我们并没有止步于此。因为这样还是不会有任何可观察性，也留下了太多的借口："我没有看到短信。""我的手机没电了。""我把手机借给我妈妈了。""我看到了短信，但是忘记了。"所以，我们还要求患者登录并证明自己服用了药物。如果他们没有回复，我们就再发一次短信，然后再发一次。如果在三次提醒之后他们仍然没有回复，我们的支持者团队会提供帮助，设法让他们回到正轨。现在，多亏了那些支持者，才有了可观察性和更少的借口。如果明明知道在回复之前你会一直收到短信，你说自己没有看到短信就无济于事了。我们也有一些沟通预期的机会，会发送一些激励性的信息："让我们一起把肺结核赶出肯尼亚！""今天已经有数百名健康英雄服用了药物，请加入他们！"

  我们的干预措施相当成功。在对肯尼亚内罗毕 1 200 名患者的一项平台测试中，我们将未能完成治疗的患者数量降低了 2/3。在超过 1.5 万名患者（约占肯尼亚肺结核患者的 20%）的第二次测试中，我们将未能完成治疗的患者数量降低了 1/3。[24]

* * *

  到目前为止，我们关注的都是看起来有点儿像高度程式化模型的规范。当然，现实情况要复杂得多，尤其是在规范执行方面。我们来看一些现实世界的规范，探讨一下它们是如何被执行的。[25] 之后，我们再讨论这些规范与我们的模型有什么共同之处。

  在海盗的黄金时代，也就是 17 世纪末到 18 世纪初这段时间，海盗让西班牙和美国殖民地的商船闻风丧胆。文学和电影迷都知道海盗有着非常可怕的名声。他们会杀死商船上所有反抗的人,并且经常使用异常残忍的手段实施惩罚。他们会通过戏剧性的效果加深被欺凌的商船水手的恐惧感。史上最著名的海盗黑胡子常常会把点燃的导火索藏在帽子里,这样他就会被烟雾包围,哈哈哈。

尽管很有戏剧性,但海盗其实都是精明的商人,这些策略很大程度上是为了尽可能减少真正交战的需要。虽然他们大肆宣扬自己多么可怕,但是对投降船只的水手很仁慈,这一点也是很出名的。这样做的主要目的就是要让商船不战而降。俘虏们一旦投降,就会惊奇地发现海盗成员行事很有序。一个俘虏曾说:"在海上,他们执行任务时非常有秩序,甚至比荷兰东印度公司船只上的水手表现还要好,海盗们会为自己把事情做好而感到非常自豪。"[26]

当时商船水手的薪水很低,表现很差,常常会受到专横的船长的虐待,与此形成强烈对比的是,海盗们的薪水很高,表现很好,待遇也不错。海盗中极少出现偷东西的情况。他们会共同做出重要的决策,经常通过投票产生结果。他们甚至早早就上床睡觉了,那些想继续喝酒和赌博的人(前提是在允许赌博的船上——赌博行为通常是被禁止的)要到甲板上去,以免打扰到其他船员。

海盗是如何维持这种秩序的?一切还要从陆地上说起,在成为船员之后,每个人都要承诺遵守船上的行为规范,并且在小型的公开仪式上签名。签过名的行为规范会被张贴在船上显眼的位置,通常是在船长宿舍的门上(前提是船长有自己的宿舍——船上的氛围非常平等,所以船长有时会和船员睡在一起)。虽然海盗一般会在被捕后试图销毁这些行为规范以消除罪证，但仍有一些被保留下来。下面的内容就来自巴塞洛缪·罗伯茨船长所在的船只：

I. 在重大事件上人人都有投票权；每个人对任何时候缴获的新鲜食品或烈酒都有同等的权利，可以随意取用，除非由于物资短缺（这在他们当中并不罕见），为了大家的利益，有必要对削减开支进行投票表决。

II. 所有人都要按名单公平地轮流去被缴获的船上，因为（除了他们应得的那份）他们可以在这些时候换一件衣服；但如果骗取同伴的盘子、珠宝或金钱等，只要价值达到一美元，他们就会被放逐到无人岛上。如果是相互盗窃，他们会把犯人的耳朵和鼻子割开，然后把他送到岸上，不是去一个无人居住的地方，而是某个他一定会遇到困难的地方。

III. 不准用纸牌或骰子赌钱。

IV. 灯和蜡烛要在晚上八点的时候全部熄灭。八点之后，如果有船员还想喝酒，要到露天的甲板上去。

V. 火炮、手枪和弯刀都要保持干净，随时可以使用。

VI. 不允许男孩或女人加入他们。如果发现有人引诱女性，并且经过乔装打扮把她带到船上，这个人就会被处死。（所以，当有女性落入他们手中，就像在昂斯洛碰巧发生的那样，他们会马上派一个哨兵看守，防止如此危险的会导致分裂和争吵的因素产生不良后果。但这正是滋养恶行的地方，他们会讨论谁该去做哨兵，最后选出的通常都是一个最厉害的恶霸，这个人为了保护女性的贞操，不准任何人跟她上床，除了他自己。）

VII. 在战斗中弃船或离开驻地的人，将被处以死刑或流放。

VIII. 在船上不可以互相攻击，但是所有人都可以在岸上用刀剑和手枪结束争吵。［当双方不能达成和解时，船上的舵手会和他们一起去岸上，提供他认为合适的帮助，让争论者隔着很多步的距离背对背站着，一听到命令，他们就立刻转身开枪（否则他们手里的枪就会被打掉）。如果两个人都打偏了，他们就会拿起弯刀，先让对方流血的人就是胜利者。］

IX. 在每人分得1 000英镑之前，不准谈论要改变自己生活方式的事情。如果有人为了完成任务而失去了一条胳膊或腿，或者在行动中变成了一个瘸子，那么他将从公共资金中获得800美元，对于更轻的伤害，则按比例递减。

X. 船长和舵手可以得到两份奖金，主管、水手长和炮手可以获得一份半的奖金，其他高级船员可以分到一又四分之一的奖金。

XI. 乐手可以在安息日休息，但是在其余的六天六夜，不会受到特别的优待。

罗伯茨船长制定的行为规范与我们的规范执行模式并不是很相似。没错，虽然他们是通过（严厉的！）惩罚来激励人遵守规范，但缺少了规范执行模型的递归逻辑：惩罚不是由担心受到更高层级惩罚的第三方实施的。更确切地说，船上的高级船员被授予了实施惩罚的权力；有时候，有争议的案件会在全体船员面前进行表决。[27]

我们要看的下一部行为规范来自另一群不法分子：意大利南部和美国的意大利犯罪家族。Omerta 意为"缄默法则"，也就是禁止这些家族的成员向执法部门或外界泄露信息——甚至是关于敌对家族的信息，哪怕是在这些信息可以证明被讯问的人无罪的时候也不可以。这些人宁愿无辜受罚，也不会与警察合作。当文森特·吉甘特因谋杀黑帮老大弗兰克·科斯特洛未遂而接受审讯时，科斯特洛拒绝做证，他告诉警察自己没有认出袭击者，还说"我在世界上没有敌人"。[28]虽然大多数城市中心区的贩毒团伙可能不会称其为"缄默法则"，但他们还是严格遵守着禁止告密的规定（就像在意大利南部一样），即使是非帮派成员也要遵守这项规定。

缄默法则是如何被执行的呢？ 2017 年，意大利当局发现了一个犯罪家族用于审判被指控违反缄默法则成员的地下法庭网络。惩罚措施多种多样，"从临时监视或隔离，到用尿液和粪便涂满已定罪者的上半身，再到判处死刑"。[29]在电视剧《火线》中，当毒枭马洛·斯坦菲尔德得知讨人喜欢的中学生兰迪·瓦格斯塔夫向警方提供了有关马洛的亲信犯下的一桩谋杀案的信息时，马洛并没有让人杀了兰迪，而是告诉他的手下去传播兰迪是告密者的消息。事实证明，这几乎和被杀一样糟糕。邻居的孩子频频挑衅兰迪，一天晚上，有人把燃烧弹扔进了他和祖母居住的公寓窗户。房子被烧毁，他的祖母受了重伤。兰迪最终被送到一个寄养家庭，在那里，仍然有同龄人继续恶意骚扰他。

如果你认为缄默法则只适用于法外之徒，那就再想想吧。法律本身就实行了一种被称为"沉默的蓝墙"的缄默法则。当警察被询问有关同事的违法行为时，他们会做伪证（一般是通过装糊涂）。那些不做伪证的人可能会被同事排挤、骚扰，或者受到更糟糕的对待，他们还可能会被上级降职或解雇。举报人也会受到类似的待遇，而且几乎总是会失业。[30] 蓝墙是遏制警察腐败和暴行的主要障碍，已经遭到了激进分子的抨击，尤其是在"黑人的命也是命"运动期间。正统犹太教徒也有一种缄默法则，被称为 mesirah，也就是禁止向外部机构告发犹太教徒的违规行为。甚至连小学生（犹太教和非犹太教都一样）都有禁止打小报告的规范。

我们的下一个有关现实世界规范的例子，来自缅因州沿海的龙虾渔场，那里长期以来一直运用一套独特的规范进行着可持续渔业的自我管理。至少从20世纪中期开始，捕龙虾的渔夫就对哪些龙虾可以出售实施了严格的限制。那些在特定尺寸以下，或者在特定尺寸以上，或者尾巴上有 V 形切口的表明它们是带卵雌性龙虾，会被放回大海。这些规范可以追溯到20世纪30年代，当时还没有任何生效的限制龙虾捕捞的法律。法律是以规范为基础的，而不是规范以法律为基础。

在对捕龙虾渔夫的深入研究中，詹姆斯·艾奇逊指出，总的来说，他们是一个相对有序的群体，和海盗差不多。[31] 他们组成各种帮派，每个帮派都有一个被叫作头儿或头目的领导者——通常是一位年长的、受人尊敬的捕龙虾的渔夫。头儿要确保帮派成员不把龙虾笼和其他装备留在码头上，化解帮派成员之间的纠纷，帮助帮派将龙虾卖给当地经销商或合作社，等等。由于帮派是地盘性的，所以头儿还要在新来的人或邻近帮派入侵时，负责组织保护帮派地盘的行动。

在执行规范和打击入侵的过程中，捕龙虾的渔夫使用的关键策略是切断龙虾笼，也就是割断连接海底的龙虾笼与海面浮标的绳子。被切断的龙虾笼是无法复原的，而龙虾笼被切断的渔夫不仅会失去宝贵的装备，还浪费了时间。如果一个渔夫的龙虾笼被反复切断，他或她（捕龙虾的女性相对少见，但通常也被称为渔夫）很快就会破产——这是希望把捕虾作为第二职业的外地人通常要经历的惨痛教训。严格来说，切断龙虾笼是违法的，会被处以高额罚款，还有可能要坐牢，但是要抓住犯人相对来说比较困难。在极端情况下，据说捕龙虾的渔夫还会把对方的船撞沉。

我们现在要把目光从沿海转向内陆，离开东海岸的捕虾人，去西部认识一下加利福尼亚州沙斯塔县的牧场主，他们制定了一套独特的规范，来确保邻里之间的友好关系。沙斯塔地处苍翠起伏的丘陵地带，经营牧场一直是当地主要的经济活动。一些牧场主花钱在被栅栏围起来的土地上放牛，但栅栏的价格高得吓人（光是材料就高达每英里[①]1万美元），所以许多区域是没有栅栏的。这些区域仍然可以被用作牧场，比例通常是栅栏围起来的土地的三分之一。当然，这些土地上的牛经常会走到别处，闯入邻近的农场和牧场。在那里，它们践踏栅栏，吃贮藏的干草，偶尔还会让奶牛怀孕——这

[①] 1英里≈1.609千米。——编者注

些对邻近的农场主来说都是不小的损失。

在法律上,牧场主并不总是要对这些损失负责。严格地说,这取决于农场是在开放的土地还是在封闭的土地上。如果是在开放的土地上,牧场主就不承担责任。如果是在封闭的土地上,他或她就要对闯入邻近农场的牛造成的所有损失负责。要是有汽车驾驶员撞上了误入公路的牛,他也要负责。

但实际上,牧场主只要一听说有牛跑了,就会迅速地把牛抓回来,修补栅栏,改善关系。如果造成了任何严重的损坏,牧场主一般也会帮忙修复。最初对这个案例进行研究的罗伯特·埃里克森是这样说的:[32]

大多数农村居民都会有意识地践行邻里合作的首要规范。在发生误闯事件时,除了少数不正常的人,所有人都会遵守最重要的低层级规范,那就是牲畜的主人要为自己牲畜的行为负责。对这一规范的坚持似乎完全不依靠正式的法律权利。大多数牧场主都认为,不管牧区是开放的还是封闭的,牧场主都应该阻止自己的牲畜去吃邻居的草。

当牧场主被问为什么要遵守这些规范时,他们的回答清楚地表明,他们已经将规范内化了:"就好比我(未被邀请就)坐下来吃你妻子做的晚餐。"以牺牲邻居的利益来获得免费的牧草是"不对的"。"(我的牛)不该去(我邻居的土地)。"一个牧场主"有修建栅栏的道德义务"去保护邻居的庄稼,哪怕是在开放的牧场里。

如果牧场主违反了邻里规范，没有迅速抓回自己的牛并进行赔偿，邻居们一般会通过说这位牧场主的闲话来报复。这往往足以让牧场主做出赔偿，但如果这种方法没起作用，邻居们有时会自己动手，把误闯的牲畜转移到一个很难找到的地方甚至杀死它们，以此来报复牧场主。在极其罕见的情况下，邻居会向当地政府投诉，他们解决争端的方式通常是打电话给其他牧场主，让他们迫使越界的人改正错误：

当监管者多次接到误闯受害者的电话时，他的第一反应就是化解危机。前任监管者诺曼·瓦戈纳的标准程序是，召集该区域的牧场主，建议他们对违规者施加压力，否则就关停他的牧场。

牧场主在这个过程中往往能发挥很大的作用。他们有充分的理由这样做。在过去，当邻居们觉得牧场主没有回应他们的投诉时，他们成功地申请关闭了一些土地，这意味着更多的麻烦，尤其是和汽车相撞的事故。

· · ·

在所有这些实际案例中，遵守规范的动机是害怕被惩罚。违反了行为规范的海盗会被杀死或流放。违反了缄默法则的犯罪分子和黑帮成员会被杀死或者勉强逃过一死，比如兰迪·瓦格斯塔夫。如果有捕龙虾的渔夫破坏了保护原则，或者试图在别人的地盘上捕虾，他们的龙虾笼就会被切断。不去把误闯的牛抓回来的牧场主会发现，他们的牛会"闲逛"到遥远的小河里，或者完全消失了。

这些例子的不同之处在于惩罚的动机。在规范执行模型和我们前面讨论的例子中，惩罚的动机是第二层级惩罚，而第二层级惩罚的动机是第三层级惩罚，以此类推。在某种程度上，这些例子也可能会出现这样的情况。例如，那些冒着生命危险代表自己的帮派去切断龙虾笼的渔夫会得到帮派其他成员的奖励，他们可能会给他的龙虾笼留出更大的空间，让出理想的捕虾位置，更大方地与他共享信息，借给他捕虾设备，或者帮助他完成陆上的工作。那些没有做到这些事的人很可能会被视为傻瓜，而且他们自己会受到惩罚。不过，更高层级的惩罚通常并不是最重要的，惩罚往往是通过其他方式被激励的，主要有 4 种方式。

1. 那些从规范中获益的人会给惩罚者补偿。意大利的犯罪家族和马洛等人率领的街头帮派会雇用像文森特·吉甘特（就是弗兰克·科斯特洛拒绝告发的那个人）这样的执行者。他们给这些执行者的薪水很高，而且特别忠诚的执行者会不断晋升：吉甘特最终在他的老板维托·吉诺维斯被送进监狱后接替了他的位置。如果执行者因其罪行被捕入狱，他的家人将会得到照顾。在《火线》最后一季末尾的剪辑中，马洛手下安静但可怕的执行者克里斯·帕特洛在监狱里与马洛的劲敌埃文·巴克斯代尔的执行者威毕·布赖斯友好地聊着天。两个人都替自己的老板顶罪，要在监狱里待一辈子，以此换来家人的经济保障。

即使是那些在组织内没有正式身份的人，也可以通过非正式或赏金和奖品的方式，因代表组织进行惩罚而得到奖励。这就是《火线》中罗宾汉式的角色奥马尔·利特尔身上发生的事情，他从马洛率领的帮派那里偷毒品和钱。他最终被杀，这件事并不是马洛手下的某个执行者干的，而是一个想要收到赏金并讨好马洛的邻居小孩干的。当然，执法部门也会利用赏金和奖品，从而鼓励公众帮助逮捕在逃罪犯或国家公敌。在美国，专业的赏金猎人会通过抓捕在保释中逃跑的犯人而获得奖励。2019年，美国承诺向提供信息进而帮助抓获本·拉登儿子的人提供100万美元的赏金。在被纳粹占领的波兰，纳粹用伏特加酒、糖、土豆和油奖励那些交出或者杀死犹太人的农民。在荷兰，纳粹会支付现金，价值相当于当时的4美元或者差不多现在的70美元。近1万名荷兰犹太人被出卖和杀害。[33]

2. 建立制度，惩罚违反规范的行为。海盗会召集"全体船员"投票决定如何处理两名打架的船员或一名因酒醉无法参加战斗的船员。黑手党会聚集在地下法庭，审判那些违反缄默法则的人。捕龙虾的渔夫会在码头边的饭馆或酒馆见面，以解决帮派成员之间的冲突，或者筹划抵御地盘入侵的措施。牧场主应该也是这样做的。毕竟，人类是有沟通能力的——他们可以聚在一起，就惩罚问题达成一致意见，并且敲定惩罚方式的细节。他们往往就是这么做的。

3. 惩罚者的动机是通过惩罚来表明自己对规范的坚持。当邻居的孩子无情地纠缠兰迪·瓦格斯塔夫时，他们可能至少是想表明他们自己永远不会告密。这种发出信号的动机很可能就是人们会对在社交媒体上言辞冷漠的陌生人一拥而上进行指责的原因。你可能还记得公关主管杰斯汀·萨科的著名案例，她在登上飞往南非开普敦的长途航班之前,轻率地在推特上向她的170名粉丝发布了一个不顾他人感情的笑话。其中一位粉丝感觉很不舒服,把这条推文转发给新闻聚合网站BuzzFeed的一名记者,后者转发了这条推文。几个小时之内,萨科就成了头号公敌,"#杰斯汀落地了吗"成为热门话题。在飞机着陆后不久,萨科就失去了工作。

从批评萨科的一些推文中我们可以看出,发这些推文的人会从加入这场集体行动中获得什么。看看这一条:"鉴于杰斯汀·萨科令人作呕的种族主义推文,我今天将捐款给CARE。"(CARE是一个在撒哈拉以南非洲从事人道主义工作的非营利组织。)或者这一条:"我是IAC的员工,我再也不愿意让杰斯汀·萨科代表我们进行任何沟通。"你觉得发这种推文的人自己会是种族主义者吗?应该不太可能。如果他是,他最终就会像个伪君子。

吉莉安·乔丹率领团队进行了一系列研究,证明了这种发送信号的动机才是惩罚的起因。这里我们只介绍一项研究。[34] 这个特别的实验有两个阶段,先是第三方惩罚博弈,之后是信任博弈。我们来回忆一下:在第三方惩罚博弈中,受试者要回答是否会分出自己的一部分收入减少另一位违反规范的受试者的收入。在信任博弈中,一位新的受试者会与来自第三方惩罚博弈的惩罚者配对,并且要回答他愿意把自己的钱分出多少给第一位受试者。不管他选择分多少,这些钱都会加倍,然后第一位受试者要回答他想要返还多少钱。将自己的一部分钱给了第一位受试者的人必须相信收到钱的人会返还一部分。

乔丹发现,如果第一个受试者在第三方惩罚博弈中进行了惩罚，那么在信任博弈中受试者确实会更愿意信任他，分给进行了惩罚的受试者的钱比没有进行惩罚的受试者要多出 33%。这些受试者认为，只要有机会，惩罚者自己会进行合作。他们是对的：那些进行了惩罚的人最终会把他们收到的很大一部分都返还回去。即使是在人工的实验室环境中，也能看出惩罚违反规范的行为是证明一个人会遵守规范的信号。

4. **惩罚并不（总是）代价高昂。**如果说有什么困难，那就是有的时候要让人们不要去惩罚。在我们讨论过的许多案例中，这似乎都是正确的。例如，尽管海盗船长很少这样做，但是在商船上，船长经常会编造虚假的违规行为，从而克扣（和私吞）水手的工资。在沙斯塔县，那些杀了误闯的牛的邻居几乎不会为冰柜里过多的牛肉感到抱歉。弗兰克·埃利斯多次让自己的牛在加利福尼亚州奥克伦的农场主和牧场主的土地上为所欲为，一位奥克伦的居民建议埃利斯印一件 T 恤，写上："吃埃利斯牛肉，奥克伦的每个人都这么做！"即使在萨拉·马修和罗伯·博伊德对图尔卡纳人的研究中，也不是所有的惩罚都代价高昂。逃跑者会以动物祭品的形式支付罚款，然后分给那些因有人逃跑而身处险境的同伴。

还有其他很多符合这种理论的例子。纳粹经常能在当地居民中发现有意愿的合作者，因为他们想去掠夺被他们告发的犹太人的钱财。盟军在奥斯维辛集中营的垃圾堆里找到来自波兰东部的犹太教师斯坦尼斯瓦夫·泽明斯基的日记，上面写道："尽管尸体还是热的，但人们已经开始写信，索要犹太人的房子、商店、作坊或土地。"这并不是什么新鲜事。在《迫害与宽容》一书中，诺埃尔·约翰逊和马克·小山认为，在整个中世纪，像犹太人这样的少数族裔都受到当地统治者的保护，免受迫害，因为他们带来了可观的税收，发挥了重要的经济功能，还为统治者的官僚机构提供了帮助，但是在困难时期，比如发生瘟疫或饥荒的时候，这些保护措施就被取消了。统治者希望从犹太人那里掠夺的财物能够安抚当地的农民，否则他们可能会向统治者发难。

事实上，仅仅通过解除对抢劫和强奸行为的限制来实施惩罚似乎相当常见。在中世纪的英格兰，outlaw 这个词指的是不再受法律保护的人。这项惩罚被留给那些用其他手段逃避惩罚的人。抢劫和殴打不再受法律保护的人不用承担后果。下面是迈克尔·穆图克里希纳和乔·亨里奇讲述的另一个来自斐济的小规模社群的例子：[35]

在斐济的一个以维持生计为主的社群里，一个包含消极的间接互惠（容忍别人利用那些名声不好的人）的系统在维持着各种各样的社会规范，包括那些与帮助社群项目，为乡村宴席做出贡献（食物共享），以及按规定的朝向建造房子等有关的规范。如果有人违反了其中一项社会规范，他们和他们的大家庭就会陷入困境。如果多次违规，他们的名声就会变得足够糟糕，可以说他们的名声盾牌就倒了，之后同村人便可以不受惩罚地利用他们。例如，一个家庭因为在周日工作违反了整个社群的规范，当他们去另一个村的时候，他们的一些炊具和农作物被偷了，其中一块农田也在晚上被烧毁。通常情况下，如果这些行为针对的是某个声誉良好的人，村民就会齐心协力，共享信息，追查小偷/纵火犯。但当受害者名声不好的时候，村民只是耸耸肩，就不再管了。

· · ·

那么，我们见识过的所有规范有什么共同点呢？在所有情况下，遵守规范都是受到鼓励的。究竟如何鼓励呢？那就各不相同了。捕龙虾的渔民是用一种方式做事，而牧场主是用另一种方式做事，但归根结底，他们都要确保违规行为会以某种方式受到惩罚，而惩罚者会以某种方式得到奖励。

每当惩罚需要某种协调性时，就像在我们一开始的模型中那样，更高层级的信念就会发挥作用，规范也会受到更多的约束。在接下来的两章中，我们会专门探讨这些限制。[36]

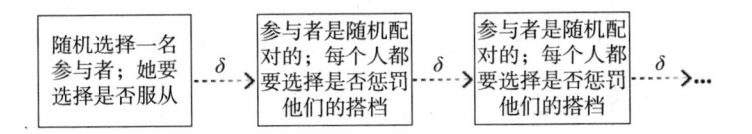

```
┌─────────┐      ┌─────────┐      ┌─────────┐
│随机选择一名│      │参与者是随机配│      │参与者是随机配│
│参与者；她要│ --δ→ │对的；每个人都│ --δ→ │对的；每个人都│ --δ→ ...
│选择是否服从│      │要选择是否惩罚│      │要选择是否惩罚│
│         │      │他们的搭档  │      │他们的搭档  │
└─────────┘      └─────────┘      └─────────┘
```

设定：

- 有 $n \geq 2$ 位参与者。
- 在博弈的第一回合，随机选择一名参与者做出选择：服从或不服从。选择服从需要付出一些个人成本，$C>0$。
- 在第二和之后的任何一个回合，所有参与者都是随机配对的，每个人都要选择是否惩罚与自己配对的参与者，这需要花费成本 $c>0$ 来对那位参与者造成 $h>0$ 的伤害。

- 我们从一个回合进入下一回合的概率为 δ，而博弈结束的概率为 $1-\delta$。
- 参与者可以观察到之前所有回合中发生的全部事情。

有利的策略组合：

- 参与者在第一回合选择服从。
- 在第二回合，参与者要惩罚在第一回合没有选择服从的人（"第三方惩罚"）。
- 在之后的回合中，参与者要惩罚在前一回合应该去惩罚别人却没有做到的人（"高层级惩罚"）。

均衡条件：

- $\delta \geq C/h$ 且 $\delta \geq c/h$。

说明：

- 和在重复囚徒的困境中一样，"可观察性"必须很高，逃避必须受到惩罚，而惩罚本身必须是被鼓励的。
- 因为第一回合的行为可以是任何事情，所以规范可能取决于文化和背景，需要利用更多的模型来确定可能会出现哪些规范。
- "高层级信念"——参与者是否觉得其他人认为规范被违反了——之所以能发挥作用，是因为参与者会因为害怕受到更高层级的惩罚而去惩罚。

第12章
类别规范

在本章中,我们将介绍一种新的博弈论工具——状态–信号结构,我们会把它与协调博弈结合起来解决一个新的谜题:类别规范。什么是类别规范呢?

在《一种更高形式的杀戮:生化战争的秘史》一文中,罗伯特·哈里斯和杰里米·帕克斯曼德讲述了"人类社会是如何好不容易……躲过一场化学战争的":

1944年,美国最高指挥部起草的所谓《莱斯布里奇报告》建议用毒气攻下硫黄岛……虽然这份报告得到了参谋长联席会议和战区司令官尼米兹上将的批准,但当计划被送到白宫时,却被退了回来,并附上了这样的意见:"之前所有的批准记录作废——最高统帅,富兰克林·D.罗斯福总统。"

尽管我们要赞扬罗斯福坚持禁用化学武器规范的决定,但这样做也付出了巨大的代价——美国在硫黄岛损失了近两万人。这个决定甚至对日本人也没有好处。当罗斯福的将军们向他提交《莱斯布里奇报告》时，硫黄岛上的平民已经被疏散了。至于保卫岛屿的士兵，虽然没有被毒气伤害（太可怕了！），却在手榴弹和火焰喷射器的攻击下不得不离开藏身的散兵坑（这一样可怕！）。然而，罗斯福却愿意牺牲两万（！！！）美国人的生命坚持禁用化学武器的规范。

从表面上看，罗斯福似乎坚持了这一规范，即使这样做是没有意义的。为什么不更巧妙地运用化学武器禁令，允许在化学武器比常规武器造成更小伤亡的情况下使用化学武器呢？事实上，到底为什么要限制规范中的武器类型呢？为什么不以你认为重要的事情，比如伤亡人数或造成的痛苦程度为条件？

禁用化学武器的规范是一种类别规范：它取决于一个类别变量（使用的武器类型），而不是一个连续变量（比如，平民伤亡的数量或造成的痛苦程度）。

这种类别规范的例子比比皆是。例如，所有人都有人权，不管他们感知疼痛的程度或能力如何。黑猩猩虽然可能比新生儿更有认知能力，或者比昏迷的人更能感觉到疼痛，但它们被赋予的权利却少得多。为什么我们不简单地根据感知疼痛的程度或能力去赋予权利呢？

再看一个例子。我们许多人还认为权利不可侵犯。我们认为不管是否涉及社会利益，侵犯某人的权利都是很恶劣的行为，比如拷问他们，哪怕这样做是为了找到可能会杀死一群小学生的定时炸弹。为什么不根据社会收益来考虑权利是否可以被侵犯呢？在决定要不要侵犯某人的权利时，为什么不权衡一下利弊呢？

不那么理想的规范通常也是限定类别的。在种族歧视严重的美国南方地区，要求黑人给白人让座的规范并未要求肤色较深的人要给肤色较浅的人让座。事实上，种族的明确定义来自臭名昭著的"一滴血原则"，该原则主张，一个人的祖先中只要有一位黑人，他就应该被认为是黑人。为什么美国南方人不选择一种依照肤色的更连续的歧视原则呢？

在本章中，我们要尝试解决这些问题。但首先，我们需要引入一种新的博弈论工具。[1]

状态-信号结构

我们的新工具有两个部分。第一部分是状态，我们已经见过好几次状态了。例如，在鹰鸽博弈中，我们有两种状态：参与者1先到达，和参与者2先到达。我们在证据博弈那一章也见过状态。当时我们有两种状态，高状态和低状态。虽然这样做有点儿学究气，但我们可以把孔雀的健康水平用状态来代表，也就是健康和不健康两种状态。

哪里有状态，哪里就有先验概率。先验概率只是表示参与者在对情况有所了解之前某种状态发生的概率。[2] 例如，每位参与者先到达的可能性应该是一样的。或者有可能在80%的情况下是参与者1先到达。或许孔雀有一半的概率是健康的，也可能它们只有在10%的情况下是健康的。

信号反映的是参与者可能掌握的关于状态的信息。这和高成本信号模型中的信号不同，因为它们不是由参与者发出的，而是自然产生的。例如，每位参与者可能总是得到与状态完全对应的信号。这就是我们在鹰鸽博弈分析中假设参与者总是能准确无误地知道谁会先到达的目的。我们就是这样表示信息完美且没有噪声的信号的。当然，参与者的信号往往是有噪声的（并且通常是在情况变得特别有意思的时候）。例如，参与者可能在90%的时间里会获得与状态相符的信号，但在10%的时间里会获得错误的信号。

状态–信号结构就是状态（包括其先验概率）与信号（包括对每种状态下信号产生过程的适当描述）的组合。

加入一个协调博弈

接下来，我们要对代表观察者决定是否要惩罚一个无赖的两位参与者的决策过程进行建模。参与者也许是两个世界强国，正在决定是否要对暴力对待自己公民的残暴政权实施经济制裁。我们要运用一种非常简单的博弈——协调博弈来进行建模。

在协调博弈中，每位参与者都要在两种行为中做出选择，它们通常用A和B表示，但我们把它们标记为"制裁"和"不制裁"。博弈的结果是，当且仅当另一方在制裁时，参与者才会更倾向于制裁。（我们马上会证明这个假设。）结果可以用一个参数p来概括，它表示参与者需要多么确信另一方在制裁的时候，自己才会更倾向于制裁。如果 $p=0.78$，那么参与者自己在倾向于制裁之前需要有 78% 的信心认为对方在制裁。如果她认为另一方制裁和不制裁的概率均等，那么这是不够的。从这个意义上说，不制裁才是更安全的选择。经济学家用一个专业术语来描述协调博弈中更安全的行为。他们会说它是风险占优的。只要 $p>\frac{1}{2}$，不制裁就比制裁占优。而当 $p<\frac{1}{2}$ 时，制裁是风险占优的。

协调博弈实际上是所有包含协调元素的博弈的一种简化形式，包含了有多种均衡状态的所有博弈。我们已经遇到好几个这样的博弈了。例如，鹰鸽博弈有两种均衡状态，（鹰，鸽）和（鸽，鹰）。参与者有必要协调好他们要实现哪一种均衡状态：如果参与者被期望做鸽派，他就不会做鹰派，反之亦然。重复囚徒的困境中也有协调因素：参与者可以选择 ALLD，冷酷触发，或者许多其他的策略，如果一个参与者选择了 ALLD，而其他参与者都认为他会选择冷酷触发策略，哎呀，简直是错失良机。规范执行博弈也是一样，当你一个人试图执行一种规范，而其他所有人想的是另一种规范时，或者在制裁问题上你成为唯一一个坚持对流氓政权实施制裁的人，那就太糟糕了。在所有这些博弈中，协调都很重要。协调博弈只是我们专注于这些博弈和其他类似博弈中的协调元素的一种简单方法。

在这个简单的协调博弈的基础上，我们要增加一个状态-信号结构。我们的意思是，一开始，状态是根据先验概率确定的，然后参与者根据状态的分布规律获得信号（博弈理论家可能会说是自然决定了状态且发出信号）。参与者只有在获得信号后，才会进行协调博弈。

参与者可以在协调博弈中根据自己的信号调整行为，但他们其实没必要这样做。事实上，状态和信号不会直接影响协调博弈，参与者会根据自己的信号来调整行为的唯一原因是，他们希望别人保持协调一致，而且他们自己也需要保持协调一致。

为什么要让状态和信号不能直接改变协调博弈的结果？因为当状态或信号直接影响参与者收益时，参与者据此调整自己的行为也就不足为奇了。不过，我们尤其感兴趣的是，了解能够影响协调行为的各种因素，即使这些因素并不直接发挥作用。

这与我们在鹰鸽博弈中讨论无关联不对称时看到的情况类似。回想一下，当时有一些因素——比如谁先到达，虽然并不影响被争夺的资源的价值或者赢得战斗的可能性，却会影响博弈中的行为。在那一章，我们证实了无关联不对称可以影响行为。而在这一章（和下一章），我们要解决的问题是：什么可以充当无关联不对称？

在谈到二元关系和规范时，我们也要解决这个问题。什么样的越轨行为会导致合作破裂？什么样的规范是可以被强制执行的？在这两种情况下，关注与收益无关的信息也是有意义的。在重复囚徒的困境和规范执行博弈中，之前的背叛、违反规范和未能惩罚都是过去的事情，所以不会直接影响后续行为的收益。但是，未来的行为有时确实取决于它们。什么时候会出现这样的情况呢？这就是我们这两章要探讨的问题。

在这一章，我们要关注状态和信号的某个独有的特征，它多多少少会影响人们的行为：信号是连续的还是离散的？我们会看到，协调一致在信号连续时比在信号离散时要难得多。现在让我们用模型来证明这一点。

连续信号与离散信号

我们要思考的第一个状态 – 信号结构拥有连续的状态和信号。具体来说，我们将允许状态是 0 到 1 之间的任何数。比如，这可能代表我们的两位参与者观察到的残暴政权杀害的人口占比。我们还需要先验概率。我们暂时先简单地假设，所有状态出现的可能性都是相等的。

我们的两位参与者并没有直接观察到状态，也就是说，他们没有看到实际有多少平民死于他们凶残的暴君之手。他们只能看到信号。我们假设每位参与者会独立获得一个信号，每个信号落在真实值的某个小范围内（比如 0.01）的概率都是相等的。[3] 这些信号代表了观察者对死于暴君之手的平民占比的估计。

参与者看到自己的信号后，会进行协调博弈，独立决定是否要制裁，并获得由 p 决定的收益。

我们特别感兴趣的策略是，参与者从信号较低时选择不制裁转变为在信号超过某个阈值（假设该阈值为 0.05）时选择制裁。问题是：这样的阈值策略是一种均衡状态吗？

答案是否定的。为了证明这一点，你可以假装自己是参与者，想象自己随意获得了某个信号，可能是 0.179。现在，你必须评估其他参与者也得到一个高于 0.05 的信号并进行制裁的可能性。这种可能性是 100%，信号与真实值的偏差只有 0.01，因此信号之间的偏差也只有 0.02。所以，按规则进行制裁是说得通的。到现在为止还没有问题。

但是，对于接近阈值的信号，比如 0.050 001，就会出现一个问题。现在你基本上有 50% 的把握确定对方收到了低于阈值的信号，因此不会进行制裁。如果不制裁是风险占优的，就意味着虽然你在信号超过阈值的时候应该进行制裁，但你宁愿求稳而坚持"不制裁"，而这就是问题所在。我们已经发现了一个你会想要偏离预定均衡策略的例子了。这就证明，这个策略实际上并不是一种均衡状态。

请注意，如果制裁是风险占优的行为，那么我们也可以针对低于阈值的信号得出类似的结论。而且，这个结论并不真的取决于阈值是不是 0.05。事实上，没有一种阈值策略会是均衡状态（除非 p 恰好是 0.5，而这种情况在实践中永远不会发生）。

让我们把这个结果与状态和信号在离散时会发生的情况进行对比。假设状态只能取两个值：0 或 1。这可能代表了类别性更强的问题：暴君使用化学武器了吗？——结果 1= 用了，0 = 没有用。我们还是可以假设每种状态出现的可能性是相等的。跟之前一样，参与者也不能直接观察到状态，只能看到他们的信号。我们假设每位参与者将独立地获得一个与状态对应（1 对应状态 1，0 对应状态 0）的信号，其概率为 $1-\varepsilon$，其中 ε 是一个误差项（比如等于 0.1）。这意味着观察者的武器核查人员通常能准确地识别是否使用了化学武器，但有时候（10% 的时间），他们会弄错。

现在，我们要考虑的策略是，参与者从看到 0 时选择不制裁转变为看到 1 时选择制裁，这是一种均衡状态吗？是的，只要 ε 的值不是太大。[4] 这是因为，当参与者看到 1 时，他们会足够（大于 p）确信其他人看到的也是 1，而当看到 0 时，他们会足够确信其他人看到的也是 0。参与者是可以以类别信号为条件的。

这个结果看似有些矛盾。在连续的状态－信号结构中，从某种意义上说，参与者的信号要更精确，信息量也更大：参与者可以了解到无赖是做了很多坏事，还是只做了几件坏事。我们可以让参与者的信号非常精准——多精准都可以。然而，只要有一点点噪声，阈值策略就无法实现均衡状态。另一方面，在离散的情况下，参与者的信号很钝——他们只有一点儿信息，而且这个信号可能有相当多的噪声。不过没关系，纳什说我们不能利用连续信号，但是可以利用离散信号。在协调博弈中，少即是多。

瓦解

我们真的应该在乎纳什说什么吗？阈值策略——在信号高于比如 0.05 时选择制裁——严格来说并不是纳什均衡，这一事实会阻碍它在实践中的应用吗？仅仅是因为在一个非常具体的例子中存在一种非常接近阈值的有益偏离吗？答案是肯定的。

要证明这一点，有一种方法是假设参与者可以利用归纳法，也就是他们在头脑中反复运用相同的逻辑。他们会意识到，如果有人收到一个比如预设阈值在 0.01 范围内的信号，然后偏离了风险占优行为，这意味着任何接收到阈值在 0.02 范围内信号的人也应该偏离。那么当然，任何接收到阈值在 0.03 范围内信号的人也都应该偏离，以此类推，直到没有人想要制裁为止。这就是对为什么接近阈值的偏离会导致人们越偏越远的归纳式论证。

但或许人们并不擅长归纳法，或者他们可能不希望别人擅长归纳法？这也拯救不了阈值策略，只要人们会学习或者行为会进化。想象一下，参与者简单地按照规定的方式做出反应，除了有些时候他们会选择尝试，然后发现他们可以通过偏离获得更高的收益。最终，在偏离带来收益的小范围内，将有足够多的参与者学会偏离。这样一来，稍微偏离这个范围也会带来收益，那么参与者很快会偏离到那里。这个过程将继续下去，逐渐瓦解着阈值策略，直到最后完全没有阈值为止。尽管这可能需要一段时间，但从长远看，我们将看不到任何阈值策略。

关键假设

到目前为止，我们已经给出了一个不可能以连续信号为条件的例子。理论家可能会问：这个结果取决于什么？以下是三个关键的假设。

1. 信号中存在噪声。如果没有噪声，每当参与者获得一个高于阈值的信号时，他就会知道另一位参与者也获得了相同的信号，因此对方的信号也高于阈值。不管他的信号多么接近阈值，这个判断都是正确的。在这种情况下，维持连续的规范就是没有问题的。

2. **信号是私有的**。如果参与者观察到一个公共信号，或者能够交流并验证自己的信号，那么维持一个持续的规范就是没有问题的。每当参与者获得一个表明阈值已经被突破的信号时，他就会知道，或者能够确定另一位参与者也获得了这样的信号。

3. **协调很重要**。如果参与者并不关心其他人在做什么或者想什么，而是被鼓励在不同的状态下采取不同的行动（例如，接受更健康的雄孔雀），那么根据连续变量来调整行为是没有问题的。事实上，他们的信号越细腻——或者越连续——就越好。这是真的，比如在高成本信号博弈中，发送者的类型可以是一个连续体（孔雀的健康程度可以取从 0 到 1 的任何数），他可以发出的信号也是一个连续体（孔雀可以长出 0 到 1 米长的尾巴）。在这样的博弈中，接收者以信号为条件就是没有问题的。

还有一些看似与这个结果无关的因素。首先，噪声的准确数量并不重要。我们可以让它任意小，但只要它不为零，我们就会得到相同的结果：参与者无法以连续的信号为条件。

此外，为状态和信号选择的准确的分布情况并不重要。如果我们没有为状态和信号选择均匀分布，而是选了比如正态分布，虽然数学公式可能有所不同，但是在连续情况下要达到阈值均衡状态仍然比在相应的离散情况下更难。

最后，为了达到一个阈值均衡状态，我们不需要让状态和信号只能取两个值。我们可以让状态和信号取更多的值。不过，它们能取的值越多（看起来就越接近连续），就越难达到阈值均衡状态。

还有一点有时会让人犯错，所以有必要强调一下。我们可能很容易认为，可以通过将连续信号分类来解决这个问题，比如当参与者获得一个高于 0.05 的信号时，他们应该将其归类为 1，而当他们获得低于 0.05 的信号时，则应该将其归类为 0。遗憾的是，这样并不能解决问题。这是因为，参与者仍然可以获得精细的信息。他们仍然可能获得一个 0.050 001 的信号，如果真是这样，无论它有没有被归类并视为 1，他们还是会忍不住选择偏离。为了促成协调行为，参与者实际上必须获得不那么精细的信息。

回到我们的问题

让我们回到禁用化学武器的规范，看看我们的模型会如何帮助我们理解它。

在理想世界里，我们可能会对一个杀死超过比如 5% 平民的国家实施制裁，而不会根据他们使用的武器类型来判断他们造成了多大的伤害或者带来了多少痛苦。然而在现实中，有三个因素会阻止我们做到这一点。首先，我们通常观察不到被杀死平民的准确占比。

事实上，我们获得的有关这个占比的信号是不完美的，每个观察国都依靠自己的情报机构来推测实际受影响的平民数量。其次，各国的信号多少都是私有的。每个国家都会依靠自己的情报机构，而且不可能轻易分享绝密情报。每个国家都有自己的优先事项，知道这一点就不太可能听信别人的话。再次，这有必要进行协调。没有哪个国家愿意成为唯一实施制裁的国家。事实上，这或许是发动贸易战或者发起只会损害制裁者利益的制裁行动的方法。

有一个极端的例子可以凸显上述三个问题的存在，那就是叙利亚现任总统巴沙尔·阿萨德，他领导的政府在2011年与持不同政见者发生了一场内战，很快就导致数万人然后是几十万人（！）伤亡，但直到叙利亚政府对其公民使用化学武器的时候，才引发了外国势力实施军事干涉的严正警告。

我们来看看这个例子是否满足三个关键假设。首先，观察国的信号是否存在噪声？当然是这样。每个国家依靠的都是模糊的情报，即使是现在，人们也不清楚确切的伤亡人数。其次，信号是私有的吗？答案是肯定的。每个国家都依靠自己的情报，也无法轻易地向其他国家核实这些情报。而且有些国家，比如美国和俄罗斯，显然有着对立的利益关系，所以不会相信对方的话。再次，制裁是否需要协调配合？当然。阿萨德政权受到了世界上几乎所有主要经济体的制裁，但由于俄罗斯的拒绝参与才得以维持。[5]

其他问题的逻辑也是类似的。为什么人权要限定智人这个类别，而不是连续地基于生物感知疼痛的能力或程度？这大概是因为在哪些生物能感知到足够的疼痛或有足够感知能力的问题上，我们并不

第 12 章 类别规范 | 249

是总能达成一致意见，但我们可以在谁是一个活着的、会呼吸的智人的问题上达成统一意见（事实上，我们通过消灭人类的近亲已经让这件事变得更容易了）。与许多人的认知相反的是，人权只存在于我们相信并愿意实施它们的范围内——这是需要协调的。

在谈到为什么人权被视为不可侵犯的问题时，道理也是类似的。禁用酷刑的规范要比"除非有可能拯救足够多的生命，否则不要用酷刑"的规范更容易执行。人们很难在什么时候突破足够数量限制的问题上达成一致意见。

那么，在种族隔离的美国南方地区臭名昭著的"一滴血原则"呢？这一原则使得种族隔离主义者更容易在他们的种族主义规范被违反时达成一致意见。如果某人有一点儿可辨别的非洲血统，他就会被认为是黑人。如果他们不给没有明显非洲血统的人让座，那就违反了规范，并且会受到制裁。制裁他们的人是在"完成自己的工作"。如果运用一种更连续的种族评判标准，比如某人的皮肤是否黑到可以被认定为黑人的程度，那么在什么时候执行的问题上就会有更多分歧。某个肤色较深的人没有给肤色较浅的人让座，是否违反了规范？至少在某些情况下这很难说，当然也很难确定其他人是否这么认为，从而可能会导致规范最终瓦解（我们可能希望有这样的结果，但那些创造和推动这些规范的人并不想这样）。"一滴血原则"只是众多人为设定的界限的一个例子，各个群体运用这些界限来更好地协调谁应该得到更好或更差的待遇。[6]

证据

和往常一样，我们将通过观察当假设或多或少成立的时候会出现的情况来给出上述模型的证据——我们称为比较静态分析。

我们会做两个比较静态预测。第一个关注的是协调的重要性。如果我们的理论是正确的，那么在协调的作用不是那么大时，信号很完美，或者在信息被共享（或者容易被共享）的时候，我们应该会看到对类别特征的依赖性会降低。那么是这样的吗？

在简·奥斯汀的《傲慢与偏见》中，我们亲眼见证了伊丽莎白考虑是否要嫁给向自己求婚的达西的心路历程。在这本书的开头，她第一次在麦里屯的舞会上见到达西，当时她和其他女士都忍不住关注他有多么高大（一个连续变量）、多么英俊（另一个连续变量）以及多么富有（也是连续变量），但大家很快就发现达西很傲慢（连续变量），然后伊丽莎白对他失去了兴趣。在伊丽莎白最终被征服之前，作者写下的十几万字是本书中更为精彩的部分，其间达西努力让自己变得不那么傲慢。在意外造访达西的庄园时，伊丽莎白发现他性情温和（连续变量）、心地善良（连续变量），而且体贴入微（连续变量）。

和谁约会以及和谁结婚的决定尽管不能说完全是，但在很大程度上是很私人的决定，几乎不需要与其他人协调。如果伊丽莎白喜欢——不，是爱上——达西，她就可以嫁给他。这由她来决定。事实上，在这个例子中，我们看到伊丽莎白的决定基于连续变量。当然，并不是只有她一个人这样。所有约过会的人都会根据身高、吸引力、才智和年龄这样的连续变量进行判断。

但是，伊丽莎白的决定有一个格外突出的类别变量，那就是贵族。如果不是因为伊丽莎白和达西高贵的身份让他们有资格参加麦里屯的舞会并结婚，他们甚至都不会看对方一眼。伊丽莎白的家庭相对来说要贫穷一点儿，但这无关紧要。只要她是贵族出身，她就有资格接受这门亲事——如果说真的有类别特征，那就是这一点了。不过请注意，对非贵族的歧视并不是伊丽莎白主动选择的行为。这是由精英和贵族家庭组成的紧密团体共同努力的结果的一部分。如果不能与贵族团体中的某个人结婚，就会受到其他贵族的制裁或排斥，比如资金短缺的英国家庭在让自己的儿子和美国富商的女儿结婚后，往往就会发现这种情况。

类似的事情也出现在另一种排外文化正统犹太教派中。在某个特定的教派中，最狂热的正统犹太教徒有时被称为"敬畏上帝的人"。他们是那种绝对不会钻空子，坚守法律精神，且不仅仅是遵守法律条文的人。他们还会在必要的程度之外，费尽心思地做更多的善事——出于虔诚而做的善事。他们做得越多，就越敬畏上帝——这是一个连续变量。

在选择丈夫的时候，准新娘和她的家人会考虑很多连续变量，比如求婚者和他的家人对上帝的敬畏程度，他们向犹太教堂捐款的慷慨程度，以及一些和伊丽莎白一样可能关注的事情，比如新郎有多么善良和英俊。然而，在决定谁是遵守规范的人，也就是谁是内部的人，谁又是外人的时候，这些连续变量就要靠边站了。事实上，群体要依靠类别特征，比如这个人是否遵守犹太教教规，是否遵守安息日，是否穿了保守的衣服（被明确定义为要遮住锁骨、肘部和膝盖），等等。这些都是"是或不是"的问题，没有多或少之分。

另外两个例子体现了在不太需要协调的情况下，人们确实会利用连续变量。第一个例子是你可能遇到过的：在招聘或招生的时候，那些评估申请的人关注的都是连续变量，比如智力、考试分数、社交能力等等，与伊丽莎白和她的同龄人评估求婚者的方式差不多。第二个例子是：通常一个人或机构有单边制裁权，不需要与他人进行协调。例如，美国国家环境保护局（EPA）对污染者有监管权和罚款权，并且不需要以任何方式进行协调。通常，环境保护局的规定取决于在工业设施之外的水或空气中检测到的砷等污染物的含量。规定通常会考虑一定量的污染物，以砷为例，它的最高含量为十亿分之十。如果检测到的砷高于这个标准，环境保护局就会对该企业处以罚款。在这个过程中，环境保护局依靠的是一个连续变量（附近水道中的砷含量）当中的一个阈值（十亿分之十），但由于环境保护局在执行其法规时不需要与他人协调，所以这不会造成任何问题。

现在我们要转向第二个比较静态预测，关注不确定性和私有信息。除了依赖协调，我们的模型还依赖私有信息：每个人都必须获得至少有点儿区别的信号，连续规范才会成为一个问题。在可以获得公共信息的时候，每个人都能看到完全一样的东西，这样我们会看到更多的连续规范吗？下面这两个例子说明答案是肯定的。第一个例子是美国的人经常会遇到的事情：给小费。给小费是一种依靠一个连续变量中的某个阈值的规范：你可以给22.9%、17.2%、15.4%、13.7%或任何其他比例的小费，但如果你给的小费低于15%（或者在某些地方是20%），别人就会觉得你吝啬，并且可能会斥责你。为什么我们可以在给小费的规范上依赖一个连续变量，而在其他大多数规范上却不能这样做？一个原因可能是，给小费只是一种给服务人员或你的同桌人留下好印象的手段——更多是为了发送信号，而不是协调。但是还有另一种可能性：对于你给了多少小费，人们并没有获得独立的信号。事实上，观察者在获取信息的时候，得到的是完全相同的信号——他们看的是同一张账单，任何人在任何时候都可以看看这唯一的信号，来验证这个人是否违反了给小费的规范。

另一个运用连续规范的著名例子是分成制，也就是由地主及其佃农分割佃农在地主的土地上种植的粮食。地主得到的份额是一个连续变量：它可能是22%、38%和64%等等。然而，在大多数地方，这个比例都是50%，如果地主想获得更多的粮食，他的佃农就会奋起反抗。和给小费一样，虽然我们会惊讶于佃农能够采用一种阈值规范，但我们再一次看到，佃农和地主的信号是共享的。粮食就在田地里，每个人都能看到——佃农又没有地方可以把粮食藏起来。

在实践中瓦解

我们的模型表明，即使是轻微违反了类别规范，也可能导致规范的瓦解。在第二次世界大战的头几个月里，禁止用飞机轰炸城市的规范迅速瓦解，就是一个很能说明问题的例子。1939年9月1日，当时的美国在这场战争中还是中立的一方，富兰克林·D.罗斯福总统向双方发出呼吁，力劝交战国不要轰炸城市。

因此，我要向可能公开参与战争行动的所有政府发出这一紧急呼吁，以确认其武装部队在任何情况下，都绝对不会对平民或无防御工事的城市实施空中轰炸，前提是他们所有的对手都将严格遵守同样的战争规则。

法国和英国都正式同意了罗斯福的请求，虽然希特勒没有正式答复，但他确实命令纳粹德国空军不要袭击平民。双方都以城市中的工业和军事设施为目标，而由于轰炸精度不是很高，特别是在晚间，所以经常有平民伤亡，房屋、商店和教堂频繁被摧毁。然而，道路、桥梁和粮仓之类的地方起初并不是被有意攻击的目标。

1940年7月，纳粹德国空军发起联合行动，意图在我们现在所说的"不列颠之战"中消灭英国皇家空军。在接下来的几周里，德国对英国进行了长时间的轰炸，但其目标都是军用机场、雷达站和工厂等。8月24日，在针对伦敦郊区码头和工厂的一次大规模轰炸行动中，有少量炸弹落在了伦敦市中心，这很可能是没有击中目标的德国轰炸机不小心投下的。作为回应，丘吉尔下令轰炸了位于德国首都柏林市中心的滕珀尔霍夫机场。尽管造成的伤亡很小，但希特勒立即做出回应，命令德国空军将轰炸目标从机场变为城市，目的是扰乱英国的经济和粮食供应。英国也以牙还牙，到12月15日和16日他们轰炸曼海姆时，禁止轰炸城市的规范已经分崩离析了。[7]

这种瓦解大概能够解释为什么律师、政治家和教师会经常担心滑坡效应。尽管后果并没有那么致命。

这也可能是为什么律师通常会故意选择能博取同情的判例案件，这会打破类别障碍，从而导致类别规范的瓦解。露丝·巴德·金斯伯格就非常有效地运用了这一策略，在弗朗蒂罗诉理查森和温伯格诉维森费尔德等案中，她都选择代表会被法院同情的男性原告，质疑通常对女性不利的性别歧视法律。法院一旦做出有利于它所同情的那一方的裁决，就设立了一个可以被推广的先例，这样类别规范就崩溃了。

附加应用：（没）有效果的给予

在第10章和第11章中，我们了解了重复博弈和规范执行是如何帮助解释利他性的一些特征的。但在本书的第1章中，我们提到了利他性的一些尚未得到解释的古怪特征。其中一个就是，虽然我们很愿意给予，但我们通常不太关心自己的赠予是否被有效地利用了。在第1章简要提到的一项著名研究中，受试者被问到他们愿意为避免鸟类死于风力发电机的安全网捐多少钱。研究人员只改变了一件事，那就是网能挽救的鸟类数量。它可以是2 000，可以是2万，或者是20万。尽管安全网带来的好处增加了十倍甚至百倍，资助这一项目的好处也因此增加了十倍甚至百倍，但是在所有三种情况中，受试者的回答几乎完全相同。这种对给予效果的不敏感性具有很重要的现实意义。实证研究表明，致力于同一项事业的慈善机构的效果相差 100 倍的情况并不少见。如果人们只把自己的钱捐给最有效的慈善机构，那么他们的钱会发挥更大的作用。

这种奇怪的无效给予非常贴合本章的模型。（我们在第 1 章也提到了其他一些怪事，比如，那些如果被请求就会伸出援手的人会尽量避免被请求，而那些如果知道别人需要帮助就会伸出援手的人会尽量战略性地忽视这种需求。这些问题我们将在下一章解决。）

以下是我们的博弈模型对无效给予的解释。我们对离散情况的分析表明，制定鼓励慈善的规范是相当容易的。当有人向慈善机构捐款时，这是一个离散的行为，而且我们已经看到，我们可以通过协调为那些捐款的人提供必要的荣誉和其他社会奖励来鼓励这种行为。

然而，这样的规范并没有说明这个慈善机构必须多么有效。是否有可能以某种方式将有效性纳入其中呢？我们能不能制定一项只把钱捐给足够有效的慈善机构的规范呢？这会更加困难。

首先，人们很难就有效的标准达成一致意见。事实上，慈善机构评估者对哪些衡量有效性的指标最好，以及该如何评估这些指标展开了激烈的争论。一些评估者会采用项目费用比例，衡量的是实际用于相关事业而非用于工资、机票、租金和其他营运费用的捐赠资金的占比。有些评估者则采用质量调整寿命年（QALYs）来确定慈善机构在多大程度上提高了人们的生活质量。还有一些评估者采用伤残调整寿命年（DALYs）。每一种指标都有自己的优点和缺点，而且每一种都有各自的评估难点。到底什么应该被计入运营费用呢？每个防疟疾蚊帐关系到多少个质量调整寿命年呢？即使是专业的评估者，对同一家慈善机构的有效性也会得出略有差异，有时甚至是截然不同的结论。

此外，在这些指标中，每一项都是连续的：项目费用比例可以是0到100之间的任何数字，而1美元对应的质量调整寿命年，至少在理论上可以是任何正数。因此，这与我们建模的情况非常接近：我们希望只奖励那些为效能超过某个阈值的慈善机构捐款的人，但由于我们无法就效能衡量标准达成一致意见，而效能又是一个连续变量，所以我们无法轻松地实现这个目标。

这种对无效给予的解释正确吗？我们的朋友贝萨尼·布鲁姆设计并进行了一些实验，证实了慈善捐赠实际上对效能并不敏感，更重要的是，这种不敏感性主要是由社会奖励的运转方式驱动的。[8]

在贝萨尼·布鲁姆的第一项研究中，一组受试者被问到他们愿意花费多少比例的年收入让一个人免受饥饿。他们给出的平均比例大约是1/10。然后，另一组受试者被问到他们愿意花费多少比例的收入去救5个人。他们愿意多出多少钱呢？你应该猜到了。尽管被救助的生命是前者的5倍，但他们和第一组的回答几乎是一样的。人们的捐赠意愿对钱可能产生的效果并不敏感。在第二项研究中，贝萨尼·布鲁姆给了受试者一小笔奖金，并问他们是否愿意将一部分奖金捐给慈善机构。她告诉一些受试者他们捐的钱不会获得配比。有些人则被告知他们捐的钱会按照1∶1的比例获得配比。还有的人被告知配比比例是2∶1。以此类推，直到有人被告知配比比例是10∶1。也就是说，这些受试者捐出的1美元相当于第一实验组捐出的10美元。受试者对这样的效果还是相当不敏感：不管倍数是1、2还是10，他们给出的平均比例都是一样的（大约是奖金的1/3）。

但是，如果她稍微改变一下设定，让给予规范变得不那么重要，会发生什么呢？贝萨尼·布鲁姆采用的一种方法是，让受试者考虑给予的对象是亲属而不是陌生人。当然，我们都认为在这种情况下人们会更加无私。但是，我们的利他性是否会对需要帮助的人的数量更加敏感？是的，前提是你要知道，我们对亲属的利他性之所以对效果很敏感，是因为对亲属的利他性更多是受到共同基因，而不是规范的驱动。这就是贝萨尼·布鲁姆的发现。当亲属是想象中被救助的对象时，受试者的给予意愿将更多地取决于被救助的人的数量：受试者表示，他们愿意花费大约1/3的年收入去救助一位家庭成员，而且愿意花费大约一半的收入去救助5位家庭成员。虽然没有达到前者的5倍，但已经是很大的飞跃了。

贝萨尼·布鲁姆还用另外两种方式证明了社会奖励的关键作用。一种方式是将慈善决策替换为储蓄决策，但倍数仍然从0到10。与慈善决策不同的是，储蓄决策是个人的，而不是社会的。对于这样的决策，别人的想法和信息没有那么重要。事实上，倍数越高，受试者存的钱就越多——倍数最高时的存款大约是倍数最低时的两倍。

贝萨尼·布鲁姆验证社会奖励作用的最后一种方式是：她让其他受试者去评估那些面对不同的配比比例进行了捐赠和没有捐赠的人。评估者可以选择拿出点儿实际行动：花一些钱来奖励那些捐赠或没有捐赠的人。贝萨尼·布鲁姆发现，这些评估者对评估对象是否捐赠的事实会很敏感，却对他们在做出选择时所面对的配比比例不敏感：不管他们捐的钱会以多少比例获得配比，评估者都会奖励捐赠更多的人。

• • •

在本章中，我们运用状态-信号结构发现了一个令人惊讶的结果：在协调时，参与者哪怕只是获得了一点点带有噪声的信息，他们也无法根据连续的私有信号来调整行为。这有助于我们理解为什么在涉及规范、利他性，以及协调可能会发挥重要作用的其他情况时，人们会倾向于更依赖类别特征，比如物种身份，或者某个人是否遵守犹太教教规，而不是有人也许会认为他们实际上更关心的连续信息，比如感知疼痛的能力，或者某个人的虔诚程度。

在下一章，我们将运用状态-信号结构和协调博弈探索高层级信念对我们的利他性和道德感的影响。

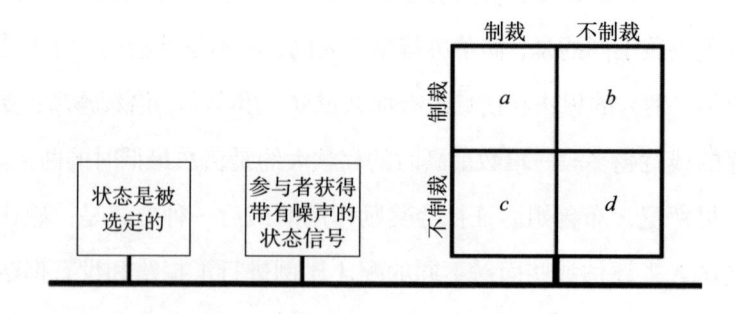

	制裁	不制裁
制裁	a	b
不制裁	c	d

状态是被选定的 — 参与者获得带有噪声的状态信号

连续的情况

设定：

- 环境的状态是从［0，1］的范围中等可能地选择的。
- 对于某个 $\varepsilon \geq 0$，参与者的信号是在真实状态 ε 的范围内独立且等可能地产生的。
- 之后参与者会在协调博弈中同时选择自己的行为，如收益矩阵所示。参数 $p = (d-b)/(a-c+d-b)$ 表示，参与者在想要制裁前必须对对方会制裁的可能性有多大把握。收益并不会直接受到状态或信号的影响。

有利的策略组合：

- 阈值策略：当且仅当参与者获得高于某个阈值 $s*$ 的信号时，他们才会进行制裁。

均衡条件：

- 只要 $1>s*>0$，阈值策略就不会是均衡状态，除非 p 正好等于 0.5 或 $\varepsilon=0$。

说明：

- 维持根据连续信息来调整行为的规范是不可能的，除非信息准确无误。
- 如果我们允许参与者共享自己的信号，或者接收相同的信号，那就能让参与者在均衡状态下根据信息进行调整。

离散的情况

设定：

- 已知状态为 1 的概率为 μ，否则状态为 0。
- 每个参与者分别获得 0 或 1 的信号，其中信号与状态对应的概率为 $1-\varepsilon$。

有利的策略组合：

- 条件策略：当且仅当参与者得到信号 1 时，他们才会进行制裁。

均衡条件：

- 只要 ε 足够小，条件策略就是均衡状态。精确的条件是：
$[(1-\varepsilon)^2\mu + \varepsilon^2(1-\mu)] / [(1-\varepsilon)\mu + \varepsilon(1-\mu)] \geq p \geq 1 - [(1-\varepsilon)^2(1-\mu) + \varepsilon^2\mu] / [(1-\varepsilon)(1-\mu) + \varepsilon\mu]$。

说明：

- 只要错误率不是太高，就可以以类别信息为条件。

第13章

高层级信念

和上一章一样，本章将会对那些能够影响和无法影响协调行为的信息进行建模。只不过现在，我们关注的不是类别特征的重要性，而是高层级信念的作用，也就是你认为别人的看法是什么，你认为别人觉得你的看法是什么，等等。[1]

不过，我们先看几个令人费解的难题。

仪式与象征性的动作。 2000年，比尔·克林顿邀请亚西尔·阿拉法特和埃胡德·巴拉克来到戴维营，试图让巴勒斯坦与以色列达成和平协议。聚集在一起见证这一历史事件的记者们用镜头拍下了一个有趣的场景：阿拉法特和巴拉克在谁先进门的问题上发生了争执，双方都坚持对方先进门以示尊重，并拒绝让步，直到放声大笑的克林顿打开第二扇门，让两人同时进入。[2] 为什么他们俩会在意这么小的一个动作？

事实上，生活中充满了各种我们似乎过度关注的动作。为什么只是领导人之间的握手（阿拉法特与拉宾，特朗普与金正恩）就能成为新闻？我们为什么要悬挂国旗？为什么我们要屏息等待我们伴侣第一次说"我爱你"或者等待初吻？为什么我们会反射性地说

"请"和"谢谢",而且只有在这些词没出现时才会注意到它们?为什么我们会如此密切地关注他人是否有眼神交流?这些动作传递了什么信息?从握手、"我爱你"、"请"和"谢谢"或者眼神交流中,我们能了解到什么?似乎什么都没有。然而,即使传达不了任何新的信息,它们也是相当有分量的。

我们生活中无数的仪式也是一样的,比如洗礼、犹太教成人礼、毕业典礼、婚礼、就职典礼和加冕典礼。这些仪式的目的是什么?我们的家人并不会在我们的成人礼、毕业典礼或婚礼上了解到我们更多的东西。他们知道我们多大,知道我们是不是希望在高三那年的 6 月之前完成高中学业。他们很清楚我们爱自己的伴侣,因为多年来,我们已经让他们在脸书上看了很多可爱的照片。为什么当权力被移交给新国王、新总统或新首相时,国家会陷入停顿,并花费巨额资金进行游行和演讲?我们从这些过于复杂的庆祝活动中了解到了什么?尽管它们很少(如果有)能传达什么新信息,但也有很重要的作用。

忽弃当为与不当之为。1942 年,有着 74 年历史的豪华游艇斯特鲁马号被改造成牲畜运输船,最后一次驶向大海。由于引擎故障,这艘船在伊斯坦布尔的港口停了三个月。最后,对斯特鲁马号心生厌烦的当局把它连接到拖船上,拖到公海,并把它留在了那里。一天后,一艘苏联潜艇将它击沉。船上有 781 名犹太难民和 10 名船员,只有一人幸存。[3]

将斯特鲁马号拖到海上的土耳其和英国当局非常清楚这艘搁浅的船会遭遇什么。苏联潜艇接到了用鱼雷袭击中立国船只,比如斯特鲁马号的作战命令！尽管英国人愿意故意让那些犹太难民受到伤害，但是他们不愿意自己用鱼雷击沉这艘船。他们的行为反映了我们的道德观念中一个被称为"忽弃当为与不当之为"的奇怪现象，那就是我们更倾向于通过不作为（忽弃当为，比如让苏联人用鱼雷击沉那艘船）而不是通过作为（不当之为，比如我们自己用鱼雷击沉那艘船）来故意造成伤害。

我们的道德怪癖，比如忽弃当为与不当之为，往往是通过哲学家设计的巧妙的思想实验展现出来的，这些实验被称为电车难题。在电车难题中，一辆失控的电车沿着轨道飞驰而下，受试者要被迫在两种相当可怕的结局中做出选择。你会拉动切换轨道的控制杆，从而让电车只撞死一个人而不是5个人吗（不当之为）？你会把恰好在附近的一个背着沉重背包的人推到电车前面，来阻止它撞死更远处的其他5个人吗（不当之为）？你会故意让背着背包的人自己走到铁轨上去吗（忽弃当为）？当心理学家将这些思想实验转化为真实的实验时，他们始终发现，人们对待忽弃当为的态度没有不当之为那么糟糕。利用实验室实验的核心优势就是，实验者能够完全确保忽弃当为（比如让背着背包的人在轨道上闲逛）100%是故意的。

现实世界中也有很多这样的例子。我们会马上斥责扔垃圾的人，但当有人看到垃圾而不将其捡起来的时候，我们几乎连眼睛都不会眨一下。我们会认为，从星巴克外面的流浪汉那里偷东西简直坏透了，但是我们不会觉得我们拒绝把自己准备买拿铁的钱给他是不对的。在所有这些例子中，不提供帮助是可以的，但主动伤害是绝对不可以的，尽管效果和意图是一样的。

为什么作为还是不作为造成的影响会如此过度地伤害我们的道德感？为什么我们不能只关注人们是否知道他们可以做一些有益的事情，然后就去做了或者没有做？[4]

间接语言。2019年6月，法国总统埃马纽埃尔·马克龙官邸发布了一段视频，视频中伊万卡·特朗普在G20世界领导人峰会上看起来完全无法融入其中。尽管法国方面做了否认，但这段视频还是被广泛解读为对特朗普政府专家水平的挑衅，也体现了法国人看似什么都没说但又好像什么都说了的高超技巧。[5]

尽管我们并不总是像马克龙那样精通间接语言，但其实我们也倾向于间接沟通。我们通过扬起眉毛来表示怀疑，用咳嗽来引起其他人的注意。在餐桌上，我们不会跟奶奶说"把肉汁递给我"，而是会更委婉地说："如果你能把肉汁递给我，那就太棒了。"我们问一名员工："我能请你接手这项工作吗？"其实我们是在给他分配任务。我们会通过说"亚历克斯看起来不错"或者"他性格很好"来拒绝一次牵线。当我们礼貌地问："你愿意上来喝一杯吗？"我们可能并不是特别想喝一杯。我们会用肢体语言表达威胁，或者在发生不好的事情时随口丢下一句"真是太遗憾了"。我们会通过问诸如"我们能做些什么来处理这件事情吗？"这样的问题来行贿。为了表达对争论结果的不赞同，我们会咕哝着说："好吧，无所谓。"我们不会拒绝请求，而是会假装同意，但不会跟进。当像以色列和伊朗这样的死敌进行谈判时，它们不会直接会面，而是会请中间人代为沟通。这样的例子还有很多。

这种间接沟通的代价是显而易见的：它比更直接的沟通更容易

导致误解。"如果你能把肉汁递给我，那就太棒了"，这句话虽然包含了更多的词语，但并没有比"把肉汁递给我"包含更多的信息。"亚历克斯看起来不错"，尽管通常会被理解为"我不喜欢亚历克斯"，但有时这种隐含义会被忽略。通过假装同意来拒绝请求可能会变成彻底的误导，在这种做法很普遍的地方（比如东非、东亚和东南亚的很多地区），旅游指南常常觉得有必要提醒游客和商人，这样他们就不会因此而生气了。中间人可能（而且是经常）没有准确地传递信息，或者就像莎士比亚笔下的朱丽叶经历的惨痛教训一样，中间人根本就无法传递信息。俗话说，自己动手，丰衣足食。

那么，我们为什么会选择通过这样的暗示或影射来间接交流？我们为什么要消极对抗？我们为什么不直接说出自己的愿望和意图？我们为什么要和中间人"玩传话游戏"，并且冒着信息被篡改或遗漏的风险，尤其是当一条信息错误就可能引发战争的时候？！当然，大多数人会给出的答案是，间接沟通更礼貌，或者留下了保住面子的空间，但这样的近端解释本身就是需要解释的。为什么间接沟通更礼貌？什么时候需要礼貌而间接地进行沟通？礼貌和保住面子又意味着什么？

核心理念

所有这些谜题的答案都可以归结为一个观点。第一层级信念，也就是你认为发生了什么并不是协调行为最重要的因素。你认为别人怎么想（第二层级信念）和你觉得别人认为你怎么想（第三层级信念等等）也很重要。

我们已经在第 10 章和第 11 章暗示了这种高层级信念对协调有多么重要。在参与重复囚徒的困境时，如果你看到你的搭档背叛，但是觉得他没有注意，那么你最好当他选的是合作。在规范执行博弈中，如果你看到了违规行为，但只有你一个人注意到了，那么惩罚违规者是没有意义的，因为其他人会认为你是在违规惩罚，这样你就会受到惩罚。这种逻辑也适用于鹰鸽博弈。如果你认为你是先到达的，但你的同伴并没有意识到这一点，那么你最好选择鸽派，以免陷入一场代价高昂的纠纷。

在本章中，我们将把上一章引入的状态 – 信号协调博弈组合作为基本工具来探究这一基本观点。不过现在，我们要对影响高层级信念的信号的具体特征进行建模，以便了解这些特征是如何同时影响协调行为的。

可观察性

信息的一个特征会对高层级信念产生有趣的影响，这个特征就是可观察性。我们已经在第 11 章看到了可观察性的作用，当时我们发现在实验室实验中，如果受试者捐的钱更有可能被实验者或其他参与实验的人看到，他们会捐得更多。

到目前为止，我们只讨论了可观察性的直接影响：它增大了你得知某项贡献或违规行为的可能性，如果你要对它们做出反应，这就很关键了。然而，一旦你发现了某项贡献或违规行为，可观察性就会影响你处理它的方式。如果你不太容易得知违规行为，那么即使知道了，你也会认为别人不知道。你会对违规行为的发生有第一层级信心，却没有第二层级信心，也就是对别人的违规行为的发生有信心。如果制裁需要协调，那么这也很重要。

有一个简单的博弈可以说明这一点。和上一章一样，博弈中有两位参与者要代表观察者决定是否制裁违规行为，这个决策过程用简单的协调博弈进行建模。需要注意的是，在协调博弈中，参与者要在两种行为（制裁与不制裁）之间做出选择，结果是当且仅当另一方制裁的概率至少为 p 时，参与者才会更倾向于制裁。

我们还是要在这个协调博弈之前增加一个状态-信号结构，模拟出参与者在做出惩罚决定时所掌握的信息。那么，我们需要做的就是定义一个状态-信号结构，让我们能够探究可观察性对第二层级信念的影响。比如下面这个结构就可以：

- 有两种状态，0 和 1，其中 1 表示发生了违规行为。状态为 1 的先验概率（发生违规行为的频率）为 μ。
- 每位参与者独立获得一个 0 或 1 的信号。当状态为 1 时，参与者获得信号 1 的概率为 $1-\varepsilon$，获得信号 0 的概率为 ε。这意味着当发生违规行为时，参与者通常是会知道的，但有时不知道（并获得一个虚假否定信号）。当状态为 0 时，参与者总是会获得信号 0（不存在虚假肯定的情况）。[6]

在这个状态-信号结构中，$1-\varepsilon$ 可以被理解为违规行为的可观察性：当可观察性为 1 时，参与者总是会知道是否发生了违规行为；而当可观察性为 0 时，参与者总是只看到 0，所以他们永远不清楚违规的情况。请注意，当参与者获得信号 1 时，不管 ε 是多少，或者信号的可观察性如何，他们都一定知道发生了违规行为。但他们是否觉得另一位参与者也认为发生了违规行为——他们的第二层级信念——将取决于 ε。

我们感兴趣的策略是，参与者只在获得信号 1 时才会制裁，也就是说，只要认为有违规行为发生，他们就会进行制裁。我们不妨将其称为条件性制裁策略。那双方都运用条件性制裁策略是一种纳什均衡吗？如果第一层级信念最重要，答案就是肯定的，因为不管 ε 是多少，当你获得 1 的信号时，你都可以确定发生了违规行为。然而，这在博弈中并不重要。事实上，最重要的是你有多确定对方会制裁，而这一点取决于 ε。

为了证明这一点，不妨假设双方都采取条件性制裁策略。你能通过改变策略而受益吗？我们首先考虑你获得信号 1 时的情况。在这种情况下，当且仅当你认为对方进行制裁的概率至少为 p 时，你才会想制裁。因为其他人获得信号 1 时会进行制裁，这等同于当你获得信号 1 时其他人也获得信号 1 的概率，就是 $1-\varepsilon$。所以，只要 $1-\varepsilon \geq p$，你就不会想要改变策略，只要 ε 足够小（意味着可观察性足够高），这就是成立的。

那么当你获得信号 0 的时候呢？其他人也得到信号 0，因而不会制裁的概率是 $1-[\mu\varepsilon(1-\varepsilon)]/[\mu\varepsilon+(1-\mu)]$，所以只要这个概率大于 $1-p$，你就不会想要偏离。当 ε 很小时，这个条件也成立。因此，要让条件性制裁成为纳什均衡，我们需要违规行为能很容易被观察到。

因此，当你发现违规行为时，你是否可以制裁它，取决于你能得知这一情况的幸运程度（也就是违规行为的可观察性，$1-\varepsilon$）。

可观察性是影响第一层级信念以上的高层级信念的信号的第一个特征，因此会影响参与者根据自己的信号进行调整的能力。现在，我们来考虑信号的第二个类似的特征：它们是如何被共享的。

共享信号

在前面的模型中，每个人的信号都是独立确定的（当状态为1时，不管其他人获得什么信号，每位参与者获得信号1的概率均为$1-\varepsilon$）。但是，我们可以设想一下参与者的信号不是独立确定的情况。例如，他们看到的信号可能是共享经验的一部分，是公开展示的，或者是很容易传递的。在这些情况下，根据这个信号进行调整就非常简单了。即使由于可观察性低，一开始可能不会产生信号，这一点也是成立的。或许这个信号是一张照片，只要某人恰好在合适的时机拍下了它，它就会揭露违规行为；或者是一份保密记录，只要某人碰巧把错误的东西转交给错误的人，这份记录就会被发送出去。尽管这样的信号不太可能被发出去，但一旦发出，就可能被广泛传播。

我们还是可以用一个相当简单的模型来证明这一点的。实际上，我们只需要微调一下我们之前的模型，让信号相互关联。最后应该是这个样子的：

- 状态的确定和含义与之前一样（有两种状态，0 和 1，状态为 1 的先验概率为 μ）。
- 每位参与者获得的信号不是 0 就是 1。当状态为 1 时，参与者获得信号 1 的概率为 $1-\varepsilon$，获得信号 0 的概率为 ε。然而，这些误差未必是独立的。它们的相关性可以用一个取值范围为 0 到 1 的参数 ρ（rho）来概括。0 表示不相关——这是我们已经考虑过的情况，在这种情况下信号是独立的。1 意味着信号完全相关——参与者总是会看到完全相同的信号。

只要（$1-\varepsilon$）或 ρ 的值很高，条件性制裁策略（也就是当你获得信号 1 时进行制裁）就会是一个均衡状态，严格来说，是只要 $1-\varepsilon(1-\rho) \geq p$。也就是说，信号一旦被共享的可能性足够高，就有可能对它们进行条件处理，即使由于可观察性低，信号 1 一开始就不太可能被发出，这一点也是成立的。

还要注意的是，ρ 会影响第一层级信念以上的高层级信念：只要看到信号 1，你就确定发生了违规行为，但你是否认为其他人也确定将取决于你们的信号之间的相关性（以及信号的可观察性）。

我们现在已经看到信号在高层级信念方面的两个不同的特征，以及这对信号能否被用于协调行为的影响。让我们来看看第三个特征。

合理的推诿

我们先用20世纪70年代的一个经典的社会心理学实验来解释一下什么是合理的推诿。在这个实验中，受试者被邀请到实验室里，表面上是为了让他们发表对一些老默片的看法。他们到了之后，被要求在两台电视中的其中一台前选择一个座位。每台电视前都有两个座位：4个座位中的一个被另一位受试者（其实是被雇来做配合的助手）占据，他戴着一个金属支架，看起来像个残疾人。

当两台电视播放同一部影片时，3/4的受试者选择了残疾人助手旁边的座位，以免显得偏执。但当两台电视播放不同的影片时，结果发生了逆转：3/4的受试者选择不坐在残疾人助手旁边。[7] 人们通常给出的解释是，在两台电视播放同一部影片的情况下，不存在合理的推诿：选择不坐在残疾人助手旁边的唯一解释就是，嗯，偏执。然而，如果两台电视播放的是不同的影片，这就为选择避开残疾人提供了一种善意的解释——也许受试者只是更喜欢另一部电影。（请注意，这算不上是一种免责的解释。实验者选择了非常相似的影片。两部都是默片，而且都是关于小丑的。当然，无论残疾人助手坐在哪部影片前，实验者都会小心地确保他们的结果是经得起推敲的。）

这项研究反映了一种常见的现象：那就是"我更喜欢另一台电视播放的影片"这种免责解释的存在，无论多么不可能，都可以成为做出一个原本会受到惩罚的决定的掩护。为什么会这样？

直觉上看应该是这样的。不妨假设,只要我们足够确信某人是偏执狂,即使有一些免责的解释,那么我们也会去制裁他。有多确信呢?假设有95%吧。现在我们来思考一下,你勉强有95%的把握认定开脱责任的解释无效,而且这个人实际上就是一个偏执狂,这时会发生什么?是什么让你有了95%的把握?也许你对这两部影片有所了解,知道不太可能有人会过于偏爱其中一部。也许你原本就有点儿怀疑这个人是偏执狂。好的。这需要一些有关电影和偏执狂的知识。那其他人有这种知识吗?可能有,也可能没有。但是——需要注意的是,我们现在考虑的是你有95%把握的情况,确信程度是非常高的。这需要相当渊博的个人知识,并且你要足够幸运才能掌握所有其他人的知识情况。在这种情况下,其他人的知识水平很可能不如你。所以你会怀疑他们不像你那么有把握。这足以让你忍不住想要改变策略,从而足以证明这不是一种均衡状态。

相比之下,如果没有免责的解释,比如两台电视播放的是同一部影片,你不需要任何个人信息就能确信这个人是一个偏执狂。所以你会足够确信,其他人也会有把握认定这个人是偏执狂。在这种情况下,制裁是没有问题的。

现在,我们把这个分析过程形式化。我们还是要用一个协调博弈来模拟两位观察员的制裁决策,并增添一个状态-信号结构来描述他们在决定是否制裁时可获得的信息。这个状态-信号结构的运作方式与前两种稍有不同。我们会先向你介绍它,然后解释为什么要使用它:

- 状态的确定和含义与之前一样(有两种状态,0和1,状态为 1 的先验概率为 μ）。

- 每位参与者会获得两个信号。第一个是完全共享的信号，取值范围为 0 或 1。当状态为 0 时，参与者看到 0 的概率为 $1-\varepsilon$，而看到 1 的概率为 ε。（这意味着参与者有时会看到虚假肯定信号。）当状态为 1 时，参与者总是会看到 1（没有虚假否定）。

- 然而，参与者不知道 ε 的值。他们知道 ε 的分布 f。他们还获得了 ε 的一个独立信号 ε_i，其分布被称为 g_ε。例如，f 可能是 0 到 1 之间的均匀分布。g_ε 可能是三角分布，峰值为 ε，端点为 0 和 1，这意味着参与者的信号可以取 0 到 1 之间的任何值，但他们离 ε 的真实值越远，可能性就越小（以恒定的比率）。

正如你看到的，我们已经转而关注虚假肯定了。这是因为它们自然地与免责解释相关：只要参与者看到信号 1，他们就知道免责解释有可能是成立的，而且状态有可能是 0。

然而，参与者实际上并不知道这些免责解释有多大可能是真正的解释。他们会去猜测——这可能是一个不错的猜测，但仍然只是一个猜测。ε_i 就代表这个猜测。

问题是：参与者能否只在这个猜测让他们相信免责解释足够站不住脚的时候才进行制裁？也就是说，他们能当且仅当 ε_i 低于某个阈值，比如 $\bar{\varepsilon}$ 时才进行制裁吗？这就等于只要他们足够确信状态是 1，就会进行制裁。

我们已经暗示过，答案通常是否定的。我们可以通过研究 $p=0.5$

的情况来证明这一点。当参与者获得的信号 ε_i 低于 $\bar{\varepsilon}$ 时，他们需要有 50% 的把握认为另一位参与者也获得了这样的信号。然而，这只有在 $\bar{\varepsilon}=0.5$ 的时候才成立。如果选定了更低的阈值，也就是如果我们要求参与者对制裁的把握超过 50%，那么他们对于对方获得低于这个阈值的信号的把握将低于 50%，因此就有了改变策略的动机。如果我们选定的 p 小于 0.5，那么均衡状态下的 $\bar{\varepsilon}$ 虽然将小于 0.5，但仍然不可能太极端——只有当非常确信的时候，一个人才可能去制裁。这个结果依赖于这样一个事实：在给定 f 和 g_ε 的情况下，参与者的信号会向平均值回归，这会导致获得极端信号的参与者认为其他参与者不太可能获得同样极端的信号。

因此，我们看到非常确定但不完全确定的是，第一层级信念很重要，而高层级信念没有那么重要的第三种情况，这会对协调行为造成阻碍。

高层级的不确定性

到目前为止，我们关注的都是你可能知道一些事情但不太确定别人是否也知道的情况，也就是第二层级信念。不过，有时候你会了解别人知道什么。这能解决问题吗？不一定。如果你得到的线索也不是很容易被观察到，被共享或者不可否认，那就不能。

为了说明原因，我们要关注那些线索不太能被观察到的情况。凭直觉来看，即使你认为对方知道，对方也不会确信你认为她知道。

所以她会表现得就像你不知道一样。现在我们从理论上探讨一下这个问题。

博弈中还是有两位参与者，他们将通过协调博弈决定是否要制裁。

- 还是有两种状态，0 和 1，表示是否发生违规行为。
- 参与者 2 的信号与之前一样：当状态为 1 时，她获得信号 1 的概率为 $1-\varepsilon$，否则获得信号 0。当状态为 0 时，她总是会获得信号 0。
- 对于参与者 1，我们假设他总是知道真实的状态（为简单起见），同时也会获得一个与参与者 2 的信号相关的信号：每当参与者 2 获得信号 1 时，参与者 1 会看到信号 1 的概率为 $1-\delta$，否则会看到 0。每当参与者 2 获得信号 0 时，参与者 1 也会获得信号 0。

双方都在获得信号 1 时进行制裁是一种均衡状态吗？在这种情况下，两位参与者都了解状态——第一层级信念，也清楚另一位参与者了解状态的事实——第二层级信念。这就够了吗？

答案取决于 δ（而不再只是 ε 了）。只有当 $1-\delta$ 足够大（大于 p）时，参与者 2 才会足够确信参与者 1 知道她获得了信号，因此才会进行惩罚。

- 这里我们已经看到，在第二层级和第一层级之上的第三层级信念（也就是参与者 2 认为参与者 1 觉得她在想什么）也会影响协调行为。同样的逻辑也适用于任何层级的不确定性。如果另一位参与者得到一个提示，知道你获得了一个有关他的状态信号的线索，那么只有当这个线索具有可观察性时，这才会有帮助。简单地说，高层级的不确定性也很重要。

回到我们的谜题

到目前为止，我们已经看到了 4 种高层级信念会发挥作用并影响参与者协调能力的情况：

- 可观察性。得知某人违规有多容易？
- 相关性。其他人可以利用和你一样的信息来源吗？
- 合理的推诿。你是否相当但不完全确定免责解释是无效的？
- 高层级的不确定性。即使你知道，并且也清楚别人知道什么，他们也清楚你知道吗？

当你知道了一些不容易被观察到的事情时，你会认为自己是碰巧发现的，而其他人就不会这么幸运了。当你通过私人渠道了解到一些情况时，你不可能指望其他人也得知同样的信息。当你相当确定但不是完全确定的时候，别人有可能比你更不确定。当你清楚别人知道什么，但他们认为你不太可能清楚他们知道什么的时候，他们仍然会表现得就像你不清楚他们知道什么一样。

我们的下一个任务是看看高层级信念和协调行为在我们开头提到的谜题中扮演了什么角色。比如，我们会看到，象征性的动作利用了很容易被观察到的、有相关性的和不可否认的信号，为的是让人们转向一种新的均衡状态。与行为相比，了解意图要难得多，更有可能通过私人渠道实现，也更容易被否认。这使得忽弃当为的违规要比相应的不当之为更难制裁。影射则利用了高层级的不确定性，以及合理的推诿，以排除在事情没有按计划进行时转向不太理想的均衡状态的可能性。

象征性的动作

象征性的动作之所以令人费解，是因为无关紧要的事情变得很重要：我们过分关注像"对不起"和"我爱你"这样的空话，在典礼、仪式和煞费苦心的展示上不惜一切代价，而这些并不能传递任何新信息。

我们对这个谜题的解释是，当协调很重要，而且某些原本不重要的事情变得可观察、众所周知和不可否认的时候，这些事情就会变得很重要。而象征性的动作是符合这些标准的。

我们在第 5 章讨论道歉的时候已经看到了一个象征性动作发挥作用的例子。道歉与我们的解释相当吻合。在鹰鸽博弈及其对应的现实场景中，协调是很重要的：当你被期望做鸽派时，重要的就是不要做鹰派，反之亦然。所以，原本无关紧要的空话能够帮助参与者配合完成从（鹰，鸽）到（鸽，鹰）的转换。这个解释与我们在第 5 章给出的没有什么区别，当时我们讨论的是无关联不对称建立了期望——只是表述略有不同。

然而，我们还要补充的是，为了达到预期的效果，道歉应该具有某些特点，即应该是可观察的，最好是公开的，并且必须是不可否认的。与此相一致的是，我们看到人们往往会坚持要求明确的道歉（"说你很抱歉！"），有时甚至会要求在别人面前道歉（"不要告诉我，告诉全班同学！"）。他们还会仔细审查道歉的语言，坚持要求道歉者不仅要表达懊悔或者承认自己犯了错误，而且要承担责任（"说这是你的错！"），并承诺会改变自己的行为（"说你不会再犯了！"），甚至要在道歉时频繁使用"我很抱歉"或者"我道歉"这样的语言。

只要道歉具有我们所说的三个特征，那就可以了。不管道歉是被迫的还是自愿的，也不管是发自内心的还是咬牙切齿的，这些都不重要。就算除了"对不起"不包含任何其他信息也没关系。如果道歉要促成协调行为，最重要的就是明确地，并且大声而清晰地道歉，以便所以人都能听到。

当道歉不具备我们所说的三个特征时，人们就会报以怀疑的态度，大概是因为不清楚冒犯的一方是否真的会改正自己的错误，因此，也就不清楚是否应该表现得就像他们会改正一样。希拉里·克林顿对巴基斯坦方面的道歉就是一个特别有趣的虚假道歉的例子。在危机刚开始的时候，巴基斯坦坚持要求一个真正的道歉，大概是想转换一下可以在巴基斯坦领空做鹰派的角色。然而，巴基斯坦最终放弃了这一要求，只坚持让美国发表某种公开声明，其中要包含"对不起"这个词，我们认为这样做是为了保住面子。一个巴基斯坦方面的团队与克林顿的团队一起起草了她的声明，内容是：

我们对巴基斯坦军方遭受的损失表示遗憾。我们承诺将与巴基斯坦和阿富汗合作，防止此类事件再次发生。[8]

　　这个措辞谨慎的虚假道歉并没有对巴基斯坦士兵的死亡负起责任，也没有承诺美国会改变自己的行为："我们对巴基斯坦军方遭受的损失表示遗憾"避免了为这些损失承担责任；"承诺将与巴基斯坦和阿富汗合作"并不等同于承诺防止此类事件再次发生。这并没有逃过巴基斯坦评论家的眼睛，但他们的声音被伴随着克林顿夫人的声明到来的数十亿美元的援助金淹没了。

　　让我们把目光从道歉转到其他类型的引发行动的语言上，也就是有行事功能的语言[9]，看看它们是如何被用来改变关系的性质的。

　　艾伦·菲斯克有一个著名的观点，那就是人们倾向于把关系分为4类。以下是菲斯克自己描述的4个类别。[10]

- 共同分享（Communal sharing，CS）关系建立在某种有界人群的概念上，而且所有人都是等价的，无差别的。在这种关系中，一个群体或两人组合的成员都会一视同仁地对待彼此，关注共性，而忽略不同的个体身份。处于CS关系中的人往往认为他们共同拥有某种相同的物质（比如"血统"），因此会认为对同类表现得相当友善和无私是很自然的事情。CS关系在近亲属关系和强烈的爱中通常占据很重要的位置；种族和国家身份，甚至最小的群体都是CS关系的弱化形式。
- 权力等级（Authority ranking，AR）关系基于人与人之间不对称性的模型，这些人沿着某种社会等级维度呈线性排列。

AR关系中突出的社会现实是一个人是高于还是低于另一个人。等级更高的人有威望、特权和在他们之下的人所没有的特殊待遇,但下级往往有权受到保护和精神关怀。

- 平等匹配(Equality matching,EM)关系基于一种均衡且一一对应的模型,比如话轮转换、平等分配正义、实物互惠、以牙还牙的反击、以眼还眼的报复或者等量替代的补偿。人们最关心的是EM关系是否平衡,并且会留意失衡的程度。
- 市场定价(Market pricing,MP)关系是一种基于社会关系均衡性的模型,人们会关注各种比例和比率。处于MP关系中的人们通常会将值得考虑的所有相关特征和组成部分简化为一个单一的值或效用标准,这样就可以对各种定性和定量因素进行比较了。

这些关系类别是需要协调的。如果一方将这段关系视为权力等级,而另一方起初表现得像一种平等匹配关系,那就不会有太好的发展。那么,你如何在避免冒这种代价高昂的不当协调风险的情况下,改变关系的性质呢?

这种事情单靠语言就能解决。像"我爱你""我愿意""你被解雇了""我们不再是朋友""我要和你分手"这些明确的陈述能彻底改变一段关系。但重要的是,它们是以一种避免不当协调的方式改变关系的:我们俩都知道这些话的意思,也知道我们现在拥有或者结束了什么样的关系。说出这些话可以最大限度地降低我们当中的一方继续像什么都没有改变一样对待这段关系的风险。

然而,有一件事很关键,那就是这些陈述是不可否认的,也就是不能模棱两可。如果说这些陈述有一个共同点，那就是它们都没有歧义。一旦你的老板说"你被解雇了"，你不能说你认为他的意思是你应该休息一下。这就是为什么"我要和你分手"会让人如此痛苦，以及为什么"但是你知道我对你的感觉"并不是"你爱我吗？"的理想答案。

和空话一样，肢体动作——握手、鞠躬、屈膝礼、亲吻、牵手，或者在彩棚下踩碎玻璃杯——也能改变一段关系。从本质上讲，这些动作是共同的、不可否认的经历。亲吻是一个人无法轻易忽略并装作没有发生的事情，它也不是偶然发生的。牵手也是一样，一个人的手不可能滑进另一个人的手里，然后留在那里。并不存在真正的免责解释。此外，这些浪漫的动作通常会被明显地展示出来，那些被迫观看公开秀恩爱的人会很乐意承认这一点。公开秀恩爱是一种可以让旁观者清楚地了解一个人的关系的好方法。同样，鞠躬或屈膝礼一旦做了就很难否认，也很容易被房间里的所有人看到，因此这是让大家知道谁服从谁的好方法。敬语和称谓，比如先生、女士、教授、博士或总统先生以及那些附加在名字后的敬语，如 san（日语）和 ji（印地语）也能起到相同的作用。这可能就是我们如此关注它们的原因。在某些语言中，我们总是通过谨慎使用正式和非正式的代词，如 vous（法语"您"）和 tu（法语"你"），来快速定义关系的类型。在某些文化中，我们定义关系类型的方式是称呼长辈为阿姨和叔叔，称呼平辈为兄弟、姐妹和表亲，或者只是叫哥们儿，姐们儿和老表。

煞费苦心的公共仪式往往也有类似的目的，尽管它们通常会涉及更多参与者之间的协调。虽然我们没有明确地对多人博弈进行建模，但之前的结论应该是成立的：只有当信号非常容易被观察到、公开且不可否认时，大规模的合作才能被促成。程式化的公共仪式就能达到这样的效果。例如，加冕仪式清楚地表明，所有人都将把同一个人当作自己的统治者，服从统治者的命令，惩罚那些不服从的人。像加冕典礼这样的活动通常是对公众开放的，事实上，举办方会努力确保尽可能多的观众出席。这些活动也充满了容易识别的动作（如涂油礼），或者随着时间的推移被列入圣品的东西（如加冕石）。这些会让仪式变得不可否认，并确保登上王位的人是无可争议的统治者。

结婚仪式也没有太大的区别——宝莱坞电影中的婚礼除外，不过规模通常要小一点儿。和加冕典礼一样，婚礼也有引人注目且不可否认的仪式元素，从而让所有人都能很容易地看到（走红毯，站在彩棚下）和听到（"你愿意娶……""你现在可以亲吻新娘了"）。婚礼上通常还有很多社区成员。当然，婚礼并不是为了确保我们都服从同一个领袖。确切地说，它是为了表明谁不再是潜在的恋爱对象，而在有些社会中，是为了明确谁有义务支持或服从谁，或者与哪个家族结盟。和道歉一样，即使说出的话并不是发自内心的，婚礼也能实现这些目的。（直到死亡将我们分开为止？！那现在的离婚率是怎么回事？这难道不是你第三次结婚吗？）

当然，加冕典礼、婚礼和许多其他程式化的仪式都有高成本信号的元素在起作用。一旦邀请了社区里的所有人，你就可以利用这个机会展示自己有多少支持者，或者你可以挥霍多少钱。但这是另外一种现象。它能解释为什么会有堆积如山的鲜花和黄油虾,但解释不了"我愿意"和其他高度程式化的仪式元素。让所有人都来到同一个地方的原因是需要促成协调行为,黄油虾只是额外的奖励。

忽弃当为与不当之为

接下来让我们看看,我们的模型将如何帮助我们理解道德和利他性中的一些怪异现象,先从忽弃当为和不当之为说起。回想一下斯特鲁马号的故事。请注意,这里的难点在于,我们不仅关心某人是否故意违规(导致数百名犹太人死亡),还关心他们是通过作为(发射鱼雷杀死他们)还是不作为(在船被拖到海上之前拒绝让难民下船)来完成这件事的。这是为什么呢?[11]

假设我们设法消除了忽弃当为与不当之为之间的区别,那就需要处理故意的疏忽(也就是惩罚英国人和土耳其人,因为他们明知苏联会用鱼雷击沉这艘船,却仍拒绝让犹太人下船),但不处理非故意的不作为(也就是当船被鱼雷击沉且没有人能去阻止的时候不予惩罚)。为了惩罚故意的疏忽,我们需要能够根据意图来调整自己的行为。

这就是问题所在。意图通常很难被观察到,从未真正公开过,也几乎总是可以被否认。

为了观察到意图,我们必须掌握正确的信息。是谁决定把船拖到海上的?他们知道没有标识的船只很可能会成为苏联潜艇的目标吗?这些信息通常只在很隐秘的地方才能被发现——绝密会议、克格勃档案室，以及无意中听到丈夫闲聊的军人妻子间的窃窃私语。我们必须借助难以分享、难以观察以及多少可以否认的私人信息来猜测英国人和土耳其人的意图：我们可能从过往的经验中了解到我们的消息来源有多可靠，消息来源可能提到英国官员在讨论中承认这艘船面临风险，等等。

失控的电车也是一样的道理。如果看到某人没有拉控制杆，我们可能碰巧知道他是主动选择不拉，或许是因为我们知道他犹豫了，前后看了看，再三考虑，然后又坐了下来。但其他人会如此确信他是主动选择让电车继续高速行驶吗？也许他只是没注意到呢？也许他试图拉控制杆了，但没能及时拉到位？

另一方面，至少与意图比起来，行为是可观察的，很容易被公开，也确实是不可否认的。英国人和土耳其人原本可以像纳粹那样处决犹太人。虽然这很可能会秘密进行，但最终会被曝光，就像奥斯维辛集中营的照片被泄露和乌克兰的万人坑被发现时的情况一样。这样的信息会被广泛传播，并且会变成一个公开信号。此外，也不会有任何棘手的解释问题。只要查出是谁开的枪以及是谁下的命令就行了。不会存在像谁知道什么以及他们的动机是什么这样的问题。电车难题中的控制杆也是一样的道理。如果它被拉动了，那就是被拉动了。如果被镜头拍下来，就会被公之于众。或者有人可以检查日志看看在换班开始时轨道是如何排列的。人们不会在电车高速行驶的瞬间碰巧拉动控制杆。正因如此，与意图不同的是，我们可以根据行为进行调整。也就是说，我们可以惩罚不当之为。

这样的分析可以让我们得出几个似乎能在实践中得到证实的

预测。

第一个预测：如果我们不能以意图为条件，这不仅意味着我们不能惩罚有意的疏忽，还意味着我们必须惩罚无意的不当行为。唐尼·布拉斯科和桑尼·纳波利塔诺真实的恐怖经历就证实了这一预测。布拉斯科是一名美国联邦调查局卧底探员，他通过结交桑尼·纳波利塔诺及其同伙潜入了纽约一个犯罪家族。布拉斯科的身份被揭穿后，尽管纳波利塔诺非常忠诚，而且他显然无意与美国联邦调查局特工交朋友，但他的老板还是下令杀死纳波利塔诺，并砍下他的双手！[12] 对纳波利塔诺来说遗憾的是，他的意图虽然显而易见，但仍是秘密的，且并非不可否认。

第二个预测：当协调的作用减弱时，意图就会被考虑。在寻找这个预测的证据之前，我们先简要探讨一下协调在我们的一些例子中所扮演的角色。当涉及保护人权，或者就像斯特鲁马号的例子一样未能保护人权时，协调之所以会发挥作用，是因为没有一个单一的主体可以单方面行使这些权利。事实上，它们必须通过国际制裁、战争或公愤来行使，而这些都必须经过世界强国或街头民众之间的协调。设在海牙的联合国国际法院虽然是为了解决这一问题，但在实践中当一方不主动遵守时，它也没有办法执行判决。在桑尼·纳波利塔诺的案子中，他的老板不能完全依靠美国政府执行他们的行为规范。这些规范要依赖于组织内部人员非正式的协调来执行。电车难题中的心理学理论可以说源自在社会上得以执行的道德直觉，符合我们的规范执行模型。

现在我们来看一些协调发挥的作用不那么大的例子。假如你看到某个人没能帮助自己的一个朋友，比如没有及时回复让他帮忙搬家的短信，直到对方不再需要帮助时，他才装作没有及时看到短信，却表现出很乐意帮忙的样子（"嘿，真的很抱歉。你还需要帮忙吗？"）。你会公开对这件事发表一些意见吗？可能吧，但也许不会，因为他做了合理的推诿，而公开发表意见是一种惩罚。但不管怎样，你可能都会在心里说某某人不是一个好朋友，当你需要帮助的时候，你也不太相信他会来帮你。这是因为，决定是否要信任某个人与协调无关。信任是一种个人的评价，一种你可以自己做出的评估。对于这样的个人评估——以及建立在这些评估之上的决定，比如在未来是否会信赖这位朋友，意图不可观察、不公开或者并非不可否认也没关系，重要的是你知道什么。如果你有关于意图的可靠信息，那么你可以利用它。

我们与亲属的关系是另一个协调发挥作用不那么大的例子。正如上一章讨论的，我们对亲人的爱是由亲缘选择驱动的——我们之所以会关心亲人，是因为我们和他们有很多相同的基因。在这种情况下，高层级信念和协调并不重要。重要的是我们的孩子或表亲有没有饿肚子，或者是否需要其他帮助，而不是其他人怎么想，或者我们是否要表现得和他们一样。我们的亲属是因为忽弃当为还是不当之为而未能获得我们的帮助并不重要。所以，就像我们在上一章看到的那样，对陌生人的无私和对亲属的无私之间的比较特别能说明问题。

罗布·库尔茨班、彼得·德西奥里和丹尼尔·费恩实际上已经用电车难题证明了，虽然人们通常会说他们不会为了救5个陌生人而把一个背着沉重背包的陌生人推到电车前面,但他们会为了救5个兄弟而去推一个背着沉重背包的兄弟。当涉及兄弟的时候,即便要做有伤害的事情也没关系,重要的是能在灾难中幸存下来的兄弟的数量。[13]

我们还预计,在单一权威可以单方面执行法律的情况下,忽弃当为和不当之为的区别将会消失。与负责防止像斯特鲁马号这类种族灭绝事件的国际机构不同的是,国内机构可以关注造成的伤害的程度,考虑意图(比如在区分谋杀和过失杀人时的做法),并且忽略伤害是由忽弃当为还是不当之为造成的。

• • •

在继续探究间接沟通的问题之前,我们要利用我们的分析来解决其他一些与忽弃当为与不当之为类似的问题。

躲避请求。每年冬天,随着节日的临近,在人流量很大的零售场所外都能看到救世军的志愿者。他们戴着红色的圣诞帽,一边用一个红色的桶收集捐款,一边摇铃以吸引路人的注意。在一个巧妙的实验中,3位行为经济学家与一些救世军志愿者合作,来检验能增加捐款的策略。[14] 研究人员想知道,救世军志愿者是否可以通过明确地问"今天您能给救世军捐点儿钱吗?"来增加捐款。因此,志愿者经过培训,有时会问有时不会问,并且任务都按照随机安排的时间表进行了分配,以便研究人员能确定明确发问的效果。

你可能认为,问一个人"您能给救世军捐点儿钱吗?"并没有什么。毕竟，这个问题并没有包含关于众所周知的救世军的更多信息。然而，当志愿者提出明确的请求时，更多的路人会捐款，他们的红色桶也会更快被装满。这看起来很不错，但在研究人员沾沾自喜的时候，他们注意到一个问题：人们会通过常被用作垃圾桶通道的侧门进出商店，以避开正门的救世军志愿者。但是不要去指责！如果你走在人行道上，拿出手机假装很忙，而不向乞丐捐款，那么你也犯了躲避请求的错。

贾森·达纳、戴利安·凯恩和罗宾·道斯设计了一个巧妙的实验范式，可以用来干净利索地证明那些原本会给予的人会毫不犹豫地躲避请求。[15] 在他们的实验中，受试者会进行简单的独裁者博弈——记住，在这个博弈中，你会得到几美元，然后回答你愿意分给别人多少钱。在他们的实验中，达纳和凯恩在这个独裁者博弈之后给了受试者一个惊喜。他们给受试者提供了一个选项，那就是只需支付 1 美元，他们的同伴就永远不会发现这个博弈。不仅有很大一部分受试者——约 1/3——接受了这个提议，而且这些受试者中的很多人都已经同意把自己得到的很大一部分钱分给同伴了。

那么，我们为什么在被请求时会给予，却会想尽办法避免被请求呢？

战略性忽视。世界各地的公共卫生工作者在抗击艾滋病时都会遇到的一个问题是，人们接受艾滋病等性传播疾病检测的频次不够。在参与高风险活动的人群中，这个问题尤其严重，对他们来说，经常性的检测是特别有益的。有时人们认为，这些人之所以宁愿保持战略上的忽视，是因为如果最终感染了艾滋病，他们知道他们会觉得有义务去改变自己的生活方式。但是，为什么他们不会觉得同样有义务去查明自己是否感染了艾滋病呢？

我们刚才提到的研究人员之一贾森·达纳进行了另外一项伟大的实验，这次他与罗伯托·韦伯和况熙合作，在实验室中展现了战略上的忽视。[16] 在他们的实验中，受试者获得了一笔钱，并被要求在两个选项中做出选择。选项 A 是将这些钱与另一位受试者平分——每人 5 美元。选项 B 是给第一位受试者多一点儿钱（6 美元而不是 5 美元），但把另一位受试者分得的钱减少到 1 美元。3/4 的人选择了无私的选项，平均分配了资金。而对另一个实验组的受试者来说，一切都是一样的，只不过他们无法确定自私的选项是否符合社会常规，因为另一个人得到的钱是未知的。在做出选择之前，受试者可以（无须付出代价地）揭露或不揭露对方得到多少钱。大约一半的人没有这样做，他们只是选择了自己得到更多的选项。

这些受试者的行为就像那些感染艾滋病风险很高却没有接受检测的人一样：那些觉得自己有义务避免故意表现得违反社会常规的人会选择不去知道。

手段与副产品。以色列对其宿敌哈马斯（控制着加沙地带的伊斯兰组织）最不满的一点是，哈马斯会利用人肉盾牌保护军事资产，方法是将其军事仓库隐藏在人口密集的住宅区，然后从这些地区发动攻击。之后，当以色列警告当地居民即将采取报复行动时，哈马斯又会鼓励居民无视这些警告。事实上，哈马斯承认了大部分事实，在大多数人眼里，这让他们成为邪恶的代名词。实际上，使用人肉盾牌违反了 1864 年的《日内瓦公约》，会被联合国视为战争罪行。这是很糟糕的事情。

与此同时，以色列，实际上是参战各方，有时即便知道会有平民伤亡的重大风险，也会攻击目标。虽然这很糟糕，但大多数人觉得这比用人肉盾牌要好。而且这既不违反《日内瓦公约》，也不是战争罪行。

奇怪的是，在这两种情况下，平民都被故意置于危险中。唯一的区别是，在一种情况下，伤害是达到目的（防止袭击）的一种手段，而在另一种情况下是一种副产品（平民虽然不是明确的袭击目标，但他们的存在并没有重要到足以阻止袭击）。

为什么我们要区分故意造成伤害是一种手段还是一种副产品？我们为什么不能只关注故意造成的伤害程度？

这种手段与副产品之间的区分也出现在哲学和对宗教经文的解释中。13世纪的基督教哲学家托马斯·阿奎那在每一所自由学院都执教过，他认为，比如，出于自卫而杀人（作为一种副产品）而非通过杀人来挽救自己的生命是可以接受的。同样，在阿奎那之前约800年的《塔木德》宣称：“如果两个犹太人被困在沙漠中，剩下的水只够其中一人存活，而其中一人正拿着那瓶水，阿基瓦拉比的意见是'拿着水的人'应该自己喝，而不是把水给他的朋友，因为'你的生命优先'。”[17]但是，不可以为了占有那瓶水而杀掉另一个人。杀掉他是喝水的副产品吗？是的。那杀掉他是喝水的手段吗？不是。

电车实验也巧妙地展示了这种道德怪癖。在由马克·豪泽、费尔瑞·库什曼、利亚纳·扬、R. 金康兴和约翰·米哈伊尔所做的一个变体实验中，一个旁观者可以通过让失控的电车走另一个岔道阻止它撞上 5 个人，电车在回到 5 个人所在的主道之前，会被一个重物挡住。在第一个实验组中，有一个人站在重物前面，他将不幸地作为副产品被杀死。在第二个实验组中，重物就是这个人自己，他现在会作为一种手段被杀死。相较于第二组，第一组中认为可以改变轨道的人要多出 30%。[18]

在两种情况下，同样的结果都是可以预见的，但人们感到了道德上的区别。这是为什么？

• • •

我们对这些道德怪癖的解释，类似于我们针对 20 世纪 70 年代的残疾人助手的经典研究给出的解释。值得注意的是，在那项研究中，"我更喜欢另一台电视播放的影片"这样的善意解释的存在，无论多么不可能，都可以成为做出一个原本会受到惩罚的决定的掩护。我们对此给出的理由是，偏执的行为在放映不同影片时是可以被否认的：你可能相当确信那些选择另一部影片的人是偏执狂，但你有多少把握取决于各种细节和先验概率，比如，你觉得两部影片有多么不同，以及某人喜欢一部影片胜过另一部影片的可能性有多大。因为你的信念相当极端，所以你的预期是其他人不会像你一样有把握（存在推诿）。此外，这些细节和先验概率是很难获得的（可观察性低），而且不共享或不太容易共享。

我们对其他道德怪癖的解释也没有太大的区别。想想从远离救世军志愿者的门走出超市，没能出现在性病诊所，或者轰炸了一栋碰巧里面也有平民的建筑，你需要什么信息来排除善意的解释？现在想想拒绝提出明确请求的救世军志愿者，在艾滋病病毒检测呈阳性后进行无保护措施的性行为，或者强迫一群平民进入一栋你知道会被炸毁的大楼，你需要哪些信息来排除善意的解释？在哪些情况下，需要被用来排除善意解释的信息是可观察的、容易分享且不可否认的？

间接沟通

最后一个我们常见的知识应用是间接沟通：我们为什么会利用影射和中间人，而且我们为什么会常常显得彬彬有礼或消极对抗？为了解释这些问题，我们要利用一个事实，那就是高层级信念对协调行为很重要，而人们所知道的（只是第一层级信念）对其他设定很重要。如果你想影响之前的行为，但不想冒险改变之前的行为，会发生什么？你想要发送一个利用我们已经建模的关键特征，比如合理的推诿或高层级不确定性的信号。这会让你能够改变第一层级信念而不影响高层级信念，让你鱼与熊掌兼得。

你问一个人："如果你能把肉汁递给我，那就太棒了。""你愿意上来喝一杯吗？""我们能做些什么来处理这件事情吗？"我们通常是想去表达一些东西。如果对方知道我们想要肉汁，想要一段恋爱关系，或者想要行贿，他或她就更有可能把肉汁递过来，上楼，或者接受贿赂。同样，通过中间人进行的人质谈判也是如此，我们希望劫持人质的人知道我们愿意用钱交换那些人质。这些例子都有我们为了影响不包含协调元素的行为而想要传达的信息。

但与此同时，也存在风险。我们希望奶奶把肉汁递过来，而不会觉得我们认为自己可以对她发号施令。如果亚历克斯也想谈恋爱，我们希望他能上楼，但如果亚历克斯拒绝了，我们也想保住面子——也许我们甚至想继续以朋友或同事的身份和亚历克斯出去玩，就好像什么都没发生过，或者如果这个请求是不正当的，我们还想避免社会制裁。如果警察愿意，我们希望他接受我们的贿赂，但如果我们的谈话无意中被偷听了或者这个警察很老实，那么我们要尽量降低被制裁的可能性。我们希望设法把俘虏带回家，但要避免建立一种新的讨价还价的平衡，否则在遇到未来的流氓国家或恐怖分子时，我们就不能再指望坚定地坚持"我们不与恐怖分子谈判"了。

间接语言满足了说话者的斗争需求，因为它不仅传递了信息，还以一种阻碍更高层级信念的方式传递了信息。约翰试图贿赂警察了吗？这位警察可能知道答案，因为他能看到约翰钱包里露出的钞票。但是在场的另一位警察能看到这些钞票吗（它是可观察的吗）？那个警察把它拍下来了吗（它是共享或可以共享的吗）？钞票是否露出得足够多，从而让这位警察**确信**约翰是故意把它们抽出来的（它是不可否认的吗）？那么上来喝一杯的邀请怎么样呢？亚历克斯相当确定他的朋友是在寻求一段恋爱关系，所以如果有同样的兴趣，他就可以相应地做出回应吗？但他怎么知道对方是这个目的呢？肢体语言，之前谈话中的暗示，还是语调？所有这些线索都很难被观察到，不是所有处于有利位置的人都能看到，也很难让第三方产生共鸣，而且很容易被否认。这些都足以让亚历克斯决定是否接受朋友的提议，却不足以改变这段关系，或者让自己陷入不必要的麻烦。

所以这就是问题的关键：通过间接沟通，我们能够在不带入高层级信念的情况下影响第一层级信念，从而使我们能够在不涉及协调的情况下影响他人的行为，而不会对协调行为产生任何影响。间接沟通可以让我们实现鱼与熊掌兼得。

·····

这些只是一些可以用高层级信念在促成或阻止协调行为中的作用来解释的应用，只是信号的某些方面会影响高层级信念，进而影响我们在协调时运用信号的能力。不过，希望到这个时候，我们的观点已经很清楚了：当协调起作用时，高层级信念很重要。

下一个问题是：我们的正义感从何而来，又为什么会如此奇怪？答案就在于子博弈完美。

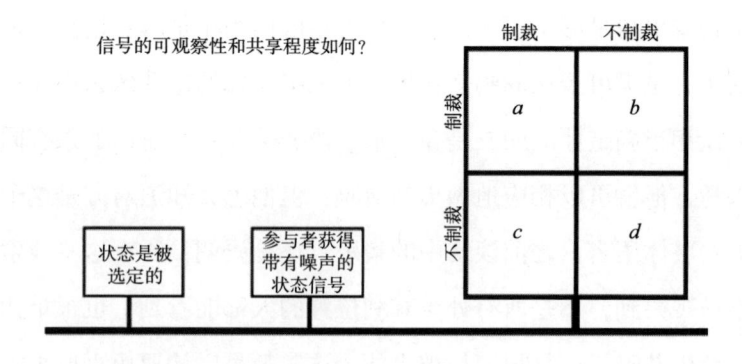

	制裁	不制裁
制裁	a	b
不制裁	c	d

信号的可观察性和共享程度如何？

状态是被选定的 — 参与者获得带有噪声的状态信号

设定：

- 首先，环境的状态是被选定的。状态为 1 的概率为 μ，否则状态为 0。状态可以指示是否发生了违规行为，1 就表示发生了。
- 其次，每位参与者会获得一个带有噪声的状态信号，具有以下特性：
    - 不存在虚假肯定：当状态为 0 时，参与者肯定会获得信号 0。
    - 虚假否定：当状态为 1 时，信号为 1 的概率为 $1-\varepsilon$。ε 表示虚假否定率。
    - 参与者的信号可以相互关联。这种关联性用 ρ 表示。$\rho=0$ 代表信号是独立生成的。$\rho=1$ 代表信号总是完全相同的。[严格来说，我们将 ρ 定义为 $\rho=(r(1-\varepsilon)-(1-\varepsilon)^2)/(1-\varepsilon-(1-\varepsilon)^2)$，其中 r 是参与者 1 在另一位参与者接收到信号 1 的情况下获得信号 1 的概率。这符合条件相关性的标准定义。]
- 最后，参与者要进行一个协调博弈。参数 $p=(d-b)/(a-c+d-b)$ 表示，参与者在想要选择制裁之前必须有多大把握认为另一方会选择制裁。

有利的策略组合：

- "条件性制裁"：当且仅当看到信号 1 时，参与者才会选择制裁。

均衡条件：

- $1-\varepsilon(1-\rho) \geq p$。
- $(\mu\varepsilon(1-\varepsilon))/(\mu\varepsilon+(1-\mu)) \leq p$。只要发生违规的可能性 μ 相对较小，这个条件就不会有什么约束作用。

说明：

- 如果信号是可观察的（低 ε）或者可共享的（高 ρ），就有可能根据信号进行协调。

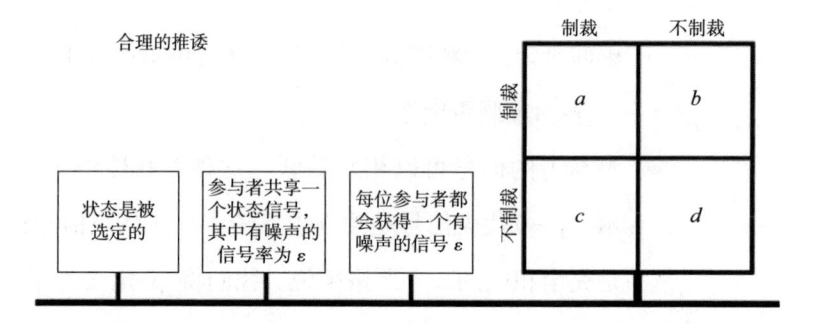

合理的推诿

	制裁	不制裁
制裁	a	b
不制裁	c	d

状态是被选定的 → 参与者共享一个状态信号，其中有噪声的信号率为 ε → 每位参与者都会获得一个有噪声的信号 ε

设定：

- 首先状态是被选定的。状态为 1 的概率为 μ，否则状态为 0。
- 参与者还是会获得一个状态信号，可能是 0 或 1，他们还会获得一个虚假肯定的信号。
  - 状态信号是被完全共享的。
  - 状态信号不存在虚假否定：当状态为 1 时，参与者肯定会接收到信号 1。
  - 状态信号存在虚假肯定，概率为 ε；当状态为 0 时，获得信号 1 的概率为 ε。

- 参与者不会直接观察到 ε。事实上，他们是根据一些已知的分布 f 知道 ε 的分布的。他们每个人都会观察到一个 ε 的信号 ε_i，ε_i 本身是按照分布 g_ε 分布的，g_ε 可能取决于 ε。

有利的策略组合：

- 当且仅当接收到信号 1 并观察到 ε_i 大于某个 $\overline{\varepsilon}$ 时，参与者才会选择制裁。

均衡条件：

- 假设分布 f 和 g 表现出"均值回归"，那么 $\overline{\varepsilon}$ 必须接近 ε 的均值，其确切位置由 p 和均值回归的强度决定。

说明：

- 通常只有在参与者"非常确信"某项规范被违反时，他们才可能进行制裁。
- 然而，当参与者绝对确定某项规范被违反，或者没有关于虚假肯定率的私有信息时，也就是当 $\varepsilon=0$ 或 ε_i 被共享时，他们可以进行制裁。如果 ε 和 ε_i 是离散的，参与者也会更容易根据自己的信号进行调整。

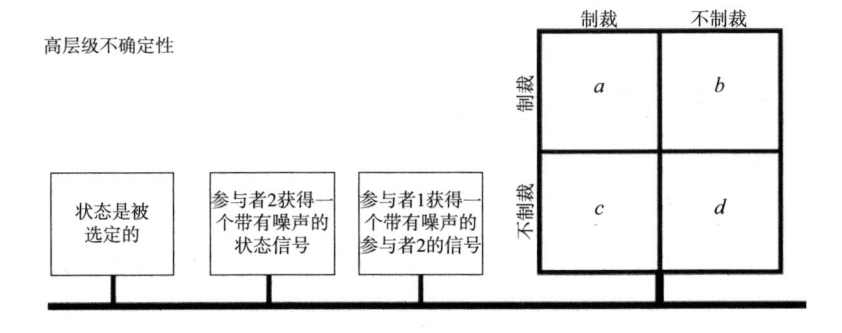

高层级不确定性

	制裁	不制裁
制裁	a	b
不制裁	c	d

状态是被选定的 → 参与者2获得一个带有噪声的状态信号 → 参与者1获得一个带有噪声的参与者2的信号

第一种情况：没有高层级信号

设定：

- 首先状态是被选定的。状态为 1 的概率为 μ，否则状态为 0。
- 参与者 1 知道状态。
- 像我们之前的模型一样，参与者 2 获得一个状态信号。其特性是：
    - 不存在虚假肯定：当状态为 0 时，参与者 2 肯定会获得信号 0。
    - 存在虚假否定：当状态为 1 时，获得信号 1 的概率为 $1-\varepsilon$，其中 ε 为虚假否定率。

有利的策略组合：

- 当且仅当状态为 1 时，参与者 1 才会选择制裁。也就是说，只要知道有违规行为，他就会进行制裁。
- 当且仅当获得信号 1 时，参与者 2 才会选择制裁。

均衡条件：

- $1-\varepsilon \geq p$。
- $1-(1-\mu)/[(1-\mu)+\mu\varepsilon] \leq p$。只要发生违规的可能性 μ 相对较小，这个条件就不会有什么约束作用。

第二种情况：添加一个高层级信号

设定：

- 一切都和之前一样，除了……
- 参与者 1 也会获得一个参与者 2 的信号，而且具有类似的特性。也就是：

- 不存在虚假肯定：只要参与者 2 获得信号 0，参与者 1 也会获得信号 0。
- 存在虚假否定：当参与者 2 获得信号 1 时，参与者 1 会观察到信号 1 的概率为 $1-\delta$，否则会看到信号 0。

有利的策略组合：

- 当且仅当参与者 1 获得的参与者 2 的信号为 1 时，才会选择制裁。也就是说，只要知道对方发生了违规行为，她就会进行制裁。
- 当且仅当获得信号 1 时，参与者 2 才会选择制裁。

均衡条件：

- $1-\delta \geq p$
- $(1-\varepsilon)/(\varepsilon+(1-\varepsilon)\delta) \leq p$

说明：

- 只有在另一位参与者的信号也是可观察的情况下，获得该信号才有帮助。
- 当他们的信号带有较小噪声时，这个信号才是最有用的。如果它非常准确，那么当你得知发生违规行为时，你可以很确信他们也会知道，因此就可以直接根据你是否观察到违规行为而进行调整。

第14章
子博弈完美均衡与正义

在第 5 章,我们短暂地提到即将陷入长期纷争的哈特菲尔德家族和麦考伊家族。那是 1878 年,两个家族刚刚为一头母猪和它的猪崽儿争吵完。不到 10 年,这场争吵就升级为一场只能用"屠杀"和"斗争"来形容的全面战争。到纷争结束的时候,两个家族的实力都被大大削弱了。[1]

纷争刚开始的几起事件如今虽然广为人知,但其实并不是人们认为会导致屠杀和斗争的那种事情。1880 年,在母猪纠纷发生整整两年后,麦考伊家族的两个兄弟与比尔·斯坦顿发生了枪战,后者曾在母猪官司中提供了对麦考伊家族不利的证明。斯坦顿被杀,麦考伊兄弟虽被短暂监禁,但很快就被释放,因为他们的行为被认定为自卫。

几个月后,在两家关系已经非常紧张的时候,一次浪漫的约会引发了更多的麻烦。强森·安斯·哈特菲尔德在一次选举活动上认识了罗斯安娜·麦考伊,并向她求爱成功(就像他对镇上其他女孩所做的那样)。罗斯安娜是麦考伊家族首领兰德尔·麦考伊的女儿。兰德尔和罗斯安娜的兄弟们认为强森的行为侮辱了麦考伊家族的荣誉,而且这个地区的所有人,包括哈特菲尔德家族,似乎在这件事上都站在他们一边。麦考伊兄弟会定期骚扰强森,有一次甚至绑架了他,也许是想要杀了他。强森的父亲,哈特菲尔德家族的首领"恶魔"安斯·哈特菲尔德派出一队人马拦截了麦考伊一家。恶魔安斯彻底拆散了这对儿年轻的恋人,但有可能是因为他觉得麦考伊兄弟的行为是正当的——而且强森并没有被真的杀死,他让麦考伊家的人毫发无伤地离开了。

那么,这些孤立的事件是如何演变成屠杀和斗争的?在几个关键的升级点上,双方本可以做出让步,避免更多的流血事件,但他们没有这样做。

第一次升级发生在 1882 年。在另一场选举活动中,恶魔安斯的兄弟埃利森·哈特菲尔德与麦考伊家的一个兄弟酒后打架。麦考伊家的另外两个兄弟就在附近。他们加入战斗,拔出了刀子,埃利森最终被重伤。麦考伊兄弟很快就被逮捕,但恶魔安斯并不打算就此罢休,而是选择亲自动手。他召集了大约 20 人,拦截了正要前往监狱的警察,并逼迫警察交出麦考伊兄弟。恶魔安斯让手下把麦考伊兄弟在一座废弃的校舍里关了几天,同时等待着自己的兄弟幸存的消息。埃利森·哈特菲尔德伤重而死后,恶魔安斯把麦考伊兄弟绑在木瓜树上,并让手下朝着他们扫射。

恶魔安斯的私自执法在很大程度上被认为是正当的,尤其是麦考伊兄弟已经从比尔·斯坦顿被杀案中侥幸逃脱。虽然恶魔安斯和他的手下被起诉,但当局并不是很想逮捕他们。受委托逮捕这伙人的肯塔基州执法人员对跨界进入西弗吉尼亚州执行抓捕非常谨慎,这也起到了一定的作用。恶魔安斯与西弗吉尼亚州州长一直有政治关系，并帮助西弗吉尼亚州参议员约翰·B. 弗洛伊德当选，据说有一次，他以武装党派头目的身份出现在地方选举活动中，劝说选民给弗洛伊德投票。

兰德尔·麦考伊对这样的结果当然很不满意，但他一开始似乎仍在试图接受。有一段时间，他什么都没做，于是两个家族进入了令人不安的休战期。之后，在1887年，情况发生了非常不利的转变。大家众说纷纭，但大多数人认为是在哈特菲尔德家族计划突袭麦考伊家族但被挫败后，情况才急转直下的。有人怀疑麦考伊家的两个女人向其他人发出了警报，恶魔安斯的一个儿子卡普·哈特菲尔德带着一群人闯进了麦考伊家，毒打了麦考伊家的女人，并用牛尾巴抽打她们。

这显然让兰德尔改变了态度，并大幅提高了赌注。他与一位远房亲戚和朋友佩里·克莱恩联手，后者在肯塔基州有强大的政治关系，据说他一度觊觎恶魔安斯拥有的木材。克莱恩说服肯塔基州州长恢复对哈特菲尔德家族的起诉，而且这一次，会给抓住哈特菲尔德家的人并把他们带到肯塔基州受审的人提供巨额赏金。你可能已经猜到，哈特菲尔德家族根本无意自首。收到消息后，恶魔安斯写信回应："我们……要通知你，如果你敢到这个地方来带走或者打扰哈特菲尔德家的任何一个人，我们就跟你一起下地狱，或者取你的性命。"

然而，哈特菲尔德家族并没有就此罢休。这次轮到他们加大赌注了。1888年1月1日晚上，他们包围了麦考伊家的木屋，然后放火烧屋，并大肆开火（以防我们说得不够明白，这就是"屠杀"）。兰德尔·麦考伊逃了出来，但他在枪战中失去了一个儿子和一个女儿，他的妻子惨遭毒打，落下了终身残疾。麦考伊的其他孩子都逃了出来，不过有几个孩子因为没有穿御寒的衣服被冻伤了。

这个时候，兰德尔·麦考伊终于选择了退出。他把幸存的家人从这个地区搬到了最近的镇上，再也没有回来。26年后，他在一场烹饪火灾中被烧伤，后来不治身亡，时年88岁（他确实是最倒霉的）。

与此同时，哈特菲尔德家族与赏金猎人和执法部门全面开战。这场斗争持续到1888年下半年，甚至牵扯到肯塔基州和西弗吉尼亚州州长。那年8月，在一场被称为"葡萄藤山之战"的枪战中失利后，哈特菲尔德家族的几名成员最终被捕。有趣的是，这个案子由于他们没有被合法地引渡，最终被移送到最高法院，但由于哈特菲尔德家族的几位关键成员在狱中服刑，而且关键证人麦考伊选择了退出，虽然这场纷争和赏金猎人的努力又持续了10年，但过去发生的大多数事情就此告一段落。恶魔安斯从未被定罪，他活到了81岁。

所以，他们为什么要这么做呢？为什么恶魔安斯要派人处决麦考伊兄弟？他原本可以让执法部门去履行自己的职责。事实上，他的兄弟埃利森在弥留之际也曾恳求他这么做。为什么哈特菲尔德家的人要殴打麦考伊家的女人呢？当然，他们可以预料到麦考伊家族会做出某种回应。不过，为什么兰德尔的回应如此严厉呢？他应该能猜到哈特菲尔德家族不会因为派赏金猎人去追捕他们的事情而放过他。但是话说回来，为什么哈特菲尔德家族就不能让事态缓和一点儿呢？在那个寒冷的新年之夜，当他们出发去麦考伊家的木屋大开杀戒时，他们很清楚自己犯下这样的暴行是逃不掉的。总之就是，为什么双方会不断让事态升级，而不是让过去的事情成为过去呢？原本是不用死那么多人的！

· · ·

2021年4月13日，以色列警方强行闯入耶路撒冷阿克萨清真寺，切断了宣礼塔上扬声器的电线，以防止祈祷的声音影响以色列总统鲁文·里夫林在附近的演讲。当时是斋月开始的第一天，而且6个巴勒斯坦家庭被驱逐出东耶路撒冷谢赫贾拉社区的判决结果引起了争议，所以该事件被视为一种侮辱，在阿克萨和谢赫贾拉都引发了一系列小规模的抗议。

通常情况下，这样的抗议活动最终会逐渐平息，之后一切会恢复正常。但这一次，抗议活动并没有就此结束。事实上，就像哈特菲尔德家族和麦考伊家族之间出现的情况一样，一系列的升级行为导致了近十年来最严重的纷争。很难说到底是谁在什么时候开始了升级行为，但5月7日发生了一起关键事件，当时以色列方面加大赌注，突袭阿克萨清真寺，还没收了抗议者囤聚的一堆石头。如果说三周前切断扬声器电线是一种侮辱，那么这次满是震爆弹和橡胶子弹的突袭就是一种暴行。第二次关键的升级行为发生在遥远的加沙地带。5月10日，哈马斯站在武器不足的抗议者一边，发出了最后通牒：以色列必须在下午6点前从阿克萨和谢赫贾拉撤出警察和军队，否则后果自负。[2]

以色列无视了这一通牒。

在最后期限过去几分钟后，哈马斯兑现了自己的承诺，向以色列发射了一连串的导弹。以色列以炮击和空袭作为回应。然后，在接下来的几天里，以色列夷平了加沙的几栋公寓大楼，其中一栋是美联社所在的大楼，而另一栋是国际性新闻媒体半岛电视台所在的大楼。作为报复，哈马斯增强了攻击力度，向以色列腹地发射了数百枚火箭弹。直到双方最终同意于5月21日凌晨2点停火，在11天的时间里，针对加沙的空袭和针对以色列的火箭弹袭击几乎没有间断过。[3]

正如我们对哈特菲尔德家族和麦考伊家族所做的分析，我们可以问，为什么双方要让冲突升级，而不是既往不咎？如果以色列没有切断扬声器的电线，如果抗议活动没有愈演愈烈，如果以色列没有突袭阿克萨，如果哈马斯没有发出最后通牒并发射火箭弹，诸如此类，两百多人死亡的结果就可以避免。为什么在每个阶段，各方都没能让过去的事成为过去？

这个问题还有另外一种表述方式。在这些冲突中，双方都造成了无法挽回的损失。麦考伊家丢失的那头猪是一笔宝贵的财富，足以让兰德尔一家安然度过整个冬天。阿克萨清真寺被切断的扬声器电线阻止了对祈祷的召唤。不过，无法挽回的损失一旦出现，就成了经济学家所说的沉没成本，之所以这么说，是因为成本无法被收回。不管麦考伊家族或巴勒斯坦人是否完成了报复行为，他们都无法拿回自己的猪，或者再听到祈祷声了。何必为不可挽回的损失而难过呢？

事实上，所有经济学家都会理智地说，最好不要为不可挽回的损失而难过，也就是不要执着于沉没成本。你在一个项目或事业上投入了多少并不重要，重要的是它在未来能带来多少回报。挑起争端，无论是用刀还是用火箭弹，都算不上一种建设性的净现值方案。争端本身代价高昂，而且有导致冲突升级的风险。那么，为什么麦考伊家族、巴勒斯坦人和他们的对手不能忽视沉没成本——忽视过去的伤害，然后继续前进？

事实上，这正是你常常会在奥普拉和菲尔医生等名人的励志文章中，甚至从梅奥诊所的健康专家那里得到的建议。以下是梅奥诊所的好事者对这个话题的看法：[4]

谁没有被别人的言行伤害过呢？也许是父母在你成长的过程中不断地批评你，也许是同事蓄意破坏你的项目，也许是你的伴侣有了外遇。或者你有过创伤性的经历，比如在身体上或精神上被你亲近的人虐待。

这些伤口会给你留下持久的愤怒和痛苦，甚至让你有复仇的念头。

但如果不学着去原谅，你就可能成为付出最惨重代价的人。通过拥抱宽恕，你也可以拥抱和平、希望、感恩和快乐。想想宽恕会如何引领你走上身体、情感和精神健康的道路。

他们甚至还说：

放下怨恨和痛苦可以为更好的健康状况和内心的平静创造条

件。宽恕可以让你拥有：

- 更健康的关系
- 更好的心理健康状况
- 更少的焦虑、压力和敌意
- 较低的血压
- 较少的抑郁症状
- 更强大的免疫系统
- 更好的心脏健康状况
- 得到提升的自尊

这听起来相当不错。那么，我们为什么会觉得宽恕如此违反直觉？我们为什么不能把过去的伤害视为沉没成本？我们为什么不能既往不咎，言归于好？

• • •

为了回答这些问题，我们要引入重复惩罚博弈，虽然它基于重复囚徒的困境，但做了一些有效的调整。[5] 这个新的博弈有两位参与者。在每一回合的博弈中，参与者1都率先行动，决定是否要违规（我们有时会将不违规称为合作）。违规对参与者1有利，但对参与者2不利。之后，参与者2行动，决定是否要惩罚参与者1。和往常一样，每一回合过后，有可能继续进行相同的另一回合，也有可能就此结束。[6]

当恶魔安斯决定组织一队人马绑架麦考伊兄弟时,他和他的同伴就将自己置于危险之中了。警察有可能会向他们开枪,或者麦考伊家族可能会召集一群人伏击他们。还有一个事实是,处决行动可能会导致他们被捕。事实上,在这场纷争中,那些打算惩罚的人最终被捕、受伤或被杀的情况发生过很多次。我们希望在模型中体现这一点,所以我们假设不管是对被惩罚的一方,还是实施惩罚的一方来说,惩罚的代价都是很大的。[7]

通过考虑一些简单的策略,我们可以从这个博弈中学到很多东西。第一种策略是:

- 参与者 1 从不违规。
- 参与者 2 从不惩罚。

这种策略是纳什均衡吗?不是的。参与者 1 可以通过转而选择违规而获益,因为这样她可以从违规中获益,而且不会受到任何影响。要达到均衡状态,策略组合必须能提供合作的动机。(如果仔细看过第 8 章,你就已经知道这一点了。那个时候我们就看到,如果没有惩罚的威胁,我们就无法在均衡状态下阻止违规行为。)

所以,我们增加一个合作的动机。比如下面这种策略:

- 参与者 1 从不违规。
- 参与者 2 只在参与者 1 在当前回合中违规时才会进行惩罚。

现在,参与者 2 的惩罚威胁可以阻止违规行为:只要惩罚带来的伤害大于违规带来的收益,这种策略就是纳什均衡。太棒了!

不过,没那么简单。尽管参与者 1 不会违规,但让我们来考虑一下假如她违规的情况。我们必须通过这一步确定这是**子博弈完美**

均衡，也就是我们在第 10 章简要介绍过的经过细化的纳什均衡。请回忆一下，要达到子博弈完美均衡，参与者必须有落实"如果你违规我就惩罚你"这种威胁的动机。

那么，参与者 2 会真的惩罚这种（假设的）违规行为吗？嗯……惩罚代价高昂。如果他不进行惩罚，也不会产生任何影响：参与者 1 会在下一轮重新选择合作。所以答案是否定的，参与者 2 不会进行惩罚。这就是一个问题。如果参与者 1 预料到参与者 2 不会真的惩罚，那她就会继续违规。

下面这种策略组合可以解决这个问题。

- 在每一回合，参与者 1 都不会违规，前提是之前所有的违规行为都受到了惩罚；否则，她就会违规。
- 如果参与者 1 在本回合中违规，且之前所有的违规行为都受到了惩罚，那么参与者 2 将进行惩罚；否则，他不会进行惩罚。

这种策略组合的关键作用是引入了未能惩罚的后果，也就是说，如果参与者 2 未能惩罚违规行为，参与者 1 将停止与参与者 2 合作。

尽管这一策略以一种特殊的方式给出了这些后果，但经验是有普适性的：策略组合必须让参与者去利用任何未能惩罚的同伴。这个附加要求来自子博弈完美均衡，特别是让参与者有动机去落实威胁的要求。我们的第三种策略就提供了很强的动机，因为如果参与者 2 不落实自己的惩罚威胁，他就再也没有合作的机会了。

⋯

所以，我们已经知道参与者必须为自己的同伴提供合作的动机。而现在我们又了解到，他们还必须利用不惩罚的人来激励自己的同伴进行惩罚。

这个附加要求的核心含义是，在子博弈完美均衡中，如果参与者2试图既往不咎，参与者1就会通过减少之后的合作来利用他。也就是说，在子博弈完美均衡中，过去的事根本就不会过去。它们之所以不是沉没成本，是因为昨天发生的违规行为在很大程度上影响着今天是否会受到惩罚，而今天未能惩罚的事实可能预示着明天的违规行为将会被如何处理。在重复博弈中，过去的事情很重要。事实上，它的重要性还不止于此：在重复博弈中，必须让过去的事情变得重要。这是维持合作的唯一途径。

这就是为什么以色列和巴勒斯坦不能对过去的罪行置之不理。如果巴勒斯坦人不因为切断阿克萨扬声器电线的事情而去惩罚以色列，以色列就会再来一次或者做类似的事情。在均衡状态下，一定会这样的。如果以色列不因为发射火箭弹的事情惩罚哈马斯，哈马斯就会再发射一次。在均衡状态下，一定会这样的。这种暴力循环确实很可怕，而且一旦我们陷入其中，似乎还会适得其反，但这是维护和平最不可或缺的部分！

同样，对哈特菲尔德和麦考伊家族来说，他们如果没能惩罚冒犯自己的人，很快就会出现更糟糕的结果。虽然我们永远无法确定，但这甚至有可能是哈特菲尔德家族策划1887年被挫败的突袭麦考伊家族行动的原因。也许在兰德尔放弃指控他们杀害自己的儿子（让他们的罪行免受惩罚）之后，他们觉得必须利用麦考伊一家。

有一个非常明显和著名的例子，体现了不惩罚违规行为会导致进一步的利用，那就是二战前夕同盟国对希特勒的绥靖政策。第一次世界大战的惨状使同盟国领导人采取了这一政策，以避免暴力升级和发生另一场世界大战。他们先是对德国吞并奥地利的行为置之不理。所以希特勒认为他可以更大胆一些，于是要求吞并捷克斯洛伐克的部分地区。当英法两国屈从于这些要求时，希特勒对他的将军们说："我们敌人的领导者都在平均水平以下，没有个性鲜明的人，没有主宰者，也没有实干家……我们的敌人都不值一提。我在慕尼黑见过他们。"[8]然后他就入侵了波兰。

・・・

光是道歉就可以了吗？ 在第5章，我们讨论了道歉——只是言语上的——往往能产生巨大的影响，是因为它们可以改变参与者对所处的均衡状态的预期。（也就是说，前提是道歉要明确，就像我们在第13章看到的那样。）

我们来看看在这个模型中道歉是如何发挥作用的。假设在选择是否违规后，参与者1有机会道歉。暂时假设道歉是不需要付出代价的——只是言语上的。之后，参与者2要像之前一样选择是否进行惩罚。参与者 2 会接受参与者 1 的道歉吗？也就是说，他会只在参与者 1 违规且不道歉的情况下进行惩罚吗？

不。这可能对参与者 2 来说很有吸引力，因为这意味着可以避免负担惩罚的成本。但有一个问题，由于参与者 1 从她的违规行为中获益，而道歉并不能充分阻止违规行为，这样她每次都会选择违规，然后说"哎呀，我很抱歉"。此外，子博弈完美均衡告诉我们，接受了零成本道歉的参与者 2 一定会在均衡状态下被利用。

但是，如果道歉是要付出代价的，比如附带经济补偿或某种赔偿，那么，只要代价大于从违规行为中获得的收益，就足以阻止违规行为发生（前提是参与者 1 知道只要自己违规都必须付出这样的代价以避免惩罚）。参与者 2 可以接受这样的道歉，而不必担心未来会被利用。

电视剧《黑道家族》的粉丝们可能还记得托尼和卡梅拉·索普拉诺是如何因为托尼屡次公然出轨而暂时分开的（第 5 季）。最终，两人约定见面并试图和解。刚见面几分钟，卡梅拉就随口给了一点儿暗示。"克雷斯特维尤那边有一块土地在出售，一英亩[①]多一点儿。我在想，我可以建一座特别的房子……让我爸爸也过来一起住。我的意思是，我的零用钱就这么多，但是……"托尼明白了她的意思，然后同意了这笔交易。

"那块地多少钱？"他打断她。

"60 万……"

[①] 1 英亩 ≈ 4 046.86 平方米。——编者注

"好吧，我会给金斯伯格打电……让他腾出首付款。"托尼说，他同意了她的提议。

"然后呢？"

"我会搬回来住。"托尼说，然后重申了之前谈话中的承诺，说卡梅拉再也不用担心他会出轨了。这份礼物为他们的和解创造了条件。

那么，什么时候道歉必须代价高昂？那就是违规者能从违规行为中获益的时候，就像托尼从出轨中获益一样。与此形成对比的是第11章沙斯塔县牧场主的例子，尽管他们通常会帮忙修补栅栏，但不会为自己越界的牛所造成的破坏向邻居付钱。这样之所以可行，是因为牛越界对牧场主来说没有好处。他们更希望自己的牛能待在一起，不要闲逛，也不要在邻居的土地上迷路。还有一个例子，美国误杀巴基斯坦士兵，也就是以希拉里·克林顿的道歉而告终的那个事件。美国并没有从杀死盟友的士兵中获益。在这种情况下，道歉就没有必要附带赔偿；只要一个足够明确的道歉，确保过去的违规行为不会为未来树立先例就行了。[9]

决斗

1865年，也就是奥托·冯·俾斯麦统一德国的6年前，他在德国国会大厦试图推动其最新的预算案。自由主义批评家、科学家以及现代病理学之父鲁道夫·魏尔肖对俾斯麦的预算中过高的军费提出了尖锐的批评，俾斯麦一怒之下要求魏尔肖与他决斗。

据说，当俾斯麦的信使到达魏尔肖家时，他发现这位科学家兼政治家正坐在实验室的工作台旁。看到信息后，魏尔肖回复说，按照惯例，他要选择武器。他指了指旁边的两根香肠。其中一根有旋毛虫幼虫，另外一根是安全的。俾斯麦可以选择他想吃掉的香肠，魏尔肖会吃掉另外一根。俾斯麦明智地拒绝了——死于旋毛虫病实在太可怕了。[10]

尽管这个故事很可能不是真的，但令人惊讶的是，只有香肠那部分有可能是杜撰的（他们的信件显示，魏尔肖拒绝了决斗，并公开道歉），而不是俾斯麦主动向对手提出决斗的事实。其实在1852年，他就参与了一场决斗并幸存下来，而在19世纪30年代，还是一名学生的俾斯麦据说参与——并发起了——好几次决斗。

尽管决斗在19世纪下半叶基本上已经失宠，但在之前的几个世纪里，它是解决争端的常用手段。在西方，这种做法起源于在罗马帝国灭亡后征服西欧的日耳曼部落。在一些中世纪早期的欧洲王国中，决斗是解决某些争端的合法手段。这种做法在维京人中也很常见。在中世纪的鼎盛时期和文艺复兴时期，越来越多的平民被禁止参加决斗，但贵族和精英阶层仍然保留着决斗的做法。相当多的名人参与过决斗，包括美国总统安德鲁·杰克逊（他险些丧命）和亚历山大·汉密尔顿（大家都知道他没能保住性命）。1842年，亚伯拉罕·林肯同意与詹姆斯·希尔德决斗，但两人都被说服最终放弃了。他们仍然是朋友，20年后，希尔德在南北战争期间成为林肯的一名将军。[11]

虽然决斗通常不会致命，但死亡率也不低。根据1685—1716年法国的数据，这一比例大约为4%。[12] 当然，受伤的情况也很常见。安德鲁·杰克逊在他的余生中，胸部都嵌着一颗决斗中留下的子弹，这给他带来了巨大的痛苦。你可能觉得这会让人们拒绝决斗。然而，拒绝往往会招致整个社会的排斥。正如密西西比州的一位国会议员解释的那样，如果他拒绝了挑战，那么"不管在他自己眼里，还是在其他人眼里，生命对他来说都将变得毫无价值"。[13]

毫无疑问，决斗是一种奇怪的习俗。为什么要让被冤枉的人和违规的人付出相同的代价——而且是很沉重的代价？为什么会有人愿意为此付出代价？为什么这样怪异的习俗会出现并存在这么长时间？

要回答第一个问题，我们先要搞清楚如果我们可以惩罚违规者，而且自己不用付出任何代价，会发生什么。那么问题来了：不管对手是否违规，人们有时会通过伤害他而获益。或许他们在争夺土地、工作或恋人。在这种情况下，存在一种不当诱因：为了图方便可以假装某人的对手违规，这样他就能以受到惩罚为借口而被立即处决。通常，被送上法庭的威胁可能会阻止这样的行为，但在那些政府软弱、控制范围有限的社会里，比如中世纪早期的国家、美国南方腹地和蛮荒的西部，会发生什么呢？在这种情况下，需要阻止人们无缘无故地进行惩罚。

决斗能做到这一点。如果你要付出的代价与你给对手带来的损失相等，你就不会只是为了削弱对手的实力而选择决斗。

但是考虑到这些代价，为什么有人甚至在有正当理由的时候也会向另一个人提出决斗呢？嗯，基于我们在本章前面的部分所阐述的所有理由：即使惩罚代价高昂——死亡率高达4%，惩罚也是值得的，因为假如不这样做，违规者（或者其他知道你没有认真对待违规行为的人）在未来会继续冒犯你。

这就是我们对决斗为什么出现并持续存在的解释。决斗能预防肆无忌惮的暴力，同时也为合法的威慑创造了条件。

道德运气

哈特菲尔德和麦考伊两个家族的恩怨中有一件很奇怪的事，展现了正义感的另一个令人费解的特征。在恶魔安斯处决了麦考伊兄弟后不久，他的儿子卡普在一次圣诞舞会上和一个叫里斯的医生打架，结果自己中了枪。有一段时间，卡普都没有脱离生命危险。后来，当不分昼夜照顾自己的儿子直到康复的安斯被问及此事时，他承认卡普"做错了"，但又补充道，"如果他杀了我的儿子，我会杀了他，这样就扯平了"。当事实证明他不需要这样做时，恶魔安斯甚至都没有对里斯医生提出控告。

当这两件事的区别被归结为运气的时候——小卡普是幸运的，而埃利森是不幸的，安斯怎么会有如此不同的看法呢？试想一下，如果幸运女神像眷顾卡普一样眷顾埃利森·哈特菲尔德，那几十年的纷争和几十人死亡的结果就可以避免了！

伯纳德·威廉斯通常被认为强调了运气对道德直觉的巨大作用，他称这种现象为"道德运气"。以下是托马斯·内格尔对这个

问题的阐述：[14]

如果有人喝多了，他的车突然转向人行道，如果没有撞到行人，他可以认为自己在道德上是幸运的。如果撞到行人，他就要为他们的死亡负责，而且很可能会因过失杀人罪被起诉。但是如果他没有伤害任何人，尽管他的鲁莽程度完全一样，他犯的罪就会轻得多，他对自己的责备，和别人对他的责备肯定都会轻很多。

受内格尔思想实验的启发，费尔瑞·库什曼、安娜·德雷贝、王颖和杰伊·科斯塔设计了下面这个简单的实验室实验，展示了道德运气是如何渗透到我们的道德直觉中的。[15] 受试者被两两配对，其中一人得到 10 美元，然后要通过掷 3 个骰子中的一个来分配这些钱。参与者 1 被要求在 3 个骰子中做出选择，每个骰子对应着参与者 2 不同的慷慨程度：第一个骰子的结果是参与者 2 有 1/3 的机会得到所有的钱，第二个骰子的结果是公平的，第三个骰子的结果是参与者 2 有 2/3 的机会得到所有的钱。参与者 1 做出选择后，掷出骰子，然后参与者 2 要回答她是想奖励还是惩罚参与者 1，奖励或惩罚的金额都不超过 9 美元。

参与者 1 能控制的唯一事情就是所选择的骰子。一旦它被选定，实际的结果就掌握在幸运女神的手中。然而，库什曼和他的共同研究者发现，受试者不会只根据同伴选择的骰子而去奖励或惩罚他们，还会根据掷骰子的幸运程度去奖励或惩罚他们。事实上，他们发现参与者对同伴选择骰子的结果几乎毫不关心，他们的奖励和惩罚基本上都取决于掷骰子的结果。这真是令人难以置信!

我们对这一现象的解释需要将上一章探讨过的更高层级信念包含在内。我们来分析一下为什么高层级信念在这种情况下很重要:你不妨站在参与者2的立场上问问自己,如果发生了你认为的违规行为,但你知道参与者1并不认为违规的时候,会发生什么。你会进行惩罚吗?不会。如果你这么做了,你不仅要为现在的惩罚付出代价,而且在未来也无法建立合作关系,因为参与者1会认为你在不合适的时候进行了惩罚。但如果你不惩罚,参与者1就不会利用你吗?是的!因为参与者1认为没有发生违规行为。重要的是,情况反过来也是一样的:即使你认为没有发生任何违规行为(就像安斯知道是他的儿子先挑衅时所做的那样),如果参与者1认为确实发生了违规行为,你也不希望别人认为你未能阻止违规。之后你就有被利用的风险!

现在来解释一下,相较于意图,我们包括恶魔安斯在内,为什么在决定要不要惩罚时会更多地考虑结果,我们只需要回到上一章的主要观点之一:结果比意图更容易为人所知。里斯医生伤害卡普是出于恶意还是正当防卫?这可能很难证实。但卡普有没有死就不一样了。

对极小的违规行为做出全面的反应

福克兰群岛(阿根廷称马尔维纳斯群岛)是英国在太平洋上的

一小块领土，距离巴塔哥尼亚海岸300英里。岛上的3 398位居民大部分是英国后裔，他们主要靠旅游业、羊毛产业和捕鱼业为生。在20世纪早期，这个群岛对英国有一定的战略和经济价值，是皇家海军控制南太平洋的大本营，同时为英国工业提供昂贵的羊毛。然而，在第二次世界大战结束之后，羊毛价格暴跌，英国人发现管理这个群岛的成本超过了他们获得的收益。

与此同时，阿根廷人坚持认为这个群岛属于他们。你可能还记得第5章提到过，他们的主张可以一直追溯到1816年，当时西班牙将其废弃殖民地的主权授予阿根廷。英国人越来越想要移交这个群岛，于是在20世纪60年代中期，他们开始与阿根廷就移交问题展开谈判，然而谈判的消息一经传出，希望继续接受英国统治的岛民成功地通过游说终止了谈判。20世纪80年代初，一直关注不必要开支的英国首相玛格丽特·撒切尔重启了谈判，但是谈判再次破裂。

之后，在1982年4月2日，阿根廷占领了群岛上最大的城镇，斯坦利港。作为回应，撒切尔派出了海军——官方称只是一个特别行动组，但其中包含了航空母舰、核潜艇、驱逐舰和护卫舰，很明显，这次的任务并不是调查迁徙的海鸟。在接下来的两个半月里，为了收复这个群岛，英国投入了11.9亿美元，牺牲了255名英国人的生命，而具有讽刺意味的是，他们并不是真的想要这个群岛。从那以后，他们就一直被困在那里。

为什么英国明明不重视福克兰群岛，却还要打一场代价高昂的战争来捍卫自己对这片领土的要求呢？换句话说，英国为什么要付出如此惨重的代价来惩罚如此微不足道的违规行为呢？

1968年，朝鲜表现出了同样令人费解的行为。由于对美国在非军事区内修剪一棵遮挡某些关键视线的树感到不满，他们用斧头袭击并杀死了两名美国士兵。[16] 喜欢莎士比亚的读者应该还记得，在《罗密欧与朱丽叶》的开头，从一个人说"你向我们咬你的大拇指吗？"，到第一个人拔出剑，没几分钟，这一幕就演变成凯普莱特家族和蒙太古家族之间的一场激烈斗殴。如果留心，你就会注意到现实中结下世仇的哈特菲尔德和麦考伊家族，即便是遇到对他们荣誉最微不足道的侵犯，他们也会迅速做出反应，拿出匕首和手枪，冒着生命危险参与打架或枪战。

将所有这些例子联系在一起的关键点是，这些国家或人们都愿意付出巨大的代价去惩罚哪怕是最微不足道的违规行为。为什么要为了一个你不想要的岛屿或一棵根本不在你管辖范围内的树而开战呢？为什么要为了"你向我们咬你的大拇指"这样的挑衅去冒生命危险呢？这太疯狂了！

你可能会凭直觉认为答案就在于先例，也就是说，如果一个小的违规行为没有受到惩罚，那就会为更大更严重的违规行为树立先例。这是正确的，但也引出了一个问题：为什么小的违规行为会创造这样的先例？为什么我们不认为人们会放任小事，而只严惩那些更严重的违规行为？

我们认为，答案的关键还是要将过去章节中的结论引入现有的框架。这一次，关键结论来自第13章，当时我们提出，在高层级信念很重要的情况下，以连续变量为条件是很困难的——比如违规程度这样的连续变量。这意味着，即使违规的程度大相径庭，争端各方也将被迫同等对待性质相似的违规行为，也就是对小的违规行为的惩罚将与对大的违规行为的惩罚一样严厉。

还有一个例子，体现了我们的正义感对连续变量的不敏感性。在电视剧《星际迷航：下一代》名为《正义》的这一集中，企业号发现了一个乌托邦式的星球，那里的居民伊度星人"非常整洁，法律极其严格，而且动不动就做爱，任何时候都可以"。皮卡德船长派出一队船员前往这个诱人的新世界，但他们不久就遇到了一些麻烦。其中一名船员正在和一些当地人调情，结果被绊倒了，跌进开满鲜花的花丛里。伤害花朵是被禁止的，所以很快，两个被称为调解人的执行者就出现了。出乎所有人意料的是，皮卡德的船员被判处死刑。原来伊度星人的执法方式很特别。每天，他们只会向一个区域派遣调解人，而且只有调解人知道是哪个区域，对其他人是保密的。在该区域违反任何法律的任何人，无论罪行多么轻微，都会被处以死刑。由于没有人愿意冒生命危险，所以就没有人会触犯法律。伊度星人对这套体系非常自豪，因为它在几乎不需要执法部门的情况下成功阻止了犯罪，但皮卡德的船员（想必还有观众）却被吓坏了。伊度星人怎么能因为一个微不足道的罪行就把人处死呢？

事实上，伊度星人的司法制度很有意义。原因是，要阻止违规行为，必须同时考虑违规行为的收益和被抓到的可能性。一个偷钻石的贼如果只被要求归还他偷的钻石，是不会就此罢手的。如果他被抓了，就回到了起点，而如果没被抓，他就成了有钱人。那么为什么不去碰碰运气呢？为了有效地震慑小偷，我们必须让惩罚大过从犯罪中获得的收益——差距要足够大，这样即便他有机会侥幸逃脱，也不愿意冒险。差距要有多大呢？这取决于被抓到的概率。概率越低，惩罚就要越大。这是加里·贝克尔在他1968年的论文《犯罪与惩罚：经济分析法》中提出的论点之一。

不过贝克尔更进了一步。抓捕小偷需要大量的资源：一支庞大的警察队伍，以及聪明的警探，他们要用到速度很快的车、大型武器、监视设备、DNA（脱氧核糖核酸）检测，以及警察和警探用于执法的其他任何东西。贝克尔建议，与其这样，还不如单纯地加大惩罚的力度。这样就有可能减少执法的成本，而不会降低执法的效果。这正是伊度星人在他们乌托邦式的星球上运用的巧妙体系。

贝克尔的观点不仅在伊度星上产生了巨大的影响，在地球上也是一样。从1976年到1999年，曼恩联邦法官经济学学院向近一半的美国法官传授了这些理念。埃利奥特·阿什、丹尼尔·陈和苏雷什·奈杜在一篇关于这些培训项目的影响的论文中证明，参加者将刑事判决的严厉程度提高10%~20%，甚至连那些没有参加曼恩讲习班的法官也会在与参加过讲习班的法官一起审理案件时受到影响。[17]

然而，尽管贝克尔的解决方案很巧妙，但我们大多数人还是觉得不对劲，尤其是在《星际迷航》剧集中出现的那种情况，被抓住的概率很低，罪行却微不足道。在这样的情况下，我们大多数人都会觉得规定的惩罚与罪行不成比例。只要认识到，我们关于正义的直觉无法对被抓概率这样的连续变量非常敏感，这种直觉也就不那么令人费解了。

我们的正义感怪癖——比如道德运气以及对违规程度和被抓的

可能性等连续变量不敏感——有时被解释为我们的正义感并不是为了阻止违规行为的证据。毕竟，如果想阻止违规行为，你就会把惩罚的条件定为人们实际能掌控的事情，比如他们选择了哪个骰子，他们是否酒后驾车，或者他们是否射杀了你的儿子。同样，你在决定对某人的惩罚时也会考虑到他被抓到的可能性。这样就没有必要像英国在福克兰群岛被入侵时那样小题大做了。

然而，我们的解释是，尽管我们的正义感在理想情况下可能会忽略运气，并且考虑到被抓的可能性和违规行为的严重程度，但由于更高层级的信念，它是做不到的。这并不意味着正义感不是为了阻止违规行为，只是表明我们还必须考虑到更高层级信念产生的不可预知的影响。

⋯

所以这些就是正义感的一些古怪的特征，我们认为利用子博弈完美均衡，通过一个展现惩罚在二元互动中的作用的简单模型——重复惩罚博弈，就可以很好地解释它们。

而且这是我们为你呈现的最后一个博弈论章节。

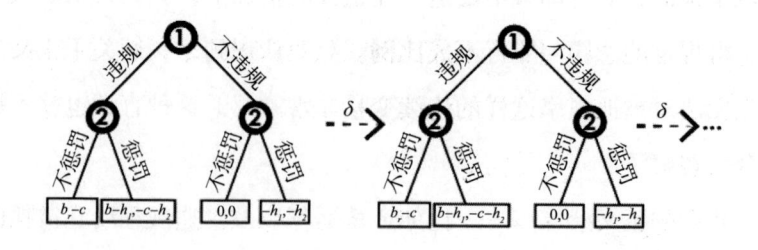

设定：

- 有两位参与者。在每一回合进行惩罚博弈，他们继续下一回合的概率为 δ，否则博弈就结束了。
- 在惩罚博弈中，参与者 1 首先选择是否违规。然后，参与者 2 选择是否惩罚。违规行为会使参与者 1 获益 $b>0$，并且会使参与者 2 付出代价 $c>0$。惩罚会使参与者 2 付出代价 $h_2>0$，并且会给参与者 1 造成伤害 $h_1>0$。
- 在这个模型中，参与者可以观察到过去发生的一切。

有利的策略组合：

- 非纳什均衡：在每一回合，参与者 1 不违规，参与者 2 不惩罚。
- 纳什均衡：在每一回合，参与者 1 不违规，当且仅当参与者 1 在本回合中违规时，参与者 2 才会进行惩罚。
- 子博弈完美均衡：
  - 只要所有违规行为都被惩罚了，参与者 1 就不会违规；否则他就会违规。
  - 若参与者 1 在本回合中违规，且所有违规行为都被惩罚了，参与者 2 就会进行惩罚；否则将不会惩罚。

均衡条件：

- 只要参与者 1 因被惩罚受到的伤害大于从违规中获得的收益，$h_1 \geq b$，"纳什均衡"策略组合就是一种纳什均衡。它绝对不会是一种子博弈完美纳什均衡。
- 只要 $h_1 \geq b$，而且惩罚的成本相对于未来违规行为造成的危害不是太大，也就是 $h_2 \leq \delta c/(1-\delta)$，"子博弈完美均衡"策略组合就是一种子博弈完美均衡。

说明：

- 和第 10 章的重复囚徒的困境一样，通过惩罚的威胁，违规行为在均衡状态下被遏制了。
- 然而，要让一种策略成为子博弈完美均衡，惩罚也必须是受到鼓励的。例如，在"子博弈完美均衡"策略中，如果参与者 2 放任了一次违规行为（或者"既往不咎"），参与者 1 就会认为参与者 2 以后也不会惩罚，然后通过在未来更频繁地违规来"利用他"。

第15章
初级奖赏的隐藏作用

　　读到这里，你已经基本掌握本书的内容了。提出一个、两个或三个谜题，建立一个程式化的博弈论模型，发现隐藏的奖赏机制，理解这个模型。揉出泡沫，冲洗，重复足够多次，博弈论就会解释一系列令人眼花缭乱的谜题，涉及的领域多得惊人，如权利、美学、行为准则、利他性、导向性陈述等等。

　　博弈论已经被证明是一种不可或缺的工具，而我们通过本书也证明了这一点。以高成本信号为例，你知道在《自私的基因》第一版中，理查德·道金斯其实是反对用高成本信号理论来解释夸张的长尾巴的吗？他这样做是可以原谅的。做那些适得其反的事情——从而让狐狸更容易吃掉你——到底为什么会让你变得更受欢迎呢？废话！但纳什说，因为这些没用的东西对不太健康、不太富有、不太聪明或者出身不太好的个体来说更是一种浪费。纳什告诉我们，这种浪费实际上提供了宝贵的信息！而那些浪费的个体最终会因此得到补偿。

　　那么重复囚徒的困境呢？你知道查尔斯·达尔文也曾为这个问题苦恼过，但未能找到答案吗？代价高昂的合作怎么会符合合作者的利益呢？嗯，纳什说，一种方法是我们去惩罚那些不合作的人。然后，子博弈完美均衡会告诉我们，还必须惩罚那些在该惩罚的时候不去惩罚的人。从这一切中，我们获得了很多有关可观察性、期望、高层级信念、类别规范等有趣的启示。

但帮助我们理顺这种激励机制的并不只有纳什。我们还要确保我们关注的是**正确的激励机制**，也就是我们所说的初级奖赏。在高成本信号那一章，我们不能关注人们从看镶嵌艺术品、穿华丽的衣服或者喝波尔多佳酿中获得快乐的事实。我们必须把注意力集中在初级奖赏上，也就是被接受为配偶、恋人、朋友和生意伙伴等等。在利他性这一章中，我们不能关注人们告诉你他们关心的东西（"我只是想做好事！"），或者他们从做好事中获得的温暖而舒适的感觉。只有在关注行善所带来的社会回报时，我们才可以运用博弈论。是的，虽然博弈论迟早会有用处，但它并不是单独发挥作用的。在运用博弈论的同时，必须关注初级奖赏。

我们想向你传达的理念是，专注于初级奖赏是很重要的，而且非常有用。为了深入探讨这一点，我们最后要回到我们提出的第一个关于热情的谜题。不过，这一次我们不用博弈论了——只是单纯地去看在其中发挥作用的初级奖赏。

· · ·

我们在本书的开头讨论了热情，当时我们问：为什么有些人会对某些事情极其热情，比如下棋或拉小提琴？为什么他们会对这些特定的事情充满热情呢?

要解决这个问题,有必要了解一下热情的作用是什么。我们认为答案是:热情是为了激励我们投入时间和精力去培养日后可能会给我们带来物质和社会利益的技能和专业知识。费舍尔、拉马努金和帕尔曼获得了众人的尊敬、很高的声誉和伟大的成就。帕尔曼和费舍尔还积累了一笔可观的财富。帕尔曼甚至通过音乐认识了他的妻子。虽然莱德茨基还很年轻,但她在大学毕业时就已经是家喻户晓的人物,并且积累了大约 400 万美元的财富。[1]

然而,要解释为什么不是每个人对每件事都充满热情,我们需要考虑热情所涉及的成本。这是什么意思呢?

我们觉得,成本是热情花费的时间。费舍尔、拉马努金和帕尔曼把醒着的大部分时间都花在下棋、数学或小提琴上。作为一名全日制学生的莱德茨基每周要花 15~20 个小时游泳,还要在健身房里待更长的时间。这些时间都是很宝贵的,因为它们可以被用来做其他事情。费舍尔原本可以利用这些时间来做作业或学习社交。拉马努金可以与妻子和孩子在一起,或者照顾自己日渐衰弱的身体。帕尔曼原本可以在这些时间与邻居的孩子们一起去街上玩耍,他在一遍又一遍地弹奏同样的音阶和乐章时总能从练习室的窗户听到孩子们的声音。莱德茨基原本可以利用这些时间去做几乎任何事情——多上些课,参加更多的聚会,加入一两个俱乐部,等等。

所以这就是权衡:热情虽然花费时间,但能带来可观的回报,比如尊重、名声、成就、浪漫的机会,有时还有金钱。

请注意,这种权衡并没有考虑热情的**心理**成本和收益,例如,充满热情的感觉有多棒。如果你已经读到这里,你就会知道我们想要解释的是那种近端体验。因此,我们的解释将只涉及那些引导我们通过学习发现有趣、令人愉悦或有意义的东西的成本和收益,比如损失的时间以及获得的名誉或资源。这些就是我们的学习过程会做出反应的东西,它们都是初级奖赏。

你可能还记得,为了区分心理成本和收益——我们可能会有意识地去体验的那种,以及塑造我们学着去喜欢和感受的东西的那类成本和收益,我们引入了初级奖赏这个概念。我们认为,这些成本和收益有助于我们理解热情是如何发挥作用的。

我们再通过热情看一看从初级奖赏的角度思考问题的一些好处。

到目前为止,我们对热情的解释很简单,而且有点儿显而易见,虽然是事后分析,但它确实提供了很多不那么显而易见的预测。以下是其中的4个。

第一个预测,你不会对那些没有社会价值的东西产生热情。如果最终没人关心,投入所谓的1万小时也没有用。费舍尔能像擅长国际象棋一样擅长围棋吗?帕尔曼吹竖笛能像他拉小提琴一样好吗?很有可能,但是在20世纪50年代的纽约,围棋不像国际象棋那样受人推崇,而竖笛也没有小提琴那么家喻户晓。无论费舍尔和帕尔曼在围棋和竖笛上投入多少时间,它们都不会带来尊重、名声和成就,而正是这些东西让他们对国际象棋和小提琴的热情变得值得。

我们的第二个预测是,你是否会对一件事产生热情不仅取决于你有多擅长这件事,还取决于你有多不擅长其他的事。比如,帕尔曼就强调他的残疾在他对小提琴产生热情的过程中起到了重要作用。他开玩笑说，小时候，他的父母之所以鼓励他练习，是因为他们可能在想，"听着，你有天赋，好好利用它，因为你成为不了网球运动员"。[2] 当然，由于不能打网球，帕尔曼不太可能对网球产生兴趣。这也可能降低了他把所有这些时间花在小提琴上的成本，从而让他对小提琴更有热情了。

我们的第三个预测是，当"巨星经济学"[3]起作用时，热情也会起作用。在一些活动和职业中，巨星会受到尊重，收入也比其他人高很多。在法律界，少数的律师会成为合伙人，他们比其他律师都做得更好。在体育界，有几百名球员进入了像NBA（美国男子篮球职业联赛）或者英超这样的精英联盟，成为家财万贯且家喻户晓的人物；其余的人收入则相对较少，渐渐被人遗忘。在艺术界，情况也是一样的：极少数像帕尔曼一样的人能富裕起来，而其余的人就只能挨饿。当回报只属于少数人时，要成功就需要投入大量的时间，如果你想要投身其中，那么最好是全力以赴。热情非常适合这样的情况：如果有了热情，你就会投入必要的时间，而如果没有热情，你就不会投入时间。

最后，我们的第四个预测是，只有当你有很大的机会成为最佳的那个人时，你才有可能充满热情。对年轻的迈克尔·乔丹或勒布朗·詹姆斯来说，对篮球的热爱也许有一天会得到回报。那对我们这些不爬到台面上就够不到厨房顶层架子的人来说呢？根本不可能。即使小时候喜欢打篮球，我们对篮球的热情也很可能会被对阅读或者做几何证明的喜爱取代。乔丹、詹姆斯、费舍尔、拉马努金、帕尔曼、莱德茨基和拜尔斯都是非常有天赋的人，虽然我们无法解释这些天赋来自哪里，但我们可以说，这些更有天赋的人——有机会成为巨星的人——更有可能产生热情。

• • •

通常，当反推一个现象背后的初级奖赏时，我们会发现各种之前难以解释的细节也是符合逻辑的。这样的相关性使我们更加相信，我们的解释在方向上是正确的。对热情而言，一系列社会心理学现象最终似乎也符合我们刚才对热情的解释，它同样受益于识别了它们的功能。

例如，在《活出生命的意义》一书中，奥斯维辛集中营的幸存者维克多·弗兰克尔认为，将集中营里死去的人与幸存的人区分开来的关键就是意义感。有意义感的人活了下来，而那些没有意义感的人屈服了。弗兰克尔还建议人们去寻找生活的意义，并围绕他所说的意义疗法原则建立了一个完整的治疗学派。但是什么赋予了我们意义？我们为什么不能从已经在做的事情中获得意义呢？

我们给出的粗略回答是，我们会从能带来社会奖励的事情中获得意义感。弗兰克尔之所以获得了意义，是因为他想到在他离开奥斯维辛集中营后能出版自己的作品，与他的家人在一起，以及最终能为那些寻找意义的人提供心理咨询。所有这些都有可能带来社会奖励。弗兰克尔并没有从他努力讨要的残羹冷炙中获得什么意义。食物本身就是一种奖励，而不附带任何更多的社会奖励。同样，我们也不会从尽情享受一块巧克力或者完成家务中找到意义——它们本身就是回报，没有社会性，我们也不需要意义感来激励我们去追求它们。

我们要关注的下一个现象被称为毅力，研究人员认为，它指的是人们坚持追求长期目标的意愿。安吉拉·达克沃斯已经证明，毅力是成功的最佳预测指标之一，而且在很多情况下都是如此，包括小学、常春藤联盟、西点军校，甚至是全美拼字比赛。[4] 与我们对热情和意义的分析一样，我们想知道：为什么有些人会比其他人更有毅力？为什么毅力不容易培养？

我们给出的粗略回答是，毅力就像热情，需要投入原本可以被用在其他事情上的时间和资源。对于那些需要一段时间才能获得的技能，比如要想在小学、常春藤联盟和西点军校中脱颖而出而必备的技能，毅力尤其有用，而且在巨星会获得大部分荣誉的领域，比如拼字比赛或奥运会游泳赛场，毅力可能也有帮助。某个特定的儿童或青少年会获得毅力吗？那要看情况。他们脱颖而出的可能性有多大呢？正如我们已经讨论过的，这取决于他们的天赋，但也取决于他们继续投入的能力，比如如果他们在上高中时还必须保住一份工作，这种能力就可能受到阻碍。如果表现出色，他们会得到奖励吗？正如我们已经看到的那样，这取决于有没有社会价值，但也取决于他们是否有相关的机会——可能会带来面试机会的社交网络，从而让他们可以展示自己获得的技能，还有准备面试所必需的支持，以及去面试的能力，等等。还有一个问题，就是他们对其他事情的擅长程度。如果他们在完成家庭作业这件事上很有毅力，那是很好的，但如果这让他们失去了争取体育奖学金的机会，或者破坏了他们充满活力和有益身心的社交圈，那就得不偿失了。所有这些因素都能帮助我们理解毅力为什么不太容易培养，甚至可以让我们在提倡让孩子变得有毅力之前，更敏感地了解他或她的特殊情况。

接下来，我们看看爱德华·德西所做的一系列经典研究，这些研究表明，人们在获得工作报酬后往往会失去工作的动力。这就是所谓的内在动机的挤出效应。在德西最著名的实验中，受试者被要求解决一个相当有趣的谜题。然后，实验者会编造一个借口离开几分钟，并观察受试者是否会在不再被要求解题的情况下继续研究谜题。一共有两个组：对照组的受试者只要来就会得到报酬，而实验组的受试者如果答对问题，就会得到 1 美元。德西发现，在实验貌似已经结束后，解决谜题才会得到报酬的受试者不太可能继续研究谜题。德西在一项关于校刊的现场实验中重现了他的结果，他发现，报社那些被雇来写标题的员工比那些不拿工资的员工积极性更低，甚至在拿到工资两个月后也是如此。[5] 此后，其他研究人员在学龄前儿童和高中生，以及试图减肥、戒烟或记得系安全带的成年人身上都重现了这些结果。为什么经济激励会对人们的内在动机产生这种违反直觉的影响呢？

罗兰·贝纳布和让·梯若尔对这种现象给出的解释与我们对热情的粗略解释相一致。[6] 如果有人付钱让你做某件事，这就是一个明显的信号，表明只有你从中得到报酬，这件事才值得去做，而且它不会带来任何社会奖励。如果值得为了社会奖励去做这件事，那就没必要付钱让你去做了！所以，最好不要让它成为（或保持）做这件事的内在动机，以免你在得不到经济报酬后会继续从事它。

类似的解释也符合一项有关内在动机与反馈的发现。21世纪初，一群聪明的研究人员打算证明一个已经被广泛认同的事实：当人们觉得自己的工作没有得到应有的认可时，他们就会失去动力。在实验中，研究人员会要求受试者进行有点儿乏味的任务，比如在一串随机的字母中数出字母"s"连续出现两次的次数，或者用乐高积木搭建被称为生化战士的动作人偶。研究人员会根据所有受试者完成的页数或者搭建的人偶数量支付相同标准的报酬，但他们对工作成果的认可方式不同。对一些受试者，研究人员会检查并认真整理结果，或者把所有完成的生化战士人偶并排放在显眼的位置。对另一些受试者，研究人员完全不看工作成果，或者更糟糕的是，受试者一提交成果，研究人员就把结果撕碎或者把人偶拆解。研究人员发现，即使受试者获得的报酬相同，那些得到认可的人坚持的时间也会更长——大约比那些工作成果被忽视的人长50%，而那些工作成果被破坏的人坚持的时间更短。

　　为什么认可在决定我们的动机方面会如此重要？正是因为这样的反馈是一个有用的信号，从而表明内在动机是否能带来足够的社会奖励。

　　我们要关注的下一个心理现象是心流。心理学家用这个词来描述人们完全沉迷于一项工作，忘记时间，忘记周围一切的精神状态。"心流"这个词是由心理学家米哈里·契克森米哈赖在20世纪70年代中期提出的，他研究心流的目的是学习如何在工作场所诱导心流，从而让员工更享受工作，提高工作效率。契克森米哈赖发现，诱导心流状态产生需要满足三个关键条件：明确的目标、即时的反馈以及机会与能力之间的平衡。也就是说，考虑到要去完成任务的人的技能，任务需要有足够的难度，要有挑战性，但又不能困难到无法完成。为什么只有在这些特定条件被满足时，我们才会体验到心流状态呢？

处于这种状态意味着我们不会像无聊的时候那样考虑去做其他的事情。它也相当令人愉快，所以应该会鼓励我们进入这种状态，并且一旦进入就会保持这种状态。受到挑战和成功恰恰是获得人力资本的最佳条件，所以只有在这些条件被满足时，我们才会感受到心流状态。

最后，这些关于反馈在培养毅力、心流和内在动机方面所起的作用的观点，与经典的习得性无助的研究方向是相通的。20世纪60年代末，心理学家马丁·塞利格曼用狗做了一项残酷的随机电击实验。[7]他在痛苦的狗面前放了一根操作杆，狗会试着按下操作杆以结束电击，但无济于事。最后，狗会躺下来，在每次受到电击时只会无助地呜咽。

一段时间之后，塞利格曼开始了一项新的实验。他还是选择电击可怜的狗，但这一次，如果狗按下了操作杆，电击就会结束。他把参加过上一次实验的狗带回来参加这次新的实验，还带了一些之前从未参加过实验的狗。如果你认真看过第2章，那么你应该已经猜到，狗会迅速学会按下操作杆结束电击，事实也是如此——但这只发生在新来的狗的身上。参加过塞利格曼之前实验的那些狗还是会躺下，无助地呜咽，甚至都没有试过利用操作杆结束电击。

这种习得性无助一开始看起来可能有些违背常理，但事实上，

隐藏的博弈 | 338

它是相当合理的。塞利格曼的狗收到了足够多的反馈，知道自己的努力都是徒劳的，就像那些眼看着自己的生化战士被拆卸的受试者一样，它们失去了动力。

塞利格曼用狗做的实验已经在老鼠等其他动物身上得到了重现。这些实验也被用来解释为什么在遇到不寻常的机会时，拥有弱势背景的人并不像大家所预期的那样有动力去利用它。这在特定情况下可能也有点儿违背常理，但总的来说，它是符合下面这个观点的：当有成功的可能性时，人们很可能会有内在动机、毅力和热情等等；但当成功的可能性很低时，这些特质很可能就不存在了。

...

我们之所以喜欢这种对热情的分析，是因为你可以用这么少的东西解释这么多的现象。我们真正需要做的是充分考虑成本和收益，从初级奖赏的角度去计算。这些都很简单。培养技能会带来各种奖励。这必须与培养这种技能所需的时间、兴趣和资金成本相权衡。在这一过程中，我们要用到一些基本的经济学原理，比如比较优势、巨星经济学和人力资本投资理论，但这些东西并不难，甚至可以说并不重要。

重要的是要搞清楚什么是成本，什么是收益——要确保我们的核算体系是正确的，而且我们计算的是初级奖赏，而不是其他东西，比如从事手头的工作感觉有多么好，多么有意义或者多么无聊。

我们对热情的分析只是一个专题研究，意在阐明一个更普遍的观点。本书关注的是博弈论，它是一种分析初级奖赏的强大工具。这个工具已经解决了一部分谜题，而且还有更多的谜题需要解决——有很多我们还没有接触到以及还没有被设计出来的博弈。但真正强大的是**隐藏的部分**——初级奖赏隐藏的核算体系。一旦把关注点放在它上面，我们就能解开更多的谜题。

致 谢

我们要感谢贝萨尼·布鲁姆仔细校阅了每个章节，感谢伊莱·克雷默认真核实了我们的主张，感谢安德鲁·菲尔多西恩复查了我们的附图和说明。如果有错误都是我们的，与他们无关。我们要感谢亚当·贝尔、丹·贝克尔、罗伯·博伊德、布拉德·莱韦克、安迪·迈卡菲、帕特里克·麦克阿尔万纳、海伦娜·米东、克里斯蒂娜·莫亚、迈克尔·穆图克里希纳、莱昂内尔·佩奇、凯尔·托马斯、乔纳森·舒尔茨、亨利·托斯纳和丹·威廉斯为初稿提供了很有深度的反馈。我们还要感谢克里斯琴·希尔贝、马丁·诺瓦克、桑迪·彭特兰和戴夫·兰德为我们完成这个项目提供的指导和资金支持。最后，我们要感谢众多的学生、同事、家人和朋友，他们多年来帮助我们形成了这些想法，并且磨炼了我们的观点。

注 释

第 1 章 引言

1. Rhein, John von. "'Itzhak' an Intimate Film Portrait of Violinist Perlman." *Chicago Tribune,* 3 Apr. 2018, www.chicagotribune.com/entertainment/ct-ent-classical-itzhak-0404-story.html.

2. "Pablo Picasso." *Encyclopedia Britannica,* www.britannica.com/biography/Pablo-Picasso. Accessed 9 Aug. 2021; and "15 Pablo Picasso Fun Facts." Pablo Picasso: Paintings, Quotes, & Biography, www.pablopicasso.org/picasso-facts.jsp. Accessed 9 Aug. 2021.

3. "GiveWell's Cost-Effectiveness Analyses." GiveWell, www.givewell.org/how-we-work/our-criteria/cost-effectiveness/cost-effectiveness-models. Accessed 9 Aug. 2021.

4. Boyle, Kevin J., et al. "An Investigation of Part-Whole Biases in Contingent-Valuation Studies." *Journal of Environmental Economics and Management,* vol. 27, no. 1, 1994, pp. 64–83, doi:10.1006/jeem.1994.1026.

5. 如果你还不是很了解这个理论,我们推荐卡尼曼和塞勒,以及丹·艾瑞里的著作。

6. 如果你不了解这个观点,不妨从理查德·道金斯的《自私的基因》或者史蒂芬·平克的《心智探奇》开始读起。想要获取有关进化塑造我们喜好的更多更有趣的例子,及其对政策的某些影响,参阅罗伯特·H. 弗兰克的著作。

第 2 章　学习

1. 视频链接：www.youtube.com/watch?v=TtfQlkGwE2U。
2. 强化学习远比我们在本章中所描述的要复杂得多。特别是它会利用进化预先赋予我们的很多知识。为了有效地利用数据，我们建立结构，并且只在有必要的时候搜集和利用那些有价值的数据。我们能做出合理的第一猜测（先验）。我们甚至在婴幼儿时期就能做到这些。这一切让我们在强化学习以及各种学习中都变得非常高效。下面是论证这一观点的一些论文和著作：Tenenbaum, J. B., C. Kemp, T. L. Griffiths, and N. D. Goodman. "How to Grow a Mind: Statistics, Structure, and Abstraction." *Science*, vol. 331, no. 6022, 2011, pp. 1279–1285; Gopnik, Alison, Andrew N. Meltzoff, and Patricia K. Kuhl. *The Scientist in the Crib: Minds, Brains, and How Children Learn*. New York: William Morrow, 1999; Schulz, Laura. "The Origins of Inquiry: Inductive Inference and Exploration in Early Childhood." *Trends in Cognitive Sciences*, vol. 16, no. 7, 2012, pp. 382–389; Gallistel, C. R. *The Organization of Learning*. Cambridge, MA: MIT Press, 1990; and Barrett, H. Clark. *The Shape of Thought: How Mental Adaptations Evolve*. Oxford, UK: Oxford University Press, 2014。这部著作非常棒，但重要的是，它并没有动摇本章的中心思想：学习很善于引导我们走向最优。相反，它把学习塑造成一种更加有效的优化器，从而强化了这个观点。
3. 本章提到的很多社会学习的例子都改编自 Joe Henrich's *The Secret to Our Success* (Princeton, NJ: Princeton University Press, 2015)。我们强烈推荐这部著作。
4. Zmyj, Norbert, David Buttelmann, Malinda Carpenter, and Moritz M. Daum. "The Reliability of a Model Influences 14-Month-Olds' Imitation." *Journal of Experimental Child Psychology*, vol.106, no. 4, 2010, pp. 208–220.
5. Jaswal, Vikram K., and Leslie A. Neely. "Adults Don't Always Know Best: Preschoolers Use Past Reliability over Age When Learning New Words." *Psychological Science*, vol. 17, no. 9, 2006, pp.757–758.
6. VanderBorght, Mieke, and Vikram K. Jaswal. "Who Knows Best? Preschoolers Sometimes Prefer Child Informants over Adult Informants."

Infant and Child Development: An International Journal of Research and Practice, vol. 18, no. 1, 2009, pp. 61–71.

7. Gergely, György, Harold Bekkering, and Ildikó Király. "Rational Imitation in Preverbal Infants." *Nature*, vol. 415, no. 6873, 2002, p. 755; and Gellén, Kata, and David Buttelmann. "Fourteen-Month-Olds Adapt Their Imitative Behavior in Light of a Model's Constraints." *Child Development Research*, vol. 2017, 2017, pp. 1–11,doi:10.1155/2017/8080649. See: Harris,Paul L. *Trusting What You're Told*. Cambridge, MA: Harvard University Press, 2012.

8. 当然，学习也会导致系统性错误，这些错误本身也很有意思。我们再次推荐：Joe Henrich's *The Secret to Our Success: How Culture Is Driving Human Evolution, Domesticating Our Species, and Making Us Smarter* (Princeton, NJ: Princeton Univeristy Press, 2015) 。里面有关于这一点的精彩实例。但是在本书中，我们只关注当学习发挥了自己应有的作用，即帮助我们适应时会发生什么。

9. 这并不是说基于对因果关系理解的有意识的认知在这样的创新以及更普遍的优化中毫无作用。从我们的角度来看，这并不会影响对博弈论的利用。相反，这种认知很可能会帮助加速和改善优化，让我们更自信地去利用博弈论。它在分析有意识优化方面的作用对人们来说并不是那么有违常理。

10. Billing, Jennifer, and Paul W. Sherman. "Antimicrobial Functions of Spices: Why Some Like It Hot." *Quarterly Review of Biology*, vol. 73, no. 1, 1998, pp. 3–49.

11. 以内森·纳恩为首的越来越多的经济学家运用巧妙的经验方法记录了文化滞后，即逐渐灌输一种可能在某一时刻实用但此后仍长期存在的喜好的过程。如果你对这个话题感兴趣，那么除了我们强烈推荐的纳恩的论文，下面这些也值得一看：Madestam, A., D. Shoag, S. Veuger, and D. Yanagizawa-Drott. "Do Political Protests Matter? Evidence from the Tea Party Movement." *Quarterly Journal of Economics*, vol. 128, no. 4, 2013, pp. 1633–1685, doi:10.1093/qje/qjt021; Giuliano, P., and A. Spilimbergo. "Growing Up in a Recession." *Review of Economic Studies*, vol. 81, no. 2, 2013, pp. 787–817, doi: 10.1093/restud/rdt040; Malmendier, Ulrike, and Stefan Nagel.

"Depression Babies: Do Macroeconomic Experiences Affect Risk-Taking?" SSRN Electronic Journal, 2007, doi:10.2139/ssrn.972751; and Alesina, Alberto, and Nicola Fuchs-Schündeln. "Good-Bye Lenin (or Not?):The Effect of Communism on People's Preferences." *American Economic Review*, vol. 97, no. 4, 2007, pp. 1507–1528, doi:10.1257/aer.97.4.1507。

第3章 3组实用的概念辨析

1. Rozin, P., and D. Schiller. "The Nature and Acquisition of a Preference for Chili Pepper by Humans." *Motivation and Emotion* vol. 4, no. 1, 1980, pp. 77–101.
2. 尤里·格尼茨证明经济激励有时会带来负面影响的著作有很多。要获取更多的例子，参阅他与约翰·李斯特合著的 *The Why Axis: Hidden Motives and the Undiscovered Economics of Everyday Life*，New York: PublicAffairs, 2013。
3. 视频链接：www.youtube.com/watch?v=MO0r930Sn_8。
4. 我们在StackExchange上发现了这段认真的发言。以下是链接：https://scifi.stackexchange.com/questions/172890/in-universe-explanation-for-why-is-the-tos-era-enterprise-is-more-austere-than-t。
5. Davidson, Baruch S. "Why Do We Wear a Kippah?" Chabad.org.www.chabad.org/library/article_cdo/aid/483387/jewish/Why-Do-We-Wear-a-Kippah.htm. Accessed Aug. 9, 2020.
6. 我们在Quora网站上找到了这些留言，链接如下：www.quora.com/What-do-Protestants-think-of-the-Pope。

第4章 性别比例：博弈论的金标准

1. 可通过以下链接获取《物种起源》完整版：http://darwin-online.org.uk/content/frameset?itemID=F937.1&viewtype=text&pageseq=1。
2. Fabiani, Anna, Filippo Galimberti, Simona Sanvito, and A. Rus Hoelzel. "Extreme Polygyny Among Southern Elephant Seals on Sea Lion Island, Falkland Islands." *Behavioral Ecology*, vol. 15, no. 6, 2004, pp. 961–969, doi:10.1093/beheco/arh112.

3. Berger, Michele. "Till Death Do Them Part: Eight Birds That Mate for Life." *Audubon,* 2 Oct. 2017, www.audubon.org/news/till-death-do-them-part-8-birds-mate-life.

4. Edwards, A. W. F. "Natural Selection and the Sex Ratio: Fisher's Sources." *American Naturalist,* vol. 151, no. 6, 1998, pp. 564–569, doi:10.1086/286141. 要告诉科学迷们的是，这件在历史上微不足道的事情有个不寻常的细节。达尔文实际上在第一版《物种起源》中就给出了这个答案，但他临阵退缩了，在第二版中删掉了这个答案和所有对性别比例的讨论。很长一段时间以来，人们都认为是费希尔自己想出了这个答案，但我们现在都知道，费希尔有第一版《物种起源》的副本，并且他觉得达尔文的逻辑已经被其他生物学家普遍接受了，所以在重复达尔文的观点时无须提供引用来源。尽管如此，为了符合惯例，我们还是会继续称其为"费希尔的答案"。

5. Trivers, Robert L., and Hope Hare. "Haploidploidy and the Evolution of the Social Insect." *Science,* vol. 191, no. 4224, 1976, pp.249–263.

6. Herre, Edward Allen. "Sex Ratio Adjustment in Fig Wasps." *Science*, vol. 228, no. 4701, 1985, pp. 896–898.

7. Trivers, R. L., and D. E. Willard. "Natural Selection of Parental Ability to Vary the Sex Ratio of Offspring." *Science,* vol. 179, 1973,pp. 90–92.

8. 在哺乳动物中，成功对性别比例的影响往往很小。在鸟类和某些昆虫中，这种影响要更强一些，或许是因为雌性可以根据自己的健康状况、地位或环境条件更轻松地调整自己后代的性别。对鸟类来说，这是因为雌性同时携带 X 和 Y 染色体（和哺乳动物完全不同，雌性哺乳动物只携带 X 染色体）。对昆虫来说，这是因为未受精卵会长成雌性，而受精卵则会长成雄性，而母体会把伴侣的精子储存起来，只让一部分卵受精。那人类呢？有趣的是，首席执行官和董事长更有可能生男孩。而我们的性别比例会随标准普尔 500 指数的变化而变化：当市场大好时，男孩就会多。但无可否认的是，并没有那么多的首席执行官、董事长和股市的起起伏伏，所以这可能只是统计噪声。尽管如此，还是有很多不那么令人兴奋的研究展现出了微小但有说服力的效果。我们要感谢卡尔·韦勒帮助总结了这类文献，并推荐他的论文（与戴维·黑格和马丁·A. 诺瓦克合著）："The Trivers–Willard Hypothesis: Sex Ratio or Investment?" *Proceedings of the Royal Society B: Biological Sciences*, vol. 283, 11 May 2016, https://royalsocietypublishing.org/doi/10.1098/rspb.2016.0126。

第 5 章　鹰鸽博弈与权利

1. 我们从诺贝尔奖获得者博弈理论家罗杰·迈尔森那里了解到这个论点。参见他的论文 "Justice, Institutions, and Multiple Equilibria"，获取链接为：http://home.uchicago.edu/~rmyerson/research/justice.pdf。

2. Smith, J. Maynard, and G. R. Price. "The Logic of Animal Conflict." *Nature*, vol. 246, no. 5427, 1973, pp. 15–18, doi:10.1038/246015a0.

3. Davies, Nicholas B. "Territorial defence in the speckled wood butterfly (Pararge aegeria): the resident always wins." *Animal Behaviour*, vol. 26, 1978, pp. 138–147.

4. Shaw, Alex, Vivian Li, and Kristina R. Olson. "Children Apply Principles of Physical Ownership to Ideas." *Cognitive Science*, vol. 36, no. 8, 2012, pp. 1383–1403, doi:10.1111/j.1551-6709.2012.01265.x.

5. 要回答这样的问题，很可能需要考虑鹰鸽博弈之外的很多因素。比如，效率或许会发挥很大的作用，各种压力可能会导致低效的权利制度被更高效的制度取代。权利还可能会被迫与某种文化中被持有和宣扬的价值观保持一致。可能会有某些随机性悄然显现，然后坚持将其他压力排除在外。

6. Rogin, Josh. "Inside the U.S. 'Apology' to Pakistan." *Foreign Policy*, 3 July 2012, foreignpolicy.com/2012/07/03/inside-the-u-s-apology-to-pakistan.

7. 你或许注意到了这次 TED 演讲带来的争议。卡迪博士在演讲中引用的一些结果（关于能量姿势对激素的影响）并没有得到复制。然而，我们认为能量姿势对获得自主权的主观感受的影响是可以复制的。此外，很多运动员和演员在大型的比赛和表演前都在使用她提倡的方法。对我们来说最重要的是，这次演讲观看量巨大的事实——它是有史以来第三受欢迎的 TED 演讲，观看量和优兔上的热门单曲差不多——证明了人们需要这样的建议。

8. Moskowitz, Clara. "Bonding with a Captor: Why Jaycee Dugard Didn't

Flee." Livescience.Com, 31 Aug. 2009, www.livescience.com/7862-bonding-captor-jaycee-dugard-flee.html.

9. "A Revealing Experiment: Brown v. Board and 'The Doll Test.'" NAACP Legal Defense and Educational Fund, 4 Mar. 2019, www.naacpldf.org/ldf-celebrates-60th-anniversary-brown-v-board-education/significance-doll-test. 下面是最初的研究：Almosaed, Nora. "Violence Against Women: A Cross-cultural Perspective."*Journal of Muslim Minority Affairs,* vol. 24, no. 1, 2004, pp. 67–88, doi:10.1080/1360200042000212124。世界卫生组织 2009 年的报告 Changing Cultural and Social Norms That Support Violence 中还引用了其他的研究。

10. See Amoakohene, M. "Violence Against Women in Ghana: A Look at Women's Perceptions and Review of Policy and Social Responses." *Social Science & Medicine,* vol. 59, no. 11, 2004, doi:10.1016/s0277-9536(04)00163-7.

11. Westcott, Kathryn. "What Is Stockholm Syndrome?" BBC News, 22 Aug. 2013, www.bbc.com/news/magazine-22447726.

第 6 章　高成本信号与美学

1. 比如，参见达尔文《物种起源》第 13 章。
2. 尽管我们只提到扎哈维对长而招摇的尾巴给出的高成本信号解释，但还有其他的解释，其中最有名的就是由达尔文首先提出，由费希尔做进一步阐述的失控选择；最近对这个话题的讨论，参见：Richard Prum's The Evolution of Beauty(New York: Anchor, 2017)。在失控选择中，一旦雌孔雀对长尾巴产生偏爱（或许一开始是因为那样的尾巴具有某种功能，或者有可能就是随机的），偏离这种喜好的雌性的下场就会更糟糕，这并不是因为它会和不太健康的雄孔雀交配，而是因为它的配偶更有可能是短尾巴的，这样它的儿子们也是短尾巴的，在主流偏好的影响下，它们交配的机会就会变得更少。
3. Evans, Matthew R., and B. J. Hatchwell. "An Experimental Study of Male Adornment in the Scarlet-Tufted Malachite Sunbird: I. The Role of Pectoral Tufts in Territorial Defence." *Behavioral Ecology and Sociobiology,* vol. 29,

no. 6, 1992, doi:10.1007/bf00170171.

4. 我们所知的最早使用这种尾巴干预法的研究：Andersson, Malte. "Female Choice Selects for Extreme Tail Length in a Widowbird." *Nature*, vol. 299, no. 5886, 1982, pp. 818–820,doi:10.1038/299818a0。

5. 对炫耀性消费感兴趣的读者可以参考：Robert H. Frank's *Luxury Fever* (Princeton, NJ: Princeton University Press, 1999)。里面有更多的例子，以及一些政策建议。

6. Ken Albala's course "Food: A Cultural Culinary History" (The Great Courses, www.thegreatcourses.com/courses/food-a-cultural-culinary-history).See also Maanvi Singh's "How Snobbery Helped Take the Spice Out of European Cooking"NPR, 26 Mar., 2015。

7. Shephard, Wade. "Why Chinese Men Grow Long Fingernails." *Vagabond Journey* (blog), 14 May 2013, www.vagabondjourney.com /why-chinese-men-grow-long-fingernails.

8. 这种对高成本信号模型的运用来自他和尤里·格尼茨之间的讨论。

9. *Skin Lightening Products Market Size, Share & Trends Analysis Report by Product, by Nature, by Region, and Segment Forecasts,2019–2025*. Grand View Research, Aug. 2019, www.grandviewresearch.com/industry-analysis/skin-lightening-products-market.

10. Schube, Sam, and Yang-Yi Goh. "The Best White Dress Shirts Are the Foundation to Any Stylish Guy's Wardrobe." *GQ*, 19 Sept.2019, www.gq.com/story/the-best-white-dress-shirts.

11. Wagner, John A., and Susan Walters Schmid. *Encyclopedia of Tudor England*. Vol. 1, A–D, p. 277. Santa Barbara, CA: ABC-CLIO,2011.

12. 事实上，保罗·布卢姆的《快感》(New York: W. W.Norton, 2010) 里写到了我们审美观的各种奇特之处。我们强烈推荐这部著作。杰弗里·米勒的 *The Mating Mind*(New York: Anchor, 2000) 包含了美学中可能会被高成本信号影响的很多其他方面，不过这本书似乎主要写的是向潜在的伴侣发出信号。史蒂芬·平克最早在《心智探奇》中提出了美学经典观点，也就是著名的"听觉芝士蛋糕"。V. S. 拉马钱德兰对这个概念进行了相当精准的阐述，比如他的论文（与 William Hirstein 合著）"The Science of Art: A Neurological Theory of Aesthetic Experience." *Journal of Consciousness Studies*, vol. 6, no. 6–7, 1999, pp. 15–51。

13. 这个场景出现在第 1 季第 7 集中。

14. 我们从 Wine Folly 上见多识广的专家那里借用了这个例子，他们写出了两本著名的葡萄酒著作，还管理着世界上最大的葡萄酒数据库。Keeling, Phil. "50 of the Most Eye-Rolling Wine Snob Moments." Wine Folly, 9 June 2020, winefolly.com/lifestyle/50-of-the-most-eye-rolling-wine-snob-moments.

15. 下面这个来自 *Vox* 的视频讲述了复杂押韵格式的演变过程，其中包含一些精彩的例子和解释：https://youtu.be/QWveXdj6oZU。

16. Mindel, Nissan. "Laws of the Morning Routine." Chabad.org.www.chabad.org/library/article_cdo/aid/111217/jewish/Laws-of-the-Morning-Routine.htm.

17. 我们强烈推荐 Ara Norenzayan 的著作 *Big Gods* (Princeton, NJ: Princeton University Press, 2013)，以及 Edward Slingerland 和 Azim Shariff 的在线课程 "The Science of Religion" (www.edx.org/course/the-science-of-religion)。其中包含了对本书中所引证据的评论，以及关于这一话题更精彩的论述。

18. 除了索西斯的理论，还有其他的解释。比如乔·亨里奇就提出，如果人们认为任何愿意参与极端宗教仪式的人都必定有充分的理由，这些仪式和与之相关的信仰就会传播开来，哪怕它们并没有什么传递信号的功能——或者其他任何功能。See Henrich, Joseph. "The Evolution of Costly Displays, Cooperation and Religion: Credibility Enhancing Displays and Their Implications for Cultural Evolution." *Evolution and Human Behavior* vol. 30, no. 4, 2009, pp. 244–260.

19. 这个观点和下文即将提到的一些证据最早见于理查德·索西斯的 "Why Aren't We All Hutterites?" (*Human Nature*, vol. 14, no. 2, 2003, pp. 91–127, doi:10.1007/s12110-003-1000-6)。

20. See Sosis, Richard, and Eric R. Bressler. "Cooperation and Commune Longevity: A Test of the Costly Signaling Theory of Religion." *Cross-

Cultural Research, vol. 37, no. 2, 2003, pp. 211–239, doi:10.1177/1069397103037002003; and Sosis, Richard. "The Adaptive Value of Religious Ritual." *American Scientist*, vol. 92, no. 2, 2004, p. 166, doi:10.1511/2004.46.928.

21. See Chapter 20 in Stark, Rodney, *The Triumph of Christianity,* New York: HarperOne, 2011.

22. Sosis, R., Howard C. Kress, and James S. Boster. "Scars for War: Evaluating Alternative Signaling Explanations for Cross-Cultural Variance in Ritual Costs." *Evolution and Human Behavior*, vol. 28, no. 4, 2007, pp. 234–247, doi:10.1016/j.evolhumbehav.2007.02.007.

23. Soler, Montserrat. "Costly Signaling, Ritual and Cooperation: Evidence from Candomblé, an Afro-Brazilian Religion." *Evolution and Human Behavior*, vol. 33, no. 4, 2012, pp. 346–356, doi:10.1016/j.evolhumbehav.2011.11.004.

第 7 章　隐藏的信号与谦虚

1. 这句话来自希腊哲学家第欧根尼。

2. Lau, Melody. "Justin Bieber Gives Singer Carly Rae Jepsen a Boost." *Rolling Stone*, 12 Mar. 2012.

3. "Grigory Sokolov: Biography." Deutsche Grammophon, Mar.2020, www.deutschegrammophon.com/en/artists/grigory-sokolov/biography.

4. Cooper, Michael. "Lang Lang Is Back: A Piano Superstar Grows Up." *New York Times,* 26 July 2019, www.nytimes.com/2019/07/24/arts/music/lang-lang-piano.html.

5. Qiu, Jane. "Rothko's Methods Revealed." *Nature*, vol. 456, no. 7221, 2008, p. 447, doi:10.1038/456447a.

6. 本章基于克里斯琴·希尔贝和马丁·诺瓦克共同建立的一个模型：Hoffman, Moshe, Christian Hilbe, and Martin A. Nowak."The Signal-Burying Game Can Explain Why We Obscure Positive Traits and Good Deeds". (*Nature Human Behaviour*, vol. 2, no. 6, 2018, pp. 397–404)。它和其他模型，比如那些有关反信号的模型也密切相关。See, for instance, Feltovich, Nick, Richmond Harbaugh, and Ted To. "Too Cool for School? Signalling and

Countersignalling." *RAND Journal of Economics*, 2002, pp. 630–649.

7. 当然，有时谦虚是因为想要避免社会制裁，这在主张人人平等的狩猎采集者当中很常见。See R. B. Lee and I. DeVore, eds. *Kalahari Hunter-Gatherers: Studies of the !Kung San and Their Neighbors*. Cambridge, MA: Harvard University Press, 1976. 然而，这种对谦虚的解释并没有说明当我们看出别人在谦虚的时候，为什么会进而认为对方的品行不错。

8. Flegenheimer, Matt. "Thomas Kinkade, Painter for the Masses, Dies at 54." *New York Times*, 8 Apr. 2012, www.nytimes.com/2012/04/08/arts/design/thomas-kinkade-artist-to-mass-market-dies-at-54.html.

第 8 章　证据博弈与粉饰

1. LaFata, Alexia, and Corinne Sullivan. "What Are the Best Tinder Bios to Get Laid? Here Are 4 Tips." *Elite Daily*, 8 June 2021, www.elitedaily.com/dating/best-tinder-bios-to-get-laid.

2. "How to Write an Effective Resume." The Balance Careers, www.thebalancecareers.com/job-resumes-4161923. Accessed 27 Aug. 2021.

3. Athey, Amber. "MSNBC reporter Gadi Schwartz busts his own network's narrative about the caravan: 'From what we've seen, the majority are actually men and some of these men have not articulated that need for asylum.'" Twitter, 26 Nov. 2018, twitter.com/amber_athey/status/1067163239853760512. 在美国，有三家几乎完全投身于新闻的有线电视台：美国有线电视新闻网、微软全国广播公司和福克斯新闻台。这三家电视台的节目都有很强的政治色彩，而且电视台有政治立场也不是什么秘密了。美国有线电视新闻网和微软全国广播公司都是中偏左的，而福克斯新闻台则是出了名地偏右。

4. Peters, Justin. "Fox News Is the Tarp on the MAGA Van." *Slate*, 27 Oct. 2018, slate.com/news-and-politics/2018/10/cesar-sayoc-fox-news-trump-fanaticism.html.

5. Smart, Charlie. "The Differences in How CNN, MSNBC, and FOX Cover the News." The Pudding, pudding.cool/2018/01/chyrons. Accessed 27 Aug.

2021.

6. Nicas, Jack. "Apple Reports Declining Profits and Stagnant Growth, Again." *New York Times*, 31 July 2019, www.nytimes.com/2019/07/30/technology/apple-earnings-iphone.html.

7. Baker, Peter. "Christine Blasey Ford's Credibility Under New Attack by Senate Republicans." *New York Times*, 3 Oct. 2018, www.nytimes.com/2018/10/03/us/politics/blasey-ford-republicans-kavanaugh.html.

8. Bertrand, Natasha. "FBI Probe of Brett Kavanaugh Limited by Trump White House." *Atlantic*, 24 Oct. 2018, www.theatlantic.com/politics/archive/2018/10/fbi-probe-brett-kavanaugh-limited-trump-white-house/572236.

9. Wikipedia contributors. "Five-Paragraph Essay." Wikipedia, 21 Apr. 2021, en.wikipedia.org/wiki/Five-paragraph_essay.

10. The Climate Reality Project. *The 12 Questions Every Climate Activist Hears and What to Say* (pamphlet). 2019, p. 4.

11. Watson, Kathryn. "Trump Approval Poll Offers No Negative Options, Asks about Media Coverage of Trump's Approval Rating." CBS News, 30 Dec. 2017, www.cbsnews.com/news/trump-approval-poll-offers-no-negative-options.

12. 要获取更多有关研究实践不可信的例子和其背后的动机，参见：Ritchie, Stuart. *Science Fictions: How Fraud, Bias, Negligence, and Hype Undermine the Search for Truth*. New York:Metropolitan Books, 2020。

13. 顺便说一下，发送者知不知道是什么状态并不重要。以后我们会假设他不知道。

14. 计算过程的具体细节是这样的。贝叶斯法则认为：概率（高状态且证据被观察到）= 概率（高状态且证据被观察到）/ 概率（证据被观察到）。概率（高状态且证据被观察到）就是 pq^h。概率（证据被观察到）是在两种状态下获得证据的概率，即 $(pq^h + (1-p)q^l)$。因此概率（高状态且证据被观察到）就是 $pq^h / (pq^h + (1-p)q^l)$。如果我们带入参数 $p = 0.3$，$q^h = 6\%$ 和 $q^l = 0.1\%$，那么就得到 $0.3 \times 6\% / (0.3 \times 6\% + 0.7 \times 0.1\%) = 96.25\%$。

15. 比如当 $q^h - q^l$ 大于 0.75 的时候。
16. 比如当且仅当 $p<0.1$ 时。
17. 我们还需要假设 $0<p<1$ 且 $q^h \neq q^l$；但是，在这些情况下问题会变得相当无趣。
18. 严格地说，我们还需要假设如果接收者看到了他没想到发送者会给他看的证据，他还是会根据这个证据更新自己的信念。
19. 这个后验概率等于证据存在且在高状态下被观察到的概率 $pq^h f_{max}$，除以两种状态下证据存在且被观察到的概率 $(pq^h + (1-p)q^l)f_{max}$。由于在两种状态下证据被观察到的概率相等，所以这一项被消掉了。
20. 这个后验概率的分母等于证据不存在的概率 $(p(1-q^h)+(1-p)(1-q^l))$ 加上证据存在但发送者以最大限度搜索也没有发现证据的概率 $(1-f_{max})(pq^h+(1-p)q^l)$。而分子是 $p(1-q^h)+pq^h(1-f_{max})$。
21. 假设接收者的后验概率最终每偏向高状态 1 个百分点，发送者就会获得收益 $k>0$。那么这个条件就变成 $c<k(\Phi_{max}-\Phi_{min})(\mu^1-\mu^0)$，其中 $\Phi_{max}=pq^h f_{max}+(1-p)q^l f_{max}$ 是以最大限度搜索获得证据的概率，$\Phi_{min}=pq^h f_{min}+(1-p)q^l f_{min}$ 是以最小限度搜索获得证据的概率，$\mu^1=pq^h f_{max}/(pq^h f_{max}+(1-p)q^l f_{max})$ 是接收者看到证据且认为发送者以最大限度进行搜索的后验概率，而 $\mu^0=[p(q^h(1-f_{max})+(1-q^h))]/[p(q^h(1-f_{max})+(1-q^h))+(1-p)(q^l(1-f_{max})+1-q^l)]$ 是接收者没有看到证据且认为发送者以最大限度进行搜索的后验概率。
22. 我们假设发送者在不清楚真正状态的情况下进行选择。
23. Milgrom, Paul. "What the Seller Won't Tell You: Persuasion and Disclosure in Markets." *Journal of Economic Perspectives*, vol.22, no. 2, 2008, pp. 115–131, doi:10.1257/jep.22.2.115.
24. OkCupid. "The Big Lies People Tell In Online Dating" (blog). 10 Aug. 2021,theblog.okcupid.com/the-big-lies-people-tell-in-online-dating-a9e3990d6ae2.

第 9 章　动机性推理

1. See Hippel, William von, and Robert Trivers. "The Evolution and

Psychology of Self-Deception." *Behavioral and Brain Sciences*, vol. 34, no. 1, 2011, pp. 1–16, doi:10.1017/s0140525x10001354; Trivers, Robert. *The Folly of Fools: The Logic of Deceit and Self-Deception in Human Life*. New York: Basic Books, 2014; and Kurzban, Robert. *Why Everyone (Else) Is a Hypocrite: Evolution and the Modular Mind*. New York: Basic Books, 2012. Or, for a more recent review, see: Williams, Daniel. "Socially Adaptive Belief." *Mind &Language*, vol. 36, no. 3, 2020, pp. 333–354, doi:10.1111/mila.12294.

2. 还有一个经典的例子，参见：Weinstein, Neil D. "Unrealistic Optimism About Future Life Events"（*Journal of Personality and Social Psychology*, vol. 39, no. 5, 1980, p. 806）。温斯坦发现，学生们会预计自己更有可能比一般人遇到好事，而不像一般人那样容易遇到坏事。

3. Eil, David, and Justin M. Rao. "The Good News–Bad News Effect: Asymmetric Processing of Objective Information About Yourself." *American Economic Journal: Microeconomics*, vol. 3, no. 2, 2011, pp. 114–138, doi:10.1257/mic.3.2.114.

4. Gilbert, Daniel. "I'm O.K., You're Biased." *New York Times*, 16 Apr. 2006, www.nytimes.com/2006/04/16/opinion/im-ok-youre-biased.html.

5. Ditto, Peter H., and David F. Lopez. "Motivated Skepticism: Use of Differential Decision Criteria for Preferred and Nonpreferred Conclusions." *Journal of Personality and Social Psychology*, vol. 63,no. 4, 1992, pp. 568–584, doi:10.1037/0022-3514.63.4.568.

6. Lord, Charles G., Lee Ross, and Mark Lepper. "Biased Assimilation and Attitude Polarization: The Effects of Prior Theories on Subsequently Considered Evidence." *Journal of Personality and Social Psychology*, vol. 37, no. 11, 1979, pp. 2098–2109, doi:10.1037/0022-3514.37.11.2098.

7. Brooks, David. "How We Destroy Lives Today." *New York Times*, 22 Jan. 2019, www.nytimes.com/2019/01/21/opinion/covington-march-for-life.html.

8. Bloomberg Wire. "Rex Tillerson to Oil Industry: Not Sure Humans Can Do Anything to Battle Climate Change." *Dallas News*,4 Feb. 2020, www.

dallasnews.com/business/energy/2020/02/04/rex-tillerson-to-oil-industry-not-sure-humans-can-do-anything-to-battle-climate-change.

9. Weber, Harrison. "The Curious Case of Steve Jobs' Reality Distortion Field." VentureBeat, 24 Mar. 2015, venturebeat.com/2015/03/24/the-curious-case-of-steve-jobs-reality-distortion-field.

10. Babcock, Linda, George Loewenstein, Samuel Issacharoff, and Colin Camerer. "Biased Judgments of Fairness in Bargaining." *American Economic Review*, vol. 85, no. 5, 1995, 1337–1343.

11. Schwardmann, Peter, Egon Tripodi, and Joël J. Van der Weele. "Self-Persuasion: Evidence from Field Experiments at Two International Debating Competitions." SSRN, CESifo Working Paper No.7946, 27 Nov. 2019.

12. 事实上，特朗普还是领先于其他同党派人士。2009年，在特朗普所属的民主党中，只有50%的人认为全球变暖是人为的。See Kohut, Andrew, Carroll Doherty, Michael Dimock, and Scott Keeter. "Fewer Americans See Solid Evidence of Global Warming" (news release). Pew Research Center for the People & the Press, Washington,DC, 22 Oct. 2009.

13. Anthes, Emily. "C.D.C Studies Say Young Adults Are Less Likely to Get Vaccinated." *New York Times*, 21 June 2021, www.nytimes.com/2021/06/21/health/vaccination-young-adults.html.

14. Zimmermann, Florian. "The Dynamics of Motivated Beliefs." *American Economic Review*, vol. 110, no. 2, 2020, pp. 337–361.

15. Schwardmann, Peter, and Joel Van der Weele. "Deception and Self-Deception." *Nature Human Behaviour*, vol. 3, no. 10, 2019, pp. 1055–1061.

16. Kunda, Ziva. "The Case for Motivated Reasoning." *Psychological Bulletin*, vol. 108, no. 3, 1990, pp. 480–498, doi:10.1037/0033-2909.108.3.480.

17. Thaler, Michael. "Do People Engage in Motivated Reasoning to Think the World Is a Good Place for Others?" Cornell University, 2 Dec. 2020, arXiv:2012.01548.

18. 比如可参阅我们的同事戴夫·兰德和戈德·彭尼帕克的研究成果，他们证明了人们分享假新闻的行为大多是由于不小心。Pennycook, Gordon, and

David G. Rand." Lazy, Not Biased: Susceptibility to Partisan Fake News Is Better Explained by Lack of Reasoning Than by Motivated Reasoning". *Cognition*, vol. 188, 2019, pp. 39–50.
19. Thaler, Michael. "The 'Fake News' Effect: Experimentally Identifying Motivated Reasoning Using Trust in News." 22 July 2021, last updated 18 Aug. 2021, SSRN, https://ssrn.com/abstract=3717381.

第 10 章　重复囚徒的困境与利他性

1. 下面这些资料可以帮助想要更深入了解的读者：Weibull, Jörgen. *Evolutionary Game Theory*. Cambridge, MA: MIT Press, 1995; Hofbauer, Josef, and Karl Sigmund. *Evolutionary Games and Population Dynamics*. First ed. Cambridge, UK: Cambridge University Press, 1998; Nowak, Martin. *Evolutionary Dynamics: Exploring the Equations of Life*. First ed. Cambridge, MA: Belknap Press, 2006; and Fudenberg, Drew, and David Levine. *The Theory of Learning in Games (Economic Learning and Social Evolution)*. Cambridge, MA: MIT Press, 1998。
2. Wilkinson, Gerald S. "Reciprocal Altruism in Bats and Other Mammals." *Ethology and Sociobiology*, vol. 9, no. 2–4, 1988, pp. 85–100, doi:10.1016/0162-3095(88)90015-5; and Carter, Gerald G., and Gerald S. Wilkinson. "Food Sharing in Vampire Bats: Reciprocal Help Predicts Donations More than Relatedness or Harassment." *Proceedings of the Royal Society B: Biological Sciences*, vol. 280, no. 1753, 2013, p. 20122573, doi:10.1098/rspb.2012.2573.

第 11 章　规范执行

1. 这个模型改编自：Panchanathan, Karthik, and Robert Boyd. "Indirect Reciprocity Can Stabilize Cooperation without the Second-Order Free Rider Problem." *Nature*, vol. 432, no. 7016, 2004, pp. 499–502, doi:10.1038/nature02978。要获取对相关的间接互惠模型的综述，参见：Okada, Isamu. "A Review of Theoretical Studies on Indirect Reciprocity." *Games*, vol. 11, no. 3, 2020, p. 27, doi:10.3390/g11030027。本章的很多观点都来自：Boyd, Robert. *A*

Different Kind of Animal: How Culture Transformed Our Species. Princeton, NJ: Princeton University Press, 2017。要获取与这个话题密切相关的观点和更多的例子，参见：Bicchieri, Cristina. *Norms in the Wild: How to Diagnose, Measure, and Change Social Norms*. Oxford, UK: Oxford University Press, 2016。

尽管我们关注的是规范执行和重复博弈在塑造我们利他性直觉的过程中所发挥的更普遍的作用，但其他的基本机制也在发挥作用，值得我们去了解。比如，另一个重要的机制应该是信号传递，有时也被称为竞争性利他主义，因为当个体试图超越彼此时，会导致一场"军备竞赛"。其核心思想在于，给予是一个高成本信号：要帮助别人，必须拥有可以消耗的资源和更大的意愿去这样做（比如，是因为需要被信任）。我们推荐：Nichola Raihani's *The Social Instinct: How Cooperation Shaped the World* (New York: St. Martin's Press, 2021)。该书第 12 章很好地总结了这个观点。这种机制能解释的包括棘轮效应的各种问题，可参见：N. J. Raihani, and Smith, S. "Competitive Helping in Online Giving." *Current Biology*, vol. 25, 2015, pp. 1183–1186。在他们的研究中，当男人看到众筹平台上的另一个男人捐了很多钱（比均值高出两个标准差）时，他们捐出的钱会大幅增加，而且当筹款人是一位有魅力的女性时，这种效应尤其明显——会达到正常捐赠金额的 4 倍。像这样的棘轮效应似乎在古罗马就已经很常见了，那里的上层人士为了尊严，会通过军事功绩以及剧院和渡槽等公共工程来相互竞争。

还有一种常被讨论的独立机制是"混合"，指的是合作者很可能会发现自己身边有很多其他的合作者。这种情况的发生可能是因为文化和生物学特性往往会在局部传播，或者是由于合作者的自我隔离。See Ingela Alger and Jörgen W. Weibull's "Homo Moralis—Preference Evolution Under Incomplete Information and Assortative Matching." *Econometrica*, vol. 81, no. 6, 2013, pp. 2269–2302. Or Matthijs Van Veelen, Julián García, David Rand, and Martin A. Nowak's "Direct Reciprocity in Structured Populations." *Proceedings of the National Academy of Sciences*, vol. 109, no. 25, 2012, pp. 9929–9934. 尽管本章和后续章节总结的利他主义和规范的很多特征与这些其他的机制很难协调一致，但这并不意味着利他主义和规范

往往就不是由这些其他的机制所驱动的。
2. 严格来说，群体获益一定大于 C，但小于 $n \times C$。
3. Fehr, Ernst, and Urs Fischbacher. "Third-Party Punishment and Social Norms." *Evolution and Human Behavior*, vol. 25, no. 2, 2004, pp. 63–87, doi:10.1016/s1090-5138(04)00005-4; and Fehr, Ernst, Urs Fischbacher, and Simon Gächter. "Strong Reciprocity, Human Cooperation, and the Enforcement of Social Norms." *Human Nature*, vol. 13, no. 1, 2002, pp. 1–25, doi:10.1007/s12110-002-1012-7.
4. Fehr, Ernst, and Simon Gächter. "Altruistic Punishment in Humans." *Nature*, vol. 415, no. 6868, 2002, pp. 137–140, doi:10.1038/415137a.
5. Henrich, Joseph, et al. "Costly Punishment Across Human Societies." *Science*, vol. 312, no. 5781, 2006, pp. 1767–1770.
6. 关于这一点我们没有已发表的引文，我们只是在和他讨论的时候知道了他的发现。
7. Webb, Clive. "Jewish Merchants and Black Customers in the Age of Jim Crow." *Southern Jewish History*, vol. 2, 1999, pp.55–80.
8. Kurzban, Robert, Peter DeScioli, and Erin O'Brien. "Audience Effects on Moralistic Punishment." *Evolution and Human Behavior*, vol. 28, no. 2, 2007, pp. 75–84, doi:10.1016/j.evolhumbehav.2006.06.001.
9. Jordan, Jillian J., and Nour Kteily. "Reputation Drives Morally Questionable Punishment." Harvard Business School, Working Paper, December 2020.
10. Mathew, Sarah. "How the Second-Order Free Rider Problem Is Solved in a Small-Scale Society." *American Economic Review*, vol. 107, no. 5, 2017, pp. 578–581, doi:10.1257/aer.p20171090.
11. 你可能会好奇为什么罗宾森的那些本身就是种族主义者的队友会掩饰自己的倾向，忍受别人的辱骂。这是因为道奇队的经理威胁说："我不在乎这个人是黄皮肤、黑皮肤，还是有像斑马一样的条纹。我是这个队的经理，我就说他可以打球。还有，我敢说他能让我们都变得有钱。所以如果你们任何人不想要这笔钱，我会考虑把你们都卖掉。"而美国职业棒球大联盟对于威胁要罢工的任何球员或球队的态度都是很严厉的。据说联盟主席对球员说：

"你会发现你的那些记者朋友不再支持你了,你会成为被排斥的人。联盟一半的球队都罢工了我也不在乎。那些罢工的人会立马受到严惩。一切事务都将被暂停,而且我不关心这会不会毁掉 5 年的联赛。这里是美国,所有公民的权利都是均等的。"

12. Wikipedia Contributors. "List of Excommunicable Offences in the Catholic Church." Wikipedia, 9 Feb. 2021, en.wikipedia.org/wiki/List_of_excommunicable_offences_in_the_Catholic_Church.

13. Hamlin, J. K., Karen Wynn, Paul Bloom, and Neha Mahajan. "How Infants and Toddlers React to Antisocial Others." *Proceedings of the National Academy of Sciences*, vol. 108, no. 50, 2011, pp.19931–19936, doi:10.1073/pnas.1110306108.

14. Franzen, Axel, and Sonja Pointner. "Anonymity in the Dictator Game Revisited." *Journal of Economic Behavior & Organization*, vol. 81, no. 1, 2012, pp. 74–81, doi:10.1016/j.jebo.2011.09.005.

15. List, John A., Robert P. Berrens, Alok K. Bohara, and Joe Kerkvliet. "Examining the Role of Social Isolation on Stated Preferences." *American Economic Review*, vol. 94, no. 3, 2004, pp. 741–752, doi:10.1257/0002828041464614.

16. Bandiera, Oriana, Iwan Barankay, and Imran Rasul. "Social Preferences and the Response to Incentives: Evidence from Personnel Data." *Quarterly Journal of Economics*, vol. 120, no. 3, 2005, pp.917–962, doi:10.1162/003355305774268192.

17. Yoeli, E., M. Hoffman, D. G. Rand, and Martin A. Nowak. "Powering Up with Indirect Reciprocity in a Large-Scale Field Experiment." *Proceedings of the National Academy of Sciences*, vol. 110, supplement 2, 2013, pp. 10424–10429, doi:10.1073/pnas.1301210110.

18. For a review, see: Kraft-Todd, Gordon, Erez Yoeli, Syon Bhanot, and David Rand. "Promoting Cooperation in the Field." *Current Opinion in Behavioral Sciences*, vol. 3, June 2015, pp. 96–101, doi:10.1016/j.cobeha.2015.02.006.

19. List, John A. "On the Interpretation of Giving in Dictator Games." *Journal of Political Economy*, vol. 115, no. 3, 2007, pp.482–493, doi:10.1086/519249.

20. Liberman, Varda, Steven M. Samuels, and Lee Ross. "The Name of the Game: Predictive Power of Reputations versus Situational Labels in Determining Prisoner's Dilemma Game Moves." *Personality and Social Psychology Bulletin*, vol. 30, no. 9, 2004, pp.1175–1185.
21. Capraro, Valerio, and Andrea Vanzo. "The Power of Moral Words: Loaded Language Generates Framing Effects in the Extreme Dictator Game." *Judgment and Decision Making*, vol. 14, no. 3, 2019, pp. 309–317.
22. Goldstein, Noah J., Robert B. Cialdini, and Vladas Griskevicius. "A Room with a Viewpoint: Using Social Norms to Motivate Environmental Conservation in Hotels." *Journal of Consumer Research*, vol. 35, no. 3, 2008, pp. 472–482, doi:10.1086/586910.
23. See Kraft-Todd, Gordon, Erez Yoeli, Syon Bhanot, and David Rand. "Promoting Cooperation in the Field." *Current Opinion in Behavioral Sciences*, vol. 3, 2015, pp. 96–101.
24. 要获取更多有关实践意义的内容，请观看由埃雷兹发表但是由我们共同撰稿的 TEDx 演讲 go.ted.com/erezyoeli。我们还发表了相应的文章来解释我们所给出建议背后的基本科学原理：Yoeli, Erez."Is the Key to Successful Prosocial Nudges Reputation?"Behavioral Scientist, 31 July 2018, http://behavioralscientist.org/is-reputation-the-key-to-prosocial-nudges/。文中讨论的内容所依据的论文是：Yoeli, Erez,Moshe Hoffman, David G. Rand, and Martin A. Nowak. "Powering Up with Indirect Reciprocity in a Large-Scale Field Experiment." *Proceedings of the National Academy of Sciences*, vol. 110, supplement 2, 2013, pp. 10424–10429; Rand, David G., Erez Yoeli, and Moshe Hoffman. "Harnessing Reciprocity to Promote Cooperation and the Provisioning of Public Goods." *Policy Insights from the Behavioral and Brain Sciences*, vol. 1, no. 1, 2014, pp. 263–269; and Yoeli, Erez, et al. "Digital Health Support in Treatment for Tuberculosis." *New England Journal of Medicine*, vol. 381, no. 10, 2019, pp. 986–987。我们提及的数字健康干预措施是与乔恩·拉特豪瑟以及 Keheala 公司的整个团队合作开发的。
25. 更多有关规范多样性的内容，参见：Michele Gelfand's *Rule Makers, Rule*

Breakers: Tight and Loose Cultures and the Secret Signals That Direct Our Lives. New York: Scribner, 2019。

26. 这句话据说是德比夸（1744）说的，参见：Leeson, Peter T. "An-arrgh-chy: The Law and Economics of Pirate Organization." *Journal of Political Economy*, vol. 115, no. 6, 2007, pp. 1049–1094, doi:10.1086/526403。

27. 更多有关海盗的内容，参见：Peter Leeson's *The Invisible Hook: The Hidden Economics of Pirates*. Princeton, NJ: Princeton University Press, 2011。

28. Hengel, Brenda. "The Hit That Could Have Sunk Las Vegas." The Mob Museum, 25 June 2017, themobmuseum.org/blog/costello-hit-sunk-las-vegas.

29. Persio, Sofia Lotto. "Secret Courts Uncovered Where Mobsters Face Death for Breaking Mafia Code." *Newsweek*, 4 July 2017, www.newsweek.com/underground-mafia-courts-revealed-massive-bust-against-italian-ndrangheta-631650.

30. Al-Gharbi, Musa. "What Police Departments Do to Whistleblowers." *Atlantic*, 1 July 2020, www.theatlantic.com/ideas/archive/2020/07/what-police-departments-do-whistle-blowers/613687.

31. Acheson, James. *The Lobster Gangs of Maine*. Amsterdam: Amsterdam University Press, 2012.

32. Ellickson, Robert C. "Of Coase and Cattle: Dispute Resolution Among Neighbors in Shasta County." *Stanford Law Review*, vol. 38, no. 3, 1986, p. 623. doi:10.2307/1228561.

33. The source for this section is Ad van Liempt's *Kopgeld* (Amsterdam: Balans, 2002), 这部著作在出版时，很多文章用英语总结了它的内容，比如 Deutsch, Anthony. "Nazis Paid Bounty Hunters to Turn in Jews, Book Says." *Los Angeles Times*, 1 Dec. 2002, www.latimes.com/archives/la-xpm-2002-dec-01-adfg-bountyhunt1-story.html。

34. Jordan, Jillian J., Moshe Hoffman, Paul Bloom, and David G. Rand. "Third-Party Punishment as a Costly Signal of Trustworthiness." *Nature*, vol. 530, no. 7591, 2016, pp. 473–476, doi:10.1038/nature16981.

35. Henrich, Joseph, and Michael Muthukrishna. "The Origins and Psychology of Human Cooperation." *Annual Review of Psychology*, vol. 72, no. 1, 2021, pp. 207–240, doi:10.1146/annurev-psych-081920-042106.

36. 所有这些规范和有助于规范执行的制度从何而来呢？至少在我们讨论过的种种执行限制可能的范围内，为什么规范常常最终都是为群体的利益服务呢？要回答这些问题，除了我们介绍的程式化模型，还需要考虑其他的机制。一种可能性是，形成群体有利规范的文化群体发展得更好，能够把他们的规范传播给其他群体或者让更多的人加入他们。不过，还有很多其他的可能性。比如，有可能不管是谁有能力影响规范和制度，有时都会想要选择对群体有利的规范和制度。在历史上，像奥古斯都和成吉思汗这样的专制君主往往会支持那些维护强权和贸易及市场活动的规范，这不仅能让臣民受益，还通过向农业生产和贸易征税充实了他们的国库。有关这些可能性的一些著作包括：Henrich, Joseph. "Cultural Group Selection, Coevolutionary Processes and Large-Scale Cooperation." *Journal of Economic Behavior & Organization*, vol.53, no. 1, 2004, pp. 3–35; Richerson, Peter, et al. "Cultural Group Selection Plays an Essential Role in Explaining Human Cooperation: A Sketch of the Evidence." *Behavioral and Brain Sciences,* vol. 39, 2016; 以及 Singh, Manvir, Richard Wrangham, and Luke Glowacki. "Self-Interest and the Design of Rules." *Human Nature*, vol. 28, no. 4, 2017, pp. 457–480。

第 12 章　类别规范

1. 本章基于我们与 Aygun Dalkiran 和 Martin Nowak 合著的一篇论文 "Categorical Distinctions Facilitate Coordination" (SSRN, 18 Dec. 2020, available at https://ssrn.com/abstract=3751837)。以博弈论模型为基础的模型被称为全局博弈，这个概念最早由汉斯·卡尔松和埃里克·范达默提出，参见："Global Games and Equilibrium Selection" (*Econometrica*, vol. 61, no. 5, September 1993, pp. 989–1018)。斯蒂芬·莫里斯和申铉松对其做了进一步的发展，参见："Global Games: Theory and Applications" (Chapter 3 in *Advances in Econometrics: Theory and Applications, Eighth World Congress*, 56–114. Edited by M. Dewatripont, L. Hansen, and S. Turnovsky. Cambridge: Cambridge

University Press, 2003）。

2. 和之前的章节一样，我们所说的参与者的信念并不是有意识的信念（那是这些模型要解释的一些直接的问题）。我们指的是一个客观的贝叶斯观察者的想法。

3. 我们会忽略那些信号与真实值偏差为 0 和 1 的例子。这些极端情况尽管不会影响我们的结果，却会让分析过程变得更复杂。

4. 严格地说，只要（μ（1−ε）^{2}＋（1−μ）ε^2）/（μ（1−ε）＋（1−μ）ε）≥ p 且（με^2＋（1−μ）（1−ε）^{2}）/（με＋（1−μ）（1−ε））≥ 1−p。

5. BBC News. "Why Has the Syrian War Lasted 10 Years?" BBC News, 12 Mar. 2021, www.bbc.com/news/world-middle-east-35806229.

6. 比如，可参见：McElreath, Richard, Robert Boyd, and Peter J. Richerson. "Shared Norms and the Evolution of Ethnic Markers." *Current Anthropology*, vol. 44, no. 1, no. 2003, pp. 122–130; Smedley, Audrey, and Brian Smedley. *Race in North America: Origin and Evolution of a Worldview*. Abingdon-on-Thames, UK: Routledge, 2018; and Moya, Cristina. *What Does It Mean for Humans to Be Groupish?* 2021。

7. 有趣的是，在这整个过程中，双方都一直在避免以平民为目标。虽然这项规范坚持了大约一年或者更久的时间，但到 1942 年中期，盟军公然以恐吓平民为目的，用燃烧弹袭击了吕贝克和德累斯顿等联邦德国城市。

8. Burum, Bethany, Martin A. Nowak, and Moshe Hoffman. "An Evolutionary Explanation for Ineffective Altruism." *Nature Human Behaviour*, vol. 4, no. 12, 2020, pp. 1245–1257, doi:10.1038/s41562-020-00950-4.

第 13 章　高层级信念

1. 本章以多位研究者的成果为基础。阿里尔·鲁宾斯坦强调，高层级信念对当下经典的电子邮件博弈中的协调很重要。诺贝尔奖得主罗伯特·奥曼最早确立了公共知识这个紧密相关的概念。多夫·蒙达尔和多夫·萨梅特确立了公共 p 信念的概念，参见："Approximating Common Knowledge with Common Beliefs" (*Games and Economic Behavior*, vol. 1, no. 2, June 1989, pp. 170–190)。这就是我们的分析所基于的框架。崔时英的 *Rational Ritual:*

Culture, Coordination, and Common Knowledge (Princeton, NJ: Princeton University Press, 2003) 探究了高层级信念的社会应用。史蒂芬·平克的 *The Stuff of Thought* (New York: Viking, 2008) 以及他后来与学生凯尔·托马斯、詹姆斯·李和朱利亚·德·弗雷塔斯合作完成的著作也包含了很多有趣的应用和证据。本章中的很多结论都来自彼得·德西奥里和罗布·库尔茨班，尤其是他们的论文"A Solution to the Mysteries of Morality"(*Psychological Bulletin*, vol. 139, no. 2, July 2012)。最后但同样重要的是，本章中介绍的相关模型都是与艾京·达尔克兰共同研究完成的。

2. 参见下面这个视频的结尾部分：www.youtube.com/watch?v=OxnWGaxtqwA。

3. 斯特鲁马号惨案的详细情况参见以下维基百科页面：Wikipedia Contributors. "*Struma* disaster." Wikipedia, 29 June 2021, en.wikipedia.org/wiki/Struma_disaster。

4. 道德心理学家从很久之前就在关注这个问题，有人还给出了有趣的回答，比如 Mark Spranca、Fiery Cushman、Josh Greene 和 Jonathan Baron。我们最终选取的解释来自彼得·德西奥里和罗布·库尔茨班，参见："Mysteries of Morality" (*Cognition*, vol. 112, no. 2, August 2009, pp. 281–299)。

5. Rupar, Aaron. "Ivanka Trump's Viral G20 Video, Explained." *Vox*, 1 July 2019, www.vox.com/2019/7/1/20677253/ivanka-trump-g20-nepotism.

6. 尽管假设不存在虚假肯定并不重要，但能让我们更容易看到第二层级信念的作用。

7. Snyder, Melvin L., Robert E. Kleck, Angelo Strenta, and Steven J. Mentzer. "Avoidance of the Handicapped: An Attributional Ambiguity Analysis." *Journal of Personality and Social Psychology* vol. 37, no. 12, 1979, p. 2297.

8. Schmitt, Eric. "Clinton's 'Sorry' to Pakistan Ends Barrier to NATO." *New York Times,* 5 July 2012, www.nytimes.com/2012/07/04/world/asia/pakistan-opens-afghan-routes-to-nato-after-us-apology.html.

9. 这种说法借用自约翰·L. 奥斯汀，来自他的著作 "*How to Do Things with Words*" (Second ed. Oxford, UK: Oxford University Press, 1975)。

10. Fiske, Alan P. "The Four Elementary Forms of Sociality: Framework for a Unified Theory of Social Relations." *Psychological Review*, vol. 99, no. 4,

1992, pp. 689–723, doi:10.1037/0033-295x.99.4.689.

11. 要获取除我们即将介绍的理论之外的其他有趣的解释，参见乔希·格林和费尔瑞·库什曼的著作。Greene, Joshua. *Moral Tribes: Emotion, Reason, and the Gap Between Us and Them* (London: Atlantic Books, 2021); and Cushman, Fiery. "Is Non-consequentialism a Feature or a Bug?" In *The Routledge Handbook of Philosophy of the Social Mind*, pp. 278–295. Abingdon-on-Thames, UK: Routledge, 2016.

12. Pistone, Joseph D. with Richard Woodley. *Donnie Brasco: My Undercover Life in the Mafia.* New York: Signet, 1989.

13. Kurzban, Robert, Peter DeScioli, and Daniel Fein. "Hamilton vs. Kant: Pitting Adaptations for Altruism against Adaptations for Moral Judgment." *Evolution and Human Behavior*, vol. 33, no. 4, 2012, pp. 323–333, doi:10.1016/j.evolhumbehav.2011.11.002.

14. Andreoni, James, Justin M. Rao, and Hannah Trachtman. "Avoiding the Ask: A Field Experiment on Altruism, Empathy, and Charitable Giving." *Journal of Political Economy*, vol. 125, no. 3, 2017, pp. 625–653, doi:10.1086/691703.

15. Dana, Jason, Daylian M. Cain, and Robyn M. Dawes. "What You Don't Know Won't Hurt Me: Costly (but Quiet) Exit in Dictator Games." *Organizational Behavior and Human Decision Processes*, vol. 100, no. 2, 2006, pp. 193–201, doi:10.1016/j.obhdp.2005.10.001.

16. Dana, Jason, Roberto A. Weber, and Jason Xi Kuang. "Exploiting Moral Wiggle Room: Experiments Demonstrating an Illusory Preference for Fairness." *Economic Theory*, vol. 33, no. 1, 2006, pp. 67–80, doi:10.1007/s00199-006-0153-z.

17. Bava Metzia, 62a. 原文和译文可参见：www.sefaria.org/Bava_Metzia.61a.4?lang=bi。

18. Hauser, Marc, et al. "A Dissociation Between Moral Judgments and Justifications." *Mind & Language*, vol. 22, no. 1, 2007, pp. 1–21, doi:10.1111/j.1468-0017.2006.00297.x.

第14章 子博弈完美均衡与正义

1. 这场纷争的大致情况，参见：Dean King's *The Feud: The Hatfields and McCoys; The True Story* (New York: Little, Brown,2014)。

2. Kingsley, Patrick, and Isabel Kershner. "After Raid on Aqsa Mosque, Rockets From Gaza and Israeli Airstrikes." *New York Times*, 19 May 2021, www.nytimes.com/2021/05/10/world/middleeast/jerusalem-protests-aqsa-palestinians.html.

3. Al Jazeera. "Israel-Hamas Ceasefire Holds as UN Launches Gaza Aid Appeal." Gaza News, Al Jazeera, 24 May 2021, www.aljazeera.com/news/2021/5/23/israel-gaza-ceasefire-holds-as-un-launches-appeal-for-aid.

4. Mayo Clinic Staff. "Forgiveness: Letting Go of Grudges and Bitterness." Mayo Clinic, 13 Nov. 2020, www.mayoclinic.org/healthy-lifestyle/adult-health/in-depth/forgiveness/art-20047692.

5. Robert H. Frank's *Passions Within Reason: The Strategic Role of the Emotions* (New York: W. W. Norton, 1988)。这本书针对我们为什么即便在有可能事与愿违的情况下也要惩罚给出了一种解释。他的论点基于以可观察的方式承担义务的能力——与我们在这里介绍的理论略有不同。然而，在某些情况下，弗兰克也认为愤怒和爱等情绪，以及让人们忽略成本与收益的道德原则，在重复相互作用和声誉的影响下是激励相容的。这种解释与我们在本章中介绍的理论是一致的。

6. 我们把参与者1和参与者2的角色设置为不对等只是为了方便。实际上，双方通常都有机会去违规或者惩罚另一方。这会稍微改变计算的过程，但并不是这一章的重点。

7. 如果你记忆力很好，可能还记得我们在第11章的规范执行博弈中也做了相同的假设，还会注意到与第10章中重复囚徒的困境的不同之处。在那里，惩罚的唯一方式是拒绝合作，而这样做其实对实施惩罚的参与者有利，因为他或她在惩罚期间可以不支付合作的成本。

8. See, for instance："Neville Chamberlain: Heroic Peacemaker or Pathetic Pushover?" Sky History TV Channel, www.history.co.uk/article/neville-chamberlain-heroic-peacemaker-or-pathetic-pushover. Accessed 27 Aug.

2021.

9. 有关复仇与宽恕的另一种有趣的理论，参见：Michael Mccullough's *Beyond Revenge* (San Francisco: Jossey-Bass, 2008)。

10. Shelton, Jacob. "The Sausage Duel: When Two Politicians Almost Faced Off Using Poisoned Meat." History Daily, 11 Mar. 2021, historydaily.org/sausage-duel-facts-stories-trivia.

11. "Abraham Lincoln's Duel." American Battlefield Trust, 25 Mar. 2021, www.battlefields.org/learn/articles/abraham-lincolns-duel.

12. Wikipedia contributors. "Duel." Wikipedia, 19 Aug. 2021, en.wikipedia.org/wiki/Duel.

13. Wells, C. A. "The End of the Affair: Anti-dueling Laws and Social Norms in Antebellum America." *Vanderbilt Law Review*, vol. 54, 2001, p. 1805.

14. Nagel, Thomas. "Moral Luck." Chap. 3 in *Mortal Questions*, pp. 24–38. New York: Cambridge University Press, 1979.

15. Cushman, Fiery, Anna Dreber, Ying Wang, and Jay Costa. "Accidental Outcomes Guide Punishment in a 'Trembling Hand' Game." *PLoS ONE*, vol. 4, no. 8, 2009, p. e6699, doi:10.1371/journal.pone.0006699.

16. Luckhurst, Toby. "The DMZ 'Gardening Job' That Almost Sparked a War." BBC News, 21 Aug. 2019, www.bbc.com/news/world-asia-49394758.

17. Ash, Elliott, Daniel L. Chen, and Suresh Naidu. "Ideas Have Consequences: The Impact of Law and Economics on American Justice." *Center for Law & Economics Working Paper Series*, vol. 4, 2019; and Drum, Kevin. "Here's How a Quiet Seminar Program Changed American Law." *Mother Jones*, 18 Oct. 2018, www.mother jones.com/kevin-drum/2018/10/heres-how-a-quiet-seminar-program-changed-american-law.

第 15 章　初级奖赏的隐藏作用

1. Kozlowski, Joe. "Olympic Swimmer Katie Ledecky Is Worth $4 Million, but That's Nothing Compared to Her Uncle's $340 Million Fortune." Sportscasting, 23 July 2021, www.sportscasting.com/olympic-swimmer-

katie-ledecky-is-worth-4-million-thats-nothing-uncle-340-million-fortune.
2. 这句话来自我们在第 1 章中引用的纪录片 "*Itzhak*"。
3. 这里引用了一篇经典论文：Sherwin Rosen "The Economics of Superstars" (*American Economic Review*, vol. 71, no. 5, 1981, pp. 845–858)。要获取更多例子，以及对其原因和结果简单易懂的探讨，参见：Robert H. Frank and Philip J. Cook's *The Winner-Take-All Society: Why the Few at the Top Get So Much More Than the Rest of Us* (New York: Penguin, 1995)。
4. See Angela Duckworth's *Grit: The Power of Passion and Perseverance* (New York: Scribner, 2018).
5. Deci, Edward L. "The Effects of Contingent and Noncontingent Rewards and Controls on Intrinsic Motivation." *Organizational Behavior and Human Performance*, vol. 8, no. 2, 1972, pp. 217–229.
6. Benabou, Roland, and Jean Tirole. "Intrinsic and Extrinsic Motivation." *Review of Economic Studies*, vol. 70, no. 3, 2003, pp. 489–520, doi:10.1111/1467-937x.00253.
7. 要获取相关报告，参见：Maier, Steven F., and Martin E. Seligman. "Learned Helplessness: Theory and Evidence." *Journal of Experimental Psychology: General*, vol. 105, no. 1, 1976, p. 3。